कांटे की बात-9

शब्द का भविष्य

राजेन्द्र यादव

समायोजन
विद्यानिधि

वाणी प्रकाशन

वाणी प्रकाशन
4695, 21-ए, दरियागंज, नयी दिल्ली 110 002
शाखा
अशोक राजपथ, पटना 800 004
फ़ोनः +91 11 23273167 फ़ैक्सः +91 11 23275710
www.vaniprakashan.in
vaniprakashan@gmail.com
sales@vaniprakashan.in

SHABD KA BHAVISHYA
(Kante Ki Baat-9)

by Rajendra Yadav

ISBN : 978-93-89915-77-8

प्रथम संस्करण 2000
द्वितीय संस्करण 2020

मूल्य : ₹ 295

हर्ष प्रिंटर्स, दिल्ली-110 093 में मुद्रित

वाणी प्रकाशन का लोगो मक़बूल फ़िदा हुसेन की कूची से

भूमिका

'शब्द का भविष्य' काँटे की बात का नौवाँ खंड है, जिसमें बीसवीं सदी के अंत में लेखक ने अगली सदी के भविष्य को पढ़ने की कोशिश की है। अगली सदी दो समानांतर दुनियाओं को एक-दूसरे के सामने ऐसे मोड़ पर पाएगी, जहाँ विरोध भी होगा, सह-अस्तित्व भी, सामाजिक-राजनीतिक ध्रुवीकरण भी होंगे, समीकरण भी। ये दो अलग, समानांतर दुनियाएँ हैं—वर्चस्व और हाशिए की, शोषण और प्रतिरोध की, शिष्ट-संस्कृति और लोक-संस्कृति की, अरुंधति राय के 'मीडिया हाइप' और नज़ीर अकबराबादी जैसे 'कुजात' कवि के मामूलीपन की।

शब्द दोनों तरफ है। पहला खेमा अपने वर्चस्व को व्यापकता और स्थायित्व देने के लिए शब्द का मनमाना इस्तेमाल कर रहा है। शब्द के सारे संचार-माध्यमों पर उसका कब्ज़ा है, इसलिए उसकी सारी संभावनाओं को अंतिम प्रयास के रूप में निचोड़ा जा रहा है। अखंडता, **'सांस्कृतिक राष्ट्रवाद का पूर्वराग'** हिंदुत्व का राष्ट्रीय एजेंडा, इतिहास का पुनर्लेखन, सर्वशक्तिमान बनने के आणविक प्रयास, राष्ट्रीय गौरव का परमाणु-विस्फोट ऐसे ही शब्द हैं और शक्ति, उन्माद, आतंक और असुरक्षा की विचार-प्रक्रिया का गणित प्रस्तुत करते हैं। सदी के इस मरणासन्न इतिहास-बिंदु पर इन **'बाँझ बुद्धिजीवियों की पनाहगाह'** शब्द ही है। मगर यहाँ शब्द का भविष्य ही खतरे में है, वह संकट और सूखे का शिकार हो रहा है।

दूसरा खेमा शब्द के आत्मीय, अनोखे, अनगढ़, 'फूहड़' मगर अद्‌भुत अर्थ खोज रहा है—अपनी यातनाओं और संघर्षों में, स्वप्नों में। यहाँ शब्द का वर्तमान भी है और भविष्य भी। लेखक की मान्यता है कि भविष्य का शब्द उनका ही है। अगली सदी दलितों, वंचितों और स्त्रियों के साहित्य की है, क्योंकि इस उत्तर-आधुनिकता की स्थिति में वही साहित्य बचा रह सकता है जिसके केंद्र में यातनाओं के नरक भोगने-जीने वाले इंसान हैं, यानी इंसान के बचे रहने की उम्मीद है।

'सदी का औपन्यासिक अंत' में दो भागों में **'तिलिस्म से लेकर कठघरे तक'**

की यात्रा लेखक ने की है। सदी के इस आखिरी दशक के अनेक चर्चित, विवादास्पद उपन्यासों का एक बेजोड़ सिंहावलोकन यहाँ प्रस्तुत है। 'वे वहाँ कैद है', 'कठघरे', 'शहर में कर्फ्यू', 'कलिकथा वाया बाइपास', 'विश्रामपुर का संत', 'छिन्नमस्ता', 'चाक', 'पीली आँधी', 'उस दीवार में एक खिड़की रहती थी', 'मैनिफेस्टो', 'निन्यानवे' 'काल-कथा', 'कठगुलाब'—फेहरिस्त काफी लंबी है और निष्कर्ष काफी खतरनाक। मानवता और व्यक्ति-स्वातंत्र्य से लेकर उत्तर-आधुनिकता तक के पाठ का विखंडन यहाँ उपस्थित है। **कुछ मध्यवर्गीय 'अकाल-कथा के बारे में'** इसी कथा-पड़ताल का विस्तार है। **'मटियानी बनाम मटियानी'** में उनके साहित्य और विचारधारा को एक-दूसरे के प्रतिपक्ष में रखकर साहित्य के उद्देश्य, प्रतिबद्धता, सामाजिक हस्तक्षेप के उन्हीं पुराने मुद्दों पर पुनर्विचार किया गया है, यानी साहित्य सिर्फ 'आत्म' की मुक्ति नहीं है, अपनों की मुक्ति भी है और अगली सदी इन्हीं 'अपनों' की मुक्ति की लड़ाई की सदी है।

विद्यानिधि

अनुक्रम

शब्द का भविष्य

"जब कुछ भी नहीं था तो शब्द था और जब कुछ भी नहीं होगा तो शब्द होगा"—पता नहीं कब से यह वाक्य मेरे मन में गूँज रहा है और याद आ रहे हैं कुछ विशेषण : शब्द अजर, अमर, अनादि, अनन्त, अक्षय और अक्षर है—शब्द ब्रह्म है। हमारा अपना होना या सृष्टि का होना ही शब्द का होना है। शब्द समय है, समाज है और सोच है। सारे बड़े धर्म इसी 'सबद कीर्तन' के आस-पास बुने गए हैं। शब्द ही वह नाव है जो हमें 'न कुछ' के आदिम अँधेरों से आज यहाँ तक लेकर आई है...

और आज हम चिंतित हैं कि इस शब्द का भविष्य क्या है ? यह संकट शब्द का अपना है या खुद हमारा यानी मनुष्य का संकट है ? क्या सचमुच हमें अपना अंत दिखाई दे रहा है ? आणविक हथियारों की होड़ में हमने विनाश-विस्फोटों का इतना बड़ा ज़खीरा जमा कर लिया है कि किसी भी क्षण कोई पागल राजनेता उन्माद के क्षणों में बटन दबा देगा और धरती नाम का नक्षत्र ताश के महल की तरह धसककर धुएँ में बदल जाएगा। स्फोट से शुरू हुआ शब्द विस्फोट में समाप्त हो जाएगा। दूर कहीं किसी दूसरे नक्षत्र वाले अपने यंत्रों और परीक्षणों से नतीजे निकालेंगे। ठंडी साँस भर कर कहेंगे, 'हाँ वहाँ उस सौर-मंडल में एक नक्षत्र था और उसे धरती कहा जाता था। देखते-देखते धुएँ और धुंध में बदल गया।' मगर दूसरे नक्षत्रों पर जो भी इन नतीजों को निकाल रहे होंगे—या हमारे लुप्त हो जाने की तस्वीरें देख-दिखाकर अपने आस-पास वालों को बता रहे होंगे—वे भी तो आखिर शब्दों या संकेतों का ही तो सहारा ले रहे होंगे यानी शब्द हमारा साथ छोड़कर, रूप बदलकर वहाँ पहुँच चुका होगा...हम नहीं होंगे—मगर शब्द होगा...हमारे न होने का शब्द...जिसे दूसरे पकड़कर डि-कोड कर रहे होंगे यानी कूट संकेतों के अर्थ निकाल रहे होंगे।...

दहशत के साथ विनाश का यह चित्र मेरे मन में एक अजीब-सी रहस्यवादी आशा जगाता है—हमारे न होने से पहले जब शब्द था और न रहने पर भी होगा तो क्या ऐसी अजर-अमर शक्ति के साथ जुड़कर मैं अपने भी बचे रहने की उम्मीद

कर सकता हूँ ? तर्क से नहीं, विश्वास से लगता है कि हाँ, इस अविनाशी की डोर पकड़कर हो सकता है कि मैं अपने बनाए अँधेरों के पार उतर जाऊँ। तभी विश्वास, आस्था और आशा के सम्मोहन को एक झटका लगता है : कहीं मैं योगी, साधक और आध्यात्म की भाषा में तो नहीं चला गया हूँ ? कहीं इन कमज़ोर क्षणों में अवचेतन में धँसे बैठे मेरे आदिम हिन्दू संस्कार ही तो उछलकर मुझ पर हावी नहीं होने लगे हैं... ? नहीं, आध्यात्म मेरी निराशा का समाधान नहीं है। शब्द का सहारा मुझे किसी ईश्वरीय अनुकंपा से नहीं मिलेगा वहाँ तो अथाह मौन होगा—यानी शब्द न होने का शब्द...

शब्द के संकट को इस भाषा में नहीं समझा जा सकता क्योंकि यह दैवी-नाराजगी नहीं, हमारा अपना अभिशाप है। इसे हम ही समझेंगे। मगर इसे समझने के लिए भी मैं शब्द कहाँ से लाऊँगा ? मेरे भीतर अज्ञेय वाला वह आत्म-विश्वास भी तो नहीं है कि कहूँ, "आज मुझे तुम शब्द न दो, न दो; फिर भी मैं कहूँगा" कैसे कहूँगा ? किस भाषा में कहूँगा ? कितना बड़ा ढेर लगा लिया है हमने अपने आस-पास शब्दों का कि साँस लेना मुश्किल है। रोज अरबों-खरबों शब्द इस ढेर को बढ़ा रहे हैं—इसमें मैं अपना शब्द कहाँ से खोजूँ ? अजीब विडंबना है कि चारों तरफ शब्दों के पहाड़ है और मेरे पास मेरा ही शब्द नहीं है। ऐसी संपन्न दरिद्रता तो शायद मनुष्य ने कभी अनुभव नहीं की। राजा मीडास के चारों ओर सोना था और वह एक टुकड़ा रोटी के लिए तरस रहा था। ...मेरे चारों ओर शब्दों की बाढ़ है और मैं पानी के लिए तरस रहा हूँ..."जल बिच मीन पियासी"।

शब्द, भाषा है—अपने सूक्ष्मतम रूप में भी वह संपूर्ण वाक्य है। आज इस वाक्य का व्याकरण गड़बड़ा गया है। कोई भी विन्यास भाषा को वह अर्थ नहीं दे पाता कि मेरी अपनी बात कह सके...जो कुछ भी मैं बोलता हूँ वह अर्थहीन, बासी और किसी की उगलन बन जाता है। मैं दूसरे के थूके हुए की जुगाली करता हूँ। न जाने कब से यह बजबजाती जूठन, चिंतन के नाम पर मेरे सामने परोसी जाती रही है। अपनी भाषा खोजने की ज़िद में मैं खुद जूठन का ढेर लगाए जा रहा हूँ। यही ढेर मेरी संस्कृति है, मेरा इतिहास है और आज मैं ही इससे बाहर और निष्कासित हूँ। अगर इसके भीतर होता तो कैसे इसके भविष्य को देख रहा होता ? 'देखता' वह है जो अलग और बाहर होता है। स्वेच्छा से या मजबूरी में भोक्ता द्रष्टा नहीं होता।

शब्दों या भाषा के माध्यम से हजारों सालों से जो संस्कृति हमने बनाई है, उसे द्रष्टा और भोक्ता में ही बाँटा है। यह बँटवारा वशिष्ठ और विश्वामित्र की दो संस्कृतियों के रूप में है—एक जो महलों और दरबारों में पनपी, दूसरी वह जो जंगलों और खेत-खलिहानों में बनी। दूसरी तरह कहें तो एक 'नागरक' संस्कृति थी तो दूसरी 'आरण्यक' संस्कृति। दो संस्कृतियों की बात कभी सी.पी.स्नो ने भी कही थी—मगर

वह महल संस्कृति के भीतर ही थी—एक विज्ञान-तकनीक की संस्कृति तो दूसरी कलाओं और दर्शनों की संस्कृति। द्वंद्व वहाँ भी रहा है, मगर नागर और आरण्यक का द्वंद्व बिल्कुल अलग प्रकृति का है। वह प्रेम और घृणा का ऐसा सिलसिला है जो कभी एक-दूसरे का विरोधी लगता है तो कभी एक-दूसरे का विस्तार...कभी विश्वामित्र महलों में आकर अपनी सुरक्षा माँगते हैं तो कभी वशिष्ठ वनों और आश्रमों में जाकर ज्ञान-विज्ञान के नए-नए रूपों से परिचित होते हैं। विरोधी होते हुए भी दोनों भीतर से एक हैं—क्योंकि दोनों जमीन के मूल-निवासियों, यानी असुरों को मार रहे हैं—उनके गढ़ और दुर्ग ढहा रहे हैं। वे आक्रांताओं और विजेताओं की संस्कृति का विस्तार कर रहे हैं। वे दमन की प्रक्रिया को संस्कृति का नाम दे रहे हैं।

शब्द अगर मेरे होने की अभिव्यक्ति है तो मैं कहूँगा कि मेरा अपना होना मुझसे छीन लिया गया है क्योंकि महल वालों के होने में ही मेरा होना शामिल मान लिया गया है। उनका शब्द सत्ता और शक्ति का दूसरा नाम है और उन्होंने हजारों सालों से ऐसी संस्कृति की रचना की है जो उनके वर्चस्व को स्थायित्व देती है। उनके साम-गान, उनके वेद-पुराण, उनके साहित्य-सोच में सिर्फ उन्हीं का अपना गुणगान है। उसे वे अपना नहीं, मनुष्य मात्र का शब्द कहते हैं। वे शासक, शास्ता और देवता हैं। इतिहास के पन्नों पर हमारे खून से अपनी विजय-गाथाएँ लिखी हैं उन्होंने। हमें हाशियों और गुमनामियतों में धकेल कर उन्होंने अपनी संस्कृति के राजमहल बनाए हैं और हथियारों के बल पर हमें मजबूर किया है कि उनके गुणगान में ही अपनी सार्थकता स्वीकार करें...हमारी चीत्कारों को उन्होंने अपने जयगानों में बदल दिया है...

कौन हैं वे और कौन हैं हम ?

हम भले ही बहुसंख्यक हों। मगर उन कुछ लोगों ने हमारे कंधों पर सवार होकर हमें जानवरों की तरह हाँका है, गुलामों की तरह जोता है। उन्होंने हमारी जबानें काटीं और हमारे शब्द छीन लिए हैं। अपनी महानता, श्रेष्ठता और स्वामित्व के लिए जो तर्क-जाल, दर्शन, साहित्य रचे हैं यानी जिस देव-सभ्यता की रचना की है, वह सिर्फ उनके मालिक होने का महिमा गान है। वहाँ न हमारे दुख-दर्द हैं, न तकलीफें —उनकी संस्कृति में ही हमें भी शामिल होना है। हम उनकी शोभा-यात्राओं में गद्‌गद नारे लगाती भीड़ें हैं। हज़ारों सालों में हम यह भी भूल गए हैं कि शोषकों और शासकों की भाषा हमारी अपनी नहीं है। कितनी करुण विडंबना है कि वे अपने महलों और मुहल्लों से हमें डंडे के बल पर खदेड़कर बाहर कर दें, हमारी व्यक्तिगत और सामूहिक हत्याएँ करें, हमारे घर और झोंपड़े जला दें। स्त्रियों और बच्चों को चीर डालें—फिर जब विजय के उत्सव मनाएँ तो उत्साह और उल्लास के साथ उनके आयोजनों की व्यवस्था में हम अपने को धन्य-मानें—इसी से कृतार्थ हों कि उन्होंने हमें अपने साथ शामिल किया, बचे-खुचे में हिस्सेदार बनाया। हमारे श्रम, सम्मान और साँसों को

निचोड़कर उन्होंने अपनी वैभव-पताकाएँ लहराई हैं और उन पताकाओं-पालकियों को हमने ही ढोया है। हम ऐसे पेड़ हैं कि अपने को काटने के लिए खुद ही कुल्हाड़ी के बेंटे बनते हैं। अपने शब्द-साम्राज्य के लिए उन्होंने हमारी शब्द-संपदा को छीना है।

मगर क्या हुआ है अब कि उन्हें अपने शब्द के भविष्य की चिंता होने लगी है ? कहीं ऐसा तो नहीं है कि भोग, संभोग, आनन्द, आत्मा के मोक्ष के बीज-शब्दों पर टिकी उनकी संस्कृति अपनी आसन्न-मृत्यु की छायाएँ देखकर घिघियाने लगी हो—और उनकी अपनी भाषा उनका साथ न दे रही हो ? अशोक वाजपेयी ने अक्सर ही हिन्दी-कोश की सीमित शब्द संख्या गिनाते हुए स्वीकार किया है कि उन्हें अपने रचना-कर्म में शब्दों की निरर्थकता और कमी महसूस होती है—जबकि हम सब जानते हैं कि उनके सामने विश्व-साहित्य और संस्कृति का विराट् संसार खुला पड़ा है। विद्यानिवास मिश्र पाँच हज़ार सालों के खँडहरों और शब्दारण्य में रहते-रहते आज की भाषा नहीं बोल पाते, हज़ारों हिंदी-प्राध्यापकों के पास अभिव्यक्ति और सोच के नाम पर वही सब कुछ है जिसका घोटा वह सौ सालों से लगा रहे हैं। सूर-तुलसी, प्रसाद के अलावा न उनके पास नए विषय हैं—न नए मुद्दे। इस सारे सांस्कृतिक आभिजात्य ने या तो पाँच हजार साल के पुराने ध्वंसावशेष दिए हैं या पश्चिमी झाड़-फानूस—ये ऊपर ही ऊपर देखने वाले लोग हैं जो कहीं सनातन की खोज करते हैं तो कहीं उदात्त की। नीचे देखने-झाँकने की न इन्हें जरूरत है, न अभिरुचि। वहाँ है भी क्या; सिवा कांय-कांय और हाय-हाय के...वे जिस सौंदर्य-बोध, सांस्कृतिक सुरुचि के सदियों से अभ्यस्त रहे हैं—उसके लिए वहाँ नीचे कुछ भी तो नहीं है—न भाषा, न कला, न तराश, न तलाश। जड़ें खोजनी होंगी तो वेदों में जाएँगे। आधुनिक बौद्धिकता की जरूरत होगी—तो यूरोप अमेरिका से माँग लेंगे...

और यही उनका संकट है कि वे बार-बार बिखरे हुए शब्द वर्चस्व को व्यापकता और स्थायित्व देना चाहते हैं, कभी सांस्कृतिक राष्ट्रवाद के नाम पर तो कभी देश की अखंडता-एकता के नाम पर—मगर हर बार वहाँ दरारें उभर आती हैं। बार-बार वे पाँच हजार साल के अतीत वैभव को हमारा भविष्य बनाना चाहते हैं, मगर खुद यूरोप और अमरीका के सामने भीख के कटोरे लिये खड़े हैं। आज उन्हें राष्ट्रीय और सांस्कृतिक प्रतीक और पौराणिक मिथ एक नहीं करते—उन्हें एक करते हैं कंप्यूटर, कोका-कोला, क्रिकेट, सौंदर्य प्रतियोगिताएँ और पाँच सितारा ऐयाशियाँ...बाजार, घोटाले, घपले और घूस...एक तरफ विश्व को आर्य बनाने के सान्निपातिक नारे और दूसरी तरफ़ उधार के लिए अपने घर, जमीन, प्रकृति सबको गिरवी रखते चले जाते हारे हुए जुआरी... अब उनके पास अपनी भाषा और अपने शब्द कहाँ हैं ? अभी तक अनुवादों में अपनी बौद्धिक तेजस्विता दिखा रहे थे—अब सीधे-सीधे घर-घर में अंतर्राष्टीय बाज़ार यानी अंग्रेजी ले आए हैं। पचास सालों में वे निश्चित तौर पर

भूल जाएँगे कि उनके पास अपनी भारतीय भाषाएँ भी थीं। विश्व तो आर्य बना नहीं, खुद हम ही विश्व के भिखारी यार बन गए...

हज़ारों सालों से गंगा-जमुना के दुआबे को; जिसे वे कुछ घटा-बढ़ाकर वैदिक भाषा में 'आर्यावर्त' कहते हैं; को ही वे देश का हृदय और मस्तिष्क कहते रहे हैं। वही उत्तर-दक्षिण सबका सांस्कृतिक और राजनीतिक शासक हैं–बाकी सबको सिर झुकाकर सिर्फ उसका पालन करना है। उत्तर की इस एकछत्रता का बने रहना ही देश की अखंडता-एकता का बने रहना है। अपने इस एकाधिकार को बनाए रखने के लिए उन्होंने देवताओं से अस्त्र-शस्त्र ही नहीं लिए; शास्त्र और उन्हें सिर्फ अपने पास बनाए रखने के वरदान और ब्रह्मास्त्र भी लिए हैं। वे अपने आपको मनुष्य मात्र की मुकुटमणि कहते हैं : वे ब्राह्मण हैं, ब्रह्मा के मुख से निकले हैं। इसी जन्म में सारे ऐश और ऐश्वर्य भोगने के विधान उनके कवच-कुंडल हैं। बाकी सबकी मजबूरी है कि उन्होंने सिर्फ ऊपर वालों की सेवा के लिए जन्म लिया क्योंकि पिछले जन्मों में उनके कर्मों ने उनके प्रारब्ध लिख दिए थे। जो इस एकछत्र यथास्थिति को तोड़ता है–वह देशद्रोही है, जातिवादी है। वे कभी अपने आपसे नहीं पूछते कि श्रेष्ठता, योग्यता के आधारों पर एकाधिकारी वर्चस्व के पीछे अगर उनकी अपनी जातिगत जालसाज़ी नहीं है, तो दूसरे वहाँ क्यों नहीं हैं ? क्या यह हजारों सालों से घटित होने वाला संयोग ही है कि स्वर्ण-मुकुट सिर्फ सवर्णों के ही माथे पर रहे ? अगर आज इस केंद्रीयता के खिलाफ क्षेत्रीय और जातीय अस्मिताएँ सिर उठाकर अपना हिस्सा और सम्मान माँग रही हैं, वह एक वर्चस्ववादी वर्ग और उसकी संस्कृति का अस्वीकार तो हो सकता है मगर देश और राष्ट्र से द्रोह कहाँ है ? यथास्थिति बनाए रखना, सवर्ण सामंती वर्चस्ववाद को सुरक्षित रखना ही क्या 'राष्ट्र' होना है ? चूंकि वे अपने इस असली मंतव्य को सांस्कृतिक शब्दावली में छिपाना चाहते हैं इसलिए उनकी भाषा खोखली, अर्थहीन और अविश्वसनीय हो गई है–भाषा आपको छिपाती नहीं, जो कुछ आप छिपा रहे हैं उसे उघाड़ती और खोलती है–नंगा करती है। कल तक जो भाषा तन-मन-धन से आपकी सेवा कर रही थी, आपको संरक्षण, सुरक्षा और सुविधाएँ दे रही थी–वही आपके वास्तविक मंतव्य को सबके सामने नंगा कर दे या आपके षड्यंत्रों का भंडा फोड़ दे तो उसे शत्रु और द्रोही के सिवा क्या कहेंगे ? अगर अभी भी आपके पास शक्ति है तो आप उसका सिर काटेंगे या हाथ-पाँव डालकर पराजय स्वीकार करेंगे। मगर जब दोनों ही स्थितियाँ स्वीकार्य न हों तो ? महात्मन, भविष्य उस सेवक वर्ग यानी शब्द का नहीं आपका अपना तय होना है–जिस संस्कृति सोच और सत्ता से आप एकाकार हैं–भविष्य उसका खतरे में है। विचारधारा, इतिहास, परंपरा, संस्कृति जिनके भी आधार पर आप अपने को बचाते रहे हैं, उन्हें ही अचानक समाप्त घोषित करने के पीछे भविष्य का यही भय तो नहीं है कि अब वे आपको बचाने में असमर्थ हैं ? जब चीजों की उपयोगिता समाप्त हो जाती है तो वे व्यर्थ

होकर मर जाती हैं ! जब शब्द वह अर्थ नहीं देता जो आप चाहते हैं तो बिगड़ैले पशु की तरह स्वच्छंद और स्वायत्त हो जाता है। वह संबोधित किसी को नहीं होता सिर्फ अपनों और दूसरों पर हमला करता है। संप्रेषण से मुक्त शब्द सिर्फ अभिव्यक्ति होता है। या तो वह घोंघे की तरह अपने आप में घुसा रहता है या अनियंत्रित होकर अमूर्तनों और प्रत्ययों में भटकता है—कटी पतंग की तरह खूबसूरत रंग-बिरंगे गुब्बारों से भरा आसमान अस्थायी नज़ारा ही हो सकता है—मगर अपने ऊर्जा-स्रोतों से कटकर कब तक अपने आपको बनाए रखेगा ? कब तक खेलते रहेंगे हम इन खोखले गुब्बारों से ?

तो देखा आपने संकट और सूखा यहाँ है। भविष्य उस अमरबेल का खतरे में है जिसने अपने जीवनदाता पेड़ को ही चूस डाला है। अब उनके पास इसके सिवा कोई विकल्प नहीं है कि वे अंतर्राष्ट्रीय अमरबेलों की शरण में चले जाएँ, वर्चस्ववादी शब्दों, भाषा और संस्कृति से जो कुछ वे निचोड़ सकते थे—निचोड़ चुके हैं। वह भी अब उनका साथ छोड़ चुके हैं। वह सब अब कंप्यूटर चिप्स के रूप में बिकाऊ माल हो चुका है। आपके शब्द को मीडिया ने खा डाला है।

तब क्या सचमुच शब्द हमारा साथ छोड़ चुका है ? शायद नहीं, क्योंकि शब्द तो आज भी वहाँ मौजूद है जहाँ यातना है, संघर्ष है, स्वप्न हैं। वह वहाँ है जहाँ कर्म है, उत्पादन और श्रम है। वह अश्वेतों, दलितों और स्त्रियों की उभरती हुई शक्तियों के साथ है। वह उनके साथ है जो वर्चस्ववाद की केंद्रीयताओं को तोड़ रहे हैं। इतिहास और संस्कृति के नए अध्याय उन हाथों से लिखे जा रहे हैं जिन्हें हज़ारों सालों से हाशियों और परिधियों पर फेंक दिया गया था। और जो परकोटों के बाहर कर दिए गए थे। वही हैं शब्द के वर्तमान और भविष्य...इन्हें छोड़कर किसी भी शब्द के भविष्य की चिन्ता मरणासन्न संस्कृति के भविष्य-रोदन के सिवा क्या है ? शब्द का भविष्य शब्दकोशों में नहीं, कर्म की दुनिया में है—जहाँ उन्हें बनाया-बिगाड़ा, सँवारा और संघर्ष के संप्रेषण का माध्यम बनाया जाता है। कोशों में सिर्फ उनके कंकाल हैं। शब्द तो उनके पास अस्तित्व की लड़ाई बनकर मौजूद हैं जो वंचित, दलित, निष्कासित हैं और हाशियों पर हैं। वे विकल्प हैं, यथास्थितियों के अस्वीकार और परिवर्तन। इसलिए बात शब्द के भविष्य पर नहीं, भविष्य के शब्द पर होनी चाहिए।

मेरी तेरी उसकी बात, 'हंस', सितंबर 98

क्या फ़र्क पड़ता है !

इस बार नया वर्ष फिर नई आशंकाओं, संशयों और खतरों से ही शुरू होगा, अब तो यह सिलसिला ही बन गया है कि हर 'हैप्पी न्यू ईयर' हमें किसी अनजाने, मगर खौफ़नाक 'पाताल' में एक सीढ़ी और नीचे उतार देता है; क्योंकि पूरी बीसवीं सदी को थामे रखने वाले विचार, इतिहास, दर्शन, संस्कृति, राजनीति और लक्ष्य सभी एक-एक करके हमारा साथ छोड़ रहे हैं, हम निरंतर निराधार हो रहे हैं। कितनी निरर्थक लगती हैं उन सबके पुनःपरिभाषित करने की कसरतें—अब क्या ये सारे सपने उसी तरह हमारे या आने वालों के तन-मन में बिजलियाँ दौड़ा सकेंगे जैसा सौ-पचास साल पहले करते थे ? सच है कि इनमें से कुछ भी हमारी ज़िंदगी में नहीं उतर पाया और हम ठीक वही करते रहे जो उन सबके विपरीत था; मगर फिर भी एक विश्वास था कि हमारे पास मनुष्य के कल्याण के लिए विराट योजनाएँ, महान् 'सपने' हैं और वे ही अँधेरों में हमें राह दिखाएँगे। हम लगातार अपने लिए नरक का निर्माण कर रहे थे और उन महान् सपनों के लिए तड़पते थे। झूठा ही सही, मगर एक यकीन था कि हमारी कुछ व्यावहारिक मजबूरियाँ हैं कि हम उन सपनों और विचारों के लिए कुछ नहीं कर पा रहे, मगर कहीं तो कुछ लोग होंगे जो इन्हें अपने जीवन की सचाई बनाने के लिए संघर्ष करने में लगे हैं। बदलाव लाने वाले उन तत्त्वों को हम समर्थन जरूर देते थे मगर वहीं तक जहाँ तक वे हमारी स्थितियों और जीवन में गड़बड़ी न करें। पूरी बीसवीं सदी गवाह है कि हमने हर परिवर्तनकामी को आदर्शवादी या समाज-द्रोही कहकर मारा है और अमूर्त्तन में उन्हीं आदर्शों, सपनों और परिवर्तनों के कीर्तन किए हैं। जीते-जागते मनुष्यों को विचार में बदल डाला है। बदलाव के जिन मूल्यों का हम सिद्धांततः समर्थन करते थे जिंदगी में उन्हीं को अव्यावहारिक मानकर अस्वीकार और स्थगित कर देते थे। हिंदी में ही शायद पचासों रचनाएँ हैं जहाँ अपने सपनों को साकार करने की जिम्मेदारी अगली पीढ़ियों को सौंपकर अपने पापों का प्रायश्चित्त किया गया है, या मजबूरी की स्वीकृति को उदात्त बनाकर अपने

को क्षमा कर दिया गया है। विडंबना यह थी कि स्थितियों को खुद हमने बदलने नहीं दिया—बस, निरामिष और निष्परिणामी भविष्य बच्चों को सौंपकर नरक का सुख भोगते रहे। हम अपने पतन में सिर्फ इसीलिए महान् थे कि महान् सपनों और सिद्धांतों को 'देख' रहे थे, स्वप्नद्रष्टा थे। मगर जिंदगी में उन्हें उतार न सकने की लाचारी जी रहे थे। अपने को शहीद मानते हुए ही हम ऐतिहासिक स्थितियों के बीच खलनायकों में बदल रहे थे। नैतिक और सांस्कृतिक नायकों के लबादे ओढ़े हम इतिहास के खलनायक थे।

सपने, आदर्श, महान्-मूल्य या सिद्धांत हमारी मजबूरी नहीं थे। उपनिवेशी प्रशासन के तनावों और दबावों में/से मुक्ति के लिए वे हमारे बौद्धिक हथियार थे। जाहिर है हथियारों को आदमी हर समय शरीर पर लादे नहीं रहता। घर आकर उन्हें खूंटियों पर लटका देता है या सोते समय सिरहाने रख देता है। हथियार अपने बनाए भी होते हैं और बाहर से भी लिये जाते हैं। हमारे पास क्या और कैसे हथियार हों, यह हमारा शत्रु तय करता है। कभी-कभी तो हम जैसे-तैसे शत्रु के ही हथियार प्राप्त करके उससे लड़ते हैं, कभी शत्रु के शत्रु से भी सहायता मिलती है।

हथियार हमारी जरूरतें हैं, स्वयं जीवन नहीं है। शत्रु हमारे हथियार ही तय नहीं करता, उस जीवन को भी परिभाषित करता है जिसे हमें बचाना और सुरक्षित रखना है। हम चाहते हैं कि लड़ाइयाँ हमारे घर, परिवार और जमीनों से दूर या बाहरी सरहदों पर हों—वह हमारे भीतर न घुसें। हमारा घर बचा रहे। ताकतवर और दुर्दांत शत्रु के सामने हमारी लड़ाइयाँ गुरिल्ला रणनीतियों में बदल जाती हैं। पराजित समाज अपने घर-जमीन बचाए रखने के लिए समझौता-परस्त और यथास्थितिवादी हो जाते हैं—केवल कुछ विद्रोही होते हैं जो जंगलों और गुमनामियों में गुरिल्ला युद्ध करते और मोर्चे बनाते रहते हैं। पारिवारिक और सामाजिक संबंध होने के नाते हम उनसे लगाव या महदर्दी महसूस करते रह सकते हैं—मगर कालांतर में अपनी सुरक्षा के लिए उन्हें भी अपना शुत्र ही मानने लगते हैं—उनसे बचते हैं, या उन्हें समाप्त कराने में शत्रुओं की मदद करते हैं। इन अपने शत्रुओं और बाहरी शत्रुओं के बीच सुरक्षा के लिए एक चालाक, भयंकर और विश्वासघाती मनोविज्ञान का विकास होता है।

इस पूरी एक सदी में हम भीतर से बदले नहीं, सिर्फ मोर्चे बदलते रहे। बाहरी दबावों और तनावों के चलते अगर कुछ बदलाव आया तो उतना ही जितना हमारा शत्रु चाहता था, या उसके अनुकूल होने के लिए जरूरी था। उपनिवेशी साम्राज्य को चूँकि अपना काडर (कार्यकर्ता) भी हमारे ही बीच से लेना था, इसलिए उसने एक ऐसा मध्यवर्गीय समाज बनाने की योजना पर अमल किया जहाँ से वह रजामंद कार्यकर्ता लेता रह सके—जो उसकी एवज़ी में खुद अनुपस्थित रहते हुए भी उसके हित साधने की मशीनरी के विकास में सहायक हो सकें। इसके लिए जरूरी था कि एक सुरक्षित समाज का आश्वासन दिया जाता रहे। ये सौ साल हमारी उस मानसिकता

का भी इतिहास रहे हैं जहाँ अपनी व्यक्तिगत सुरक्षा के लिए हमने शुत्र की शर्तों पर समझौते, झड़पें, विश्वासघात और मोर्चेबंदियाँ की हैं।

जिसे हमें बचाना था वह था अपना परिवार और घर—इसे हमने नाम दिया भारतीय संस्कृति, भारतीयता, चूँकि हमें उसे बचाना था, इसलिए यह विश्वास भी जरूरी था कि वह शाश्वत, अपरिवर्तनीय और पहले से ही अपने चरम-बिंदु तक विकसित है। परिणामतः परम पूज्य और पवित्र है। यानी वही हमारी अस्मिता है, हम स्वयं हैं। घर और बाहर के दुहरे मानदंडों में बने रहने को अभिशप्त, मध्यवर्ग, खंडित-व्यक्तित्व की विकृतियों का अजायबघर होता चला गया। घर और परिवार की परंपरागत बनावट को बचाए रखने की मजबूरी में उसे जिन सिद्धांतों, संस्कृति और युक्तियों की तलाश थी वह 'भारतीयता' वस्तुतः सामंतवाद का दूसरा नाम है। भारतीय संस्कृति मूलतः सवर्ण वर्चस्ववाद का सैद्धांतिकीकरण है और वह ग़ैर-बराबरी की दैवी-स्वीकृति पर टिकी है। वह शोषण को नियति या प्रारब्ध बनाकर नैतिक और धार्मिक आधार देती है—वह समाज के शीर्ष से लेकर निम्नतम तक संस्कार बनकर व्याप्त है। वहाँ स्त्रियों और दलितों के सिर्फ कर्तव्य निर्धारित हैं, अधिकार बिल्कुल नहीं। न स्त्रियों के शरीर अपने हैं न दलितों के श्रम—सब कुछ स्वामी का है, पुरुष का है। उन्हें तो सिर्फ सेवा करनी है। चूँकि मानवता, समानता, स्वतंत्रता या बंधुत्व की सारी अवधारणाएँ हमारे यहाँ त्रिकालज्ञ ऋषियों द्वारा पहले से ही शास्त्रों में लिखी रखी हैं, इसलिए पश्चिम से इन मूल्यों को लेने की ज़रूरत ही नहीं है। हमारी संस्कृति यानी, वर्ण-व्यवस्था निर्दोष और सनातन है, इसलिए उसे बचाए और बनाए रखना ही भारतीयता को बचाना है। जिस तरह पश्चिम की सारी आधुनिकता मूलतः यूरोप-केंद्रित श्वेत-साम्राज्यवादी अवधारणाओं के रूप में पनपी, उसी तरह हमारी 'भारतीयता' सिर्फ सवर्ण वर्चस्ववाद की अपनी मूल्य-व्यवस्था, उत्तर-भारत के एक छोटे-से हिस्से को ही 'अखिल-विश्व' कहती रही। जब हम 'हमारे यहाँ' कहकर श्लोक-वर्षा करते हैं तो यह कभी नहीं पूछते कि यह 'हम' और 'हमारे यहाँ' कौन लोग हैं ? कौन वर्ग या वर्ण हैं और 'हम' से अलग लोगों की आध्यात्मिक नहीं, भौतिक स्थितियाँ क्या रही हैं ? 'हमारे यहाँ' के इस ढाँचे में स्त्रियों, शूद्रों या दक्षिण वालों के अधिकार और निर्णय किस हद तक स्वीकृत रहे हैं ? हमारे यहाँ की यह दुनिया क्या बहुत सीमित लोगों की आपसी दुनिया नहीं है ? जहाँ परिवार में स्त्री का संपत्ति में हिस्सा न हो बल्कि वह स्वयं संपत्ति हो, उसकी देह तक उसकी अपनी न हो या शूद्र और दलित का न जमीन पर अधिकार हो, न अपने श्रम पर—वहाँ भारतीय संस्कृति की महानता के गुण गाना शाब्दिक मक्कारी के सिवा क्या है ? सारे ऊपरी सुधारों, संशोधनों, परिवर्तनों यानी मानवीय लगने वाली ड्रेसिंग (साज सज्जा) के बावजूद अगर समाज और परिवार का मूलभूत ढाँचा वही बना रहे, यानी समाज के बहुलांश को हम अपनी कृपा और इच्छा के अनुसार निराधिकार आश्रित बनाए

रखें तो इस संस्कृति को वर्चस्वादी वाग्जाल नहीं तो और क्या कहेंगे ? यह संस्कृति अपने ही बीच के 'दूसरों' के लिए जितनी क्रूर, नृशंस और संवेदनहीन रही है वैसी शायद ही कोई हो। इस संस्कृति ने जिस दर्शन, साहित्य, सोच या चिंतन को जन्म और प्रश्रय दिया है वह सब इस बदली हुई स्थिति में क्या एक विशेष-वर्ग की रणनीति नहीं बन जाता ? यानी बदलाव को रोके रखने का सांस्कृतिक हथियार भी इसे कह सकते हैं। सवाल यही उठता है कि हमारी संस्कृति अगर इतनी ही उदार, महान्, उदात्त और सर्वकल्याणकारी थी, तो सौ साल में क्यों ऐसा हुआ कि निचले तबकों के वे वंचित लोग निर्णायक शक्ति बनकर बराबर आ बैठे ? क्या ये अचानक ही कहीं से आए हैं या हमारे भीतर ही उन्होंने सारे सत्ता-विमर्श को बदल डाला है ?

हमारी सारी सद्भावी श्लोकबाज़ी और झालर-वंदनवारों के बीच इन्हें क्या तकलीफ थी कि आज वे समानांतर ताकत की तरह हमारे ही विरोध में खड़े हैं ? हिंदुत्व के हृदय यानी उत्तर प्रदेश में, कांशीराम छह महीने या तो कोई सरकार ही नहीं बनने देते या फिर अपनी शर्तों पर तालमेल करते हैं, लाख चाहने पर भी बी. जे.पी. कलराज मिश्र को अपनी सरकार का मुख्यमंत्री नहीं बना पाती—कल्याण सिंह जैसे पिछड़े को बनाना पड़ता है।

प्राचीनता की सारी महानता और परिवर्तन के सारे गुणगान के बावजूद 'सांस्कृतिक राष्ट्रवादी' अगर अपने मूलभूत सामंती सामाजिक ढाँचे को बदलने की बात नहीं करेंगे तो भय है कि सारा सवर्ण साम्राज्य कहीं 'दिल्ली से पालम' तक ही न रह जाए।

पिछले बारह वर्षों से मुझ पर आरोप है कि बात चाहे साहित्य और संस्कृति की हो, समाज या सत्ता की हो—मैं हर वक्त पिछड़ों, दलितों और औरतों का रोना लेकर बैठ जाता हूँ। मेरी एकमात्र थीम ही इन दिनों यह हो गई है। कुछ 'अत्यंत प्रबुद्ध' सुरुचि संपन्न लोगों ने तो 'हंस' को पढ़ना ही छोड़ दिया है कि वही सब हो जो हर जगह और हर वक्त कहता रहा हूँ। मुझे उनसे सहानुभूति है। मगर ईमानदारी से सचमुच मेरी समझ में नहीं आता कि साहित्य, संस्कृति, समाज, धर्म, अलग कहाँ हैं और एक की बात करते हुए दूसरे से कैसे बचा जा सकता है ? अपने-अपने मुहावरों में सभी तो सत्ता-विमर्श हैं। समाज का सत्ता-संघर्ष ही बौद्धिक स्तर पर छनकर सत्ता-विमर्श का रूप लेता है। बिहार जैसी जगहों में जहाँ निजी सेनाएँ सौ-सौ लोगों को, स्त्री-बच्चों, बूढ़ों-जवानों को क्रूरता से एक बार में मौत के घाट उतार देती हैं, बस्तियाँ जला देती हैं—क्या उस सबके पीछे भौतिक स्वार्थ यानी जमीन और श्रम पर अपना एकाधिकार न छोड़ने का अहंकार नहीं है ? कहाँ से आया है वर्चस्व का यह अहंकार ? कौन देता है इस सवर्ण संस्कृति, स्वनिर्मित शास्त्रों, परंपराओं और गैर-बराबरी की सोच को धार्मिक वैधता ? वह साहित्य, संस्कृति और सोच जो इस एकाधिकार को समर्थन देता है—या फिर इसी के बीच जन्म लेकर इससे तटस्थ

और ऊपर होने के तर्क देता है—अगर वर्चस्ववादी षड्यंत्र का हिस्सा नहीं, तो क्या है ? जहाँ सारा समाज हजारों सालों से वर्गों और वर्ण-खंडों में विभाजित हो, वहाँ सिर्फ एक ही वर्ग की बातें करना, सुनना और उन्हीं पर मुग्ध होना इकतरफा पक्षपात का सबसे बेशर्म प्रदर्शन है। अगर आज इतिहास के क्षेत्र में आवाजें उठ रही हैं कि सिर्फ राजा-रानियों की वंशावलियाँ, उनके युद्धों की जय-पराजय गाथाएँ या आपसी शत्रुताएँ-मित्रताएँ ही संपूर्ण इतिहास नहीं है, वे कुछ ऊपरी लोगों यानी दरबारियों द्वारा अगली पीढ़ियों को सौंपे गए राज्य-प्रसंग या 'राजतरंगणियाँ' और 'शाहनामे' हैं, तो यह सवाल नाजायज़ क्यों है कि प्रभु-वर्ग द्वारा हमें दिए जाने वाले साहित्य-संस्कृति दर्शन भी इकतरफ़ा और अधूरे हैं। चाहे जितनी महान् और ऊँची बातें वहाँ लिखी हों—वह मुनष्य-मात्र की अभिव्यक्ति नहीं है—वह बहुतों की आवाज दबाकर सिर्फ अपनी आवाज सुनाने की दादागीरी है। जिनकी बातें वहाँ नहीं हैं वे अगर आज चीख-चीखकर कहते हैं कि जो कुछ बताया या सुनाया जा रहा है उसमें न कहीं हम हैं, न हमारी आवाज—वह सिर्फ आपकी अपनी बात है, हमारी बिल्कुल नहीं—वहाँ आपके अपने मनोविनोद हैं, चिंतन और सर्जन हैं, दर्शन और संहिताएँ हैं और उनमें आने वाले मनुष्य, उनके संबंध, दुख-दर्द हमारे बिल्कुल नहीं हैं—बल्कि हमारे ही श्रम और हड्डियों पर खड़े हैं वे हमें कुचलने वालों के हैं। अब इस तरह बोलने वालों को समाज-द्रोही और समाज-विरोधी बताना हमारी मजबूरी है। वर्चस्ववादी सत्ता का हर विरोध—राष्ट्र और संस्कृति के खिलाफ़ विद्रोह ही कहा जाता है।

मैं कह सिर्फ यह रहा हूँ कि सुरुचि, स्वार्थ और दुहराव के आरोप लगाकर लगातार उनकी बातों को अनसुनी और अनेदखी किए जाने का ही नतीजा है कि आज तो वे सिर्फ समानांतर शक्ति हैं, कल हम खुद अपनी व्यथा सुनाने के लिए तरसेंगे। अगर आज इतिहास की इस करवट को हम देख नहीं पा रहे हैं तो कहना पड़ता है कि आत्महत्या-ग्रंथि ने हमें अंधा कर दिया है और हमें कोई नहीं बचा सकता। कितने दयनीय और हास्यास्पद लगते हैं, वे लोग जो चौबीस घंटे अख़बारों या ड्राइंग-रूमों में बैठकर सुनाते हैं कि 'देखिए आपके कांशीराम ने क्या किया, आपकी मायावती क्या बोलीं—आपके लालू क्या गुल खिला रहे हैं' रोज-रोज बदलती इन राजनीतिक पैंतरेबाजियों से इतिहास तय करने वालों की समझ को क्या कहा जाए ? इतिहास वक्तव्यों या घोषणाओं से तय नहीं होते—उनके पीछे की वे सामाजिक शक्तियाँ इतिहास बनाती हैं जो शब्दों को निर्णायक हैसियत देती हैं। लाख चाहने पर भी आज हम इन निचले उभारों को रोक नहीं पाएँगे, क्योंकि वे हमारे चाहने या अनुमति से ऊपर नहीं आए बल्कि हमारे हरचंद न चाहने पर आए हैं—निश्चय ही हमारी सदियों की करनी का फल हैं। हमारी स्थिति आज यह भी नहीं रह गई है कि कहें—'हम भी चाहते हैं कि वे आएँ और जरूर आएँ मगर ऐसा न करें—यह भाषा न बोलें।'

कितना क्विकजोटिव (शेखचिल्लीपना) है यह चाहना कि हमारे खिलाफ़ विद्रोह

भी हमारी सुविधा और सुरुचि के अनुरूप हो ? इस मासूमियत पर भी सचमुच मर जाने को मन करता है कि जिन्हें हमने साहित्य, संस्कृति, शिक्षा के दरबारों से हमेशा बाहर रखा है, उनसे उम्मीद की जाए कि वे हमारी भाषा और तहजीब में बोलें, सोचें। अपनी सारी मध्यवर्गीय ट्रेनिंग और सीमाओं के बावजूद मुझे तो यही लगता है कि अगर हमें अनेक स्तरों पर खुले-दबे गृहयुद्धों से बचना है तो ज़रूरी है कि ऊपरी आचार-व्यवहार वक्तव्यों-घोषणाओं पर न जाकर उन शक्तियों को समझें जो समाज और राजनीति के सारे समीकरण बदल रही हैं। इस नए साल में ही नहीं, अगले अनेक नए सालों में उन्हीं का बोलबाला होने जा रहा है। 'सांस्कृतिक राष्ट्रवाद' हो या कुलीन साहित्य की पश्चिमाधारी 'शुद्धता'—हम सिर्फ बचाव की लड़ाई लड़ रहे हैं। अपने ही कुजातों और नास्तिकों से 'धर्म' को बचाने के लिए विदेशी ताकतों को निमंत्रण देने का इतिहास कब तक दुहराया जाता रहेगा ?

इस बार हम नए वर्ष में, एक काम चलाऊ केंद्रीय सरकार की देखरेख में प्रवेश कर रहे हैं। उन्नीस महीनों में सरकार गिर गई और हर राजनीतिक पार्टी टूटकर नई-नई पार्टियों में बिखरने लगी। देश नए चुनाव के मुहाने पर है। चूँकि अल्पमत वाला 'संयुक्त-मोर्चा' दूसरी पार्टियों के सहयोग से सरकार चला रहा था, इसलिए हरेक के अपने दबाव थे। इस दौरान शायद ही किसी दिन पार्लियामेंट ढंग से चली हो। हर समय शोर-शराबा, स्थगन ही छाया रहा। न स्त्री आरक्षण बिल पर कोई निर्णय लिया जा सका, न यह तय हो पाया कि भ्रष्टाचार बड़ा मुद्दा है या सांप्रदायिकता। करोड़ों रुपए रोज़ फूँककर सारी बहसें, गैर-मुद्दों पर ही होती रहीं। सरकार से बाहर रहकर समर्थन देने वाली कांग्रेस ने एक बार प्रधानमंत्री बदला और दूसरी बार समर्थन वापस लेकर गुजराल सरकार गिरा दी। इन उन्नीस महीनों ने देश को तीन भूतपूर्व प्रधानमंत्री दिए। प्रारंभ हुआ था तेरह-दिन चलने वाली बी.जे.पी. सरकार से, जो लाख कोशिशें करने, घूस-पदों का लालच देने के बावजूद न किसी सदस्य को तोड़ सकी न किसी को अपने साथ ले सकी, बाद में उत्तर प्रदेश में दल-बदलकर आए हर एम. एल.ए. को मंत्री पद देकर ही बी.जे.पी की सरकार बनी और प्रदेश पर 93 मंत्री थोप दिए गए। कहा गया कि इतने बड़े प्रदेश में मंत्रियों की यह संख्या ज़्यादा नहीं है—इस तर्क से तो इतने बड़े देश के लिए केंद्र में कम-से-कम पाँच-सौ मंत्री होने चाहिए। पैसे और पद के लालच में लाए गए इन मंत्रियों में 36 ऐसे हैं जिन पर दर्जनों हत्याओं, ब्लात्कार, तस्करी, घूस और अन्य गुंडागर्दी के केस चल रहे हैं... सबसे ज्यादा सिद्धांतों का ढोल पीटने वाली बी.जे.पी. के पास अब बेशर्म होकर सत्ता हथियाने के उन्माद के सिवा कोई सिद्धांत नहीं है। वह हर कहीं और हर शर्त पर अपराधियों, भ्रष्टाचारियों और देशद्रोहियों को अपने साथ ले सकती है और बड़े-बड़े नेताओं को आँखें मूँदकर झेंप के साथ बताना पड़ता है कि उनका यह प्रयास क्यों सही है। आश्चर्य नहीं होगा, अगर इस चुनाव में दाउद इब्राहिम या चंद्रास्वामी प्रधानमंत्री

पद के लिए बी.जे.पी. के उम्मीदवार हों। आखिर (स्वतंत्रता-पूर्व कांग्रेस की तरह) सबसे ज्यादा घाघ पत्रकार, ब्यूरोक्रेट, वकील और व्यापारी हिंदुत्व की रक्षा करने के लिए इसी पार्टी को कंधा दे रहे हैं। वर्णवादी व्यवस्था का 'सांस्कृतिक राष्ट्रवाद' धूल झोंकने के लिए है ही, पेशे से वकील, तेज-तर्रार पार्टी-प्रवक्ता सुषमा स्वराज और भी पुराने पेश के हथकंडे अपनाकर कभी ममता बनर्जी को तो कभी जयललिता को घेर पटा कर बूढ़े गिद्धों के अपने अड्डे पर लाने में लगी हैं। वे ही शायद मायावती को भी लाई थीं। इन शब्द-बाजीगरों के मुकाबले बहुजन-समाज पार्टी के कांशीराम और शिवसेना के बाल ठाकरे मुझे ज्यादा ईमानदार लगते हैं जो सिद्धांतों के चक्कर में नहीं हैं। वे खुलकर कहते हैं कि हम किसके साथ मिलते या टूटते हैं इससे कोई फ़र्क नहीं पड़ता—हमें तो सिर्फ सत्ता चाहिए—या कि हिटलर हमारा आदर्श है और जिसको देश में रहना हो, हमारी शर्तों पर दूसरे-तीसरे दर्जे का नागरिक बनकर रहे। लोकतंत्र, प्रजातंत्र को डालिए भाड़ में—मेरे यहाँ तो 'ठोकशाही' चलेगी। मूलतः बी. जे.पी. कांशीराम, बाल ठाकरे का ही परिष्कृत-सांस्कृतिक मुखौटा है। उपभोक्ता मध्यवर्ग को वह जिस स्थिर सरकार का आश्वासन दे रही है—वह वस्तुतः औरंगज़ेबी शासन का नया संस्करण है—मुग़ल काल में सबसे ज्यादा स्थिर और लंबी सरकार या तो औरंगजेब ने दी थी या बाद में साम्राज्यवादी अंग्रेजों ने। बी.जे.पी. का सवर्ण 'रामराज्य' इन दोनों के मिश्रण से बनेगा...

दरअसल आज की राजनीति का सारा श्रेय नेहरू-वंशी चालीस साल एकछत्र शासन करने वाली कांग्रेस को दिया जाना चाहिए। प्रजातंत्र में किसी एक पार्टी की सरकार का स्थायी वर्चस्व सारे दमन-शोषण, भ्रष्टाचार, हत्याकांडों और अत्याचार का पर्याय होता है—और 'राष्ट्रीयता' उस पार्टी के लिए बेशर्त-वफादारी का दूसरा नाम बन जाती है। हिटलर ने भी प्रजातांत्रिक ढंग से मजबूत सरकार दी थी। दो-चार साल यही प्रताप दिखाया था संजय गाँधी ने। ऐसी स्थायी सरकारों में वर्चस्व एक व्यक्ति या कुछ के 'कॉकस' का होता है। जो समाज वर्गों, वर्णों और क्षेत्रीयताओं में बँटा हो, वहाँ आप धौंस और डंडे से शेष सबकी आवाज लंबे समय तक दबाए नहीं रख सकते। उसे तो टूटना ही होगा। इस टूट का सबसे दयनीय और घृणित उदाहरण कांग्रेस है। दोनों हाथों से मलाई डकारने वाले घुटे हुए बूढ़े, देश तोड़ने, बेचने और फूँक डालने के आत्मघाती जनून में किसी भी हद तक जा सकते हैं। यह पार्टी नरसिंह राव, चंद्रा स्वामी, चंद्रशेखर, सीताराम केसरी, सुब्रह्मण्यम स्वामी को बचाने के लिए हर कीमत देने को तैयार है। नतीजे में खुद भुस-भरे जंगली जानवरों में बदल गई है। रही-सही कसर यह चुनाव पूरी कर देगा। नई पीढ़ी शायद इतिहास में ही इस पार्टी की 'गौरव-गाथा' पढ़ा करेगी। मगर स्थिर सरकार देने की इस परिणति से बी.जे.पी. कोई सबक सीखेगी—यह सोचना भी गलत है। हर पार्टी अपने सबक अपने ढंग से सीखती है। शायद सीखती ही नहीं।

बहरहाल, साझा सरकार टूटने का यह चौथा प्रयोग था। स्थितियों को देखते हुए लगता है कि नई सरकार भी ऐसी ही होगी—क्योंकि इस दौरान हर पार्टी और अधिक टुकड़ों में बँटी है—यानी सरकार बनाने लायक बहुमत लाने की हैसियत किसी की नहीं है। हाँ, दस-बीस हज़ार करोड़ जरूर इधर से उधर हो जाएँगे। चलिए, इसी बहाने नेताओं की तिजोरियों में घुन खाता पैसा सर्कुलेशन में आएगा।

मेरी तेरी उसकी बात, 'हंस', जनवरी 98

सांस्कृतिक राष्ट्रवाद का पूर्वराग (ओरियेंटलिज़्म)

''भारत के पास अतीत है, इतिहास नहीं'' यह धारणा है अठारहवीं शताब्दी के अधिकांश यूरोपियों, विशेषकर अंग्रेज़ों की। यों भारत के बारे में सुनी-सुनाई बातों के आधार पर पश्चिम में जिज्ञासाएँ और हवाले तेरहवीं-चौदहवीं शताब्दी से ही शुरू हो गए थे, लेकिन लगातार सामग्री मिलनी और व्यवस्थित होनी शुरू होती है सत्रहवीं और अठारहवीं शताब्दी में—यानी ईस्ट इंडिया कंपनी की देश पर बढ़ती पकड़ के साथ। कहने को 'इतिहास शब्द' कौटिल्य के अर्थशास्त्र या 'अमरकोश' में भी मिलता है, लेकिन उनकी धारणा है कि हिंदुओं के पास इतिहास और भूगोल जैसी कोई चीज़ नहीं है—उनके पास सिर्फ पुराण है। इतिहास के मामले में वे भयानक स्मृति-भ्रंश के शिकार है : उनके लिए अशोक की लाट 'भीम की गदा' है और महाबलीपुरम के खँडहर बाली के बनवाए नगर के ध्वंसावशेष हैं। दुनियाभर में सीता की रसोइयाँ हैं और दसियों जगह अयोध्या और द्वारिकाएँ हैं। इन्द्र ने ईर्ष्यावश कुछ नगरों, शहरों को ध्वस्त कर दिया था। ग़ज़ब तो यह है कि जिस राम का नाम लेकर हिंदुत्ववादियों ने देश में इतना खून-खराबा मचाया, वह 'रामायण' भी बंगाल की ऐशियाटिक सोसाइटी में एक विशेष विभाग बनाकर अंग्रेजों ने 'तैयार' कराई थी। इतिहास-लेखन बाकायदा शुरू हुआ विदेशियों, विशेषकर मुसलमानों के आने के बाद। सिकंदर से लेकर औरंगजेब तक अपनी हर गतिविधि को दर्ज कराने की चेतना इन विदेशियों में अद्‌भुत है। हर बादशाह ने तिथि-तारीख़ों के साथ अपने रोज़नामचे दिए हैं। उधर भौतिक जीवन को व्यर्थ और महत्त्वहीन (माया) मानने की कुंठा के चलते हिंदुओं की चेतना को न किसी घटना ने आकर्षित किया न व्यक्ति ने। अगर विल्सन ने टूफी-फूटी आधी-अधूरी 'राजतरंगिणी' या बाद में विलियम कैरी और ग्रियर्सन जैसे लोगों ने 'रामायण' और रासो-ग्रंथ न खोज निकाले होते या विलियम जोन्स के शिष्यों, विशेषकर

प्रिंसेप और मैक्समूलर जैसों ने वेद-उपनिषदों पर काम न किया होता तो शायद हम मुगल-पूर्व की किसी भी सूचना के लिए तरस गए होते। अकबर और दाराशिकोह ने जरूर कुछ ग्रंथों के अनुवाद कराए। इसी समय 'अल्लौपनिषद' जैसी रचनाएँ भी तैयार करा ली गईं—जैसे बाद में ख्रीष्टोपनिषद हुए, जैसा कि मैंने अनेक बार कहा है कि यही 'स्मृति-भ्रंश' या भौतिक जीवन से घृणा आज तक हमारा संस्कार है—लोक साहित्य या इतिहास-विधा की बात छोड़ दें तो हिंदी-क्षेत्र के शिष्ट साहित्य में न कहीं अठारह सौ सत्तावन का गदर है, न उन्नीस सौ सैंतालीस का विभाजन—और तो और 1984 के सिख-विरोधी दंगे और बाबरी मस्जिद ध्वंस भी कुलीन-साहित्य में नहीं है। यहाँ, हर चीज़ शाश्वत और कालातीत है—हाँ, काल की अवधारणा पर बौद्धिक-विमर्श ज़रूर है।

अगर ढाई-तीन सौ सालों में उपलब्ध यूरोपीय सामग्री पर विश्वास करें, (यह विश्वास करना हमारी मजबूरी है, क्योंकि विशाल-स्तर पर व्यवस्थित और वैज्ञानिक आधारों को लेकर सारा कार्य तो सिर्फ वहीं किया गया है) तो मध्य अठारहवीं शताब्दी तक भारत में न किसी ने बुद्ध, अशोक, चन्द्रगुप्त, समुद्रगुप्त, कालिदास, हर्ष, कनिष्क के नाम सुने थे, न किसी को पाल और बखरी संस्कृतियों का पता था। यह सारा काम अठारहवीं शताब्दी-उत्तरार्ध से उन्नीसवीं शताब्दी-पूर्वार्ध तक सिर्फ फ्रांसिसियों और अंग्रेजों ने सौ सालों में किया है। इन्हीं सौ सालों में बाक़ायदा हमारा वह इतिहास लिखा गया, जिसके आधार पर हम छाती ठोंक कर कहते हैं। 'गर्व से कहो, हम हिंदू हैं,' और जिस एकमात्र संस्था ने टुकड़े-टुकड़े जोड़कर हमें हमारा इतिहास वापस दिया उसका नाम है 'द एशियाटिक सोसायटी ऑफ बंगाल'—दूसरे शब्दों में सर विलियम जोन्स नाम का विराट व्यक्तित्व, जिन्हें कोई ज्ञान के क्षेत्र का सिकंदर कहता है, क्योंकि उन्होंने पश्चिम के लिए पूर्व के द्वार खोले तो कोई भारतीय संस्कृति का कॉपर्निकस—जिन्होंने भारत नाम के सौरमंडल को खोज निकाला। कम से कम डॉ. ओमप्रकाश केजरीवाल उन्हें 'कॉपर्निकस' से कम कुछ भी मानने को तैयार नहीं हैं। (इस बार 'हंस' की इस टिप्पणी की लगभग सारी सामग्री केजरीवाल के अद्भुत शोध-प्रबंध 'द एशियाटिक सोसाइटी ऑफ बंगाल—1784-1838' से ली गई है।) निर्विवाद सच भी यही है कि स्वयं विलियम जोन्स और उनके सहयोगियों, विशेष रूप से एच.टी. कोलब्रुक, एच.एच. विल्सन और जेम्स प्रिंसेप ने अपनी लगन, समर्पण और अनथक अध्यवसाय से हमारा जो सर्वांगीण इतिहास तैयार किया है—वही मुगल-पूर्व भारत का एकमात्र इतिहास हमारे पास है। इतिहास के अलावा साहित्य, ज्ञान-विज्ञान के क्षेत्रों की जो सामग्री इस दौरान खोजी गई है उसी ने भारत को लेकर सारे पश्चिमी सोच को बदला है। यही नहीं, इस चकित करने वाली सामग्री ने स्वयं भारतीयों के आत्मबोध और आत्मगौरव को बढ़ाया है—आगे जाकर जिसकी परिणति बंगाली पुनर्जागरण और राष्ट्रीय आंदोलन के रूप में होती है। झख मार

कर पश्चिमी विद्वानों को मानना पड़ता है कि इस पूर्वराग (ओरियेंटलिज्म) को शामिल किए बिना मानव-जाति का इतिहास अधूरा है। इसने पश्चिमी संसार में एक नए 'ज्ञानोदय' को जन्म दिया है। अविश्वसनीय है कि पाँच सौ सालों से यूरोप और दो सौ सालों से अंग्रेज़ जिस ऐतिहासिक, साहित्यिक, सांस्कृतिक सामग्री को एकांत-भाव से हमारे लिए टुकड़े-टुकड़े जोड़ते रहे हैं उसे ही राष्ट्रीय गौरव की लोलुप-भूख ने इस तरह अपने भीतर ठूँस-ठूँस कर भर लिया है कि वही हमारी अस्मिता है और वही हमारे अस्तित्व का पर्याय। मज़ा यह है कि इसके अलावा हर नए असुविधाजनक विचार को हम विजातीय और पश्चिमी कहकर तिरस्कृत करते हैं।

यूरोप में भारत के बारे में विवरण मिलने शुरू होते हैं, पंद्रहवीं शताब्दी के अंत और सोलहवीं के प्रारंभ से, (1498 में)। वास्को द गामा ने भारत की धरती पर पाँव रखा तो परियों और किंवदंतियों का देश भारत, योरोपियनों के लिए एक जीती-जागती सचाई के रूप में आकार लेने लगा। उसी समय से डच, फ्रेंच, डेन, पुर्तगाली और अंग्रेज़ों ने अपने अनुभवों को विभिन्न पुस्तकों के रूप देने शुरू किए। टाम पाइर्स पहला पोर्चुगीज़ था जिसने 1515 में 'सूमा ओरियंटल' में भारत के बारे में लिखा। इन लोगों में मुख्य थे यात्री, ईसाई, मिशनरी, औपनिवेशिक प्रशासन से जुड़े सरकारी अफसर, व्यवसायी और स्वतंत्र अध्येता। इनके बीच आपसी प्रतिस्पर्द्धाएँ भी थीं और अपने-अपने धर्मों या देशों के स्वार्थ भी। सबसे अधिक आश्चर्यजनक स्तर पर काम हुआ अठारहवीं और उन्नीसवीं शताब्दी में, सर विलियम जोन्स और एशियाटिक सोसायटी की देख-रेख में, विशेषकर वारेन हेस्टिंग्स के ज़माने में। हेस्टिंग्स संस्कृत-साहित्य और गीता, गीतगोविंद का भक्त था। विलियम जोन्स जब जज के रूप में भारत आने लगे तो उन्होंने उच्छ्वसित होकर लिखा, "पिछले अगस्त में जब मैं समुद्री यात्रा कर रहा था तो एक शाम मैंने ध्यान दिया कि हमारे सामने भारत की भूमि अपने पूरे फैलाव में खुली पड़ी है। बाईं तरफ फ़ारस (पर्शिया) है, अरब की ओर से ठंडी-ठंडी हवाएँ आ रही हैं और इस भव्य प्रेक्षा-गृह के बीच मैं आनंद से अभिभूत हो उठा...सहज ही मेरे मन में यह बात उठी कि कितनी महत्वपूर्ण और विशाल दुनिया अभी तक अनखोजी पड़ी है, कितनी काम की चीज़ें हैं जिन्हें इस्तेमाल के लायक बनाया जा सकता है—प्राकृतिक सम्पन्नता के आश्चर्यों से भरी यह दुनिया मानव-मेधा की न जाने किन-किन विविधताओं में अभिव्यक्त हुई है—धर्म और राज-काज, कानून और रहन-सहन, रीति-रिवाज और भाषाएँ, मानव जाति के विभिन्न रूप-रंग...इन सभी को तो हम अपने उपयोग के लायक बना सकते हैं।" इस उद्धरण से स्पष्ट है कि विलियम जोन्स भारत को लेकर अभिभूत ही नहीं थे, उसे खोजने, व्यवस्था और पूर्वराग का सुनिश्चित आकार देने की बात भी उनके मन में साफ थी। उन्होंने अपनी खोजों और अध्ययन के लिए जो सोलह-सूत्री कार्यक्रम (एजेंडा) बनाया था उसे यहाँ देख लेना बहुत जरूरी है—1. हिंदू और मुसलमानी कानून,

2. प्राचीन भारत का इतिहास, 3. ईसाई धर्मशास्त्र के प्रमाण और व्याख्याएँ, 4. प्रलय को लेकर परंपराएँ, 5. हिंदुस्तान की आधुनिक राजनीति और भूगोल, 6. बंगाल पर राज करने का सर्वश्रेष्ठ तरीका, 7. एशियाइयों के गणित, ज्यामिति और मिश्रित विज्ञान, 8. भारतीयों की चिकित्सा पद्धति, कैमिस्ट्री और शरीर विज्ञान, 9. भारत के प्राकृतिक उत्पादन, 10. एशिया की कविता, शास्त्रार्थ (रैटोरिक) और नैतिक मान्यताएँ, 11. पूर्वी-प्रदेश का संगीत, 12. शी-किंग या 300 चीनी पद, 13. तिब्बत और काश्मीर के सर्वश्रेष्ठ विवरण, 14. भारत के व्यवसाय हस्तशिल्प, कृषि और व्यापार, 15. मुगल शासन प्रणाली, 16. मराठा संविधान।

इस सूची का उद्देश्य सिर्फ यह बताना है कि कितनी बृहद् और विविध योजनाएँ लेकर विलियम जोन्स भारत आए थे। उनकी प्रेरणा, प्रोत्साहन और प्रयत्नों से अंग्रेज़-विद्वानों के दल के दल भारत की खोज और अनुसंधानों में जुट गए—सिक्कों, फरमानों, पांडुलिपियों, भित्ति-चित्रों और भित्ति-लेखों, खँडहरों, स्तूपों और गुफाओं, स्थापत्य और वास्तु-विज्ञान, ज्योतिष, नक्षत्र-विज्ञान और संगीत शास्त्र, संगीत, साहित्य, इतिहास, धर्मशास्त्र, वेद, उपनिषद, पुराण, व्याकरण, विज्ञान और मौखिक-वाचिक परंपराओं, लोक कलाओं और जातियों के अध्ययन—शायद ही कोई ऐसा क्षेत्र बचा हो जिस पर अंग्रेज़ों ने रात-दिन एक करके सामग्री न जुटाई हो। इसके साथ ही शुरू हुईं इतिहास-लेखन की कोशिशें—1818 में लिखा गया जेम्स मिल का 'ब्रिटिश भारत का इतिहास' इस दिशा में बृहद् और सबसे महत्त्वपूर्ण ग्रंथ है जिसके बारे में बाद में विल्सन ने कहा कि "यह झूठों, अधूरी जानकारियों, औपनिवेशिक अहंकार के आधार पर विद्वेषपूर्ण दृष्टिकोण से लिखा गया कचरा है, इसमें वर्णित हिंदुओं की तस्वीर का वास्तविकता से कोई लेना-देना नहीं है", बहरहाल, न जाने कितने स्रोतों, सामग्री, अनुसंधानों को आधार बनाकर भारत के प्राचीन गौरव का इतिहास लिखा जाने लगा—ज्ञान-विज्ञान की बिखरी जानकारियों को एक तरतीब दी गई, ग्रंथ तैयार किए गए। इस दिशा में विलियम जोन्स ने सबसे पहला काम किया संस्कृत शब्दों के सही उच्चारण और लेखन के लिए रोमन अक्षरों का मानकीकरण, विभिन्न चिन्हों के प्रयोग। शास्त्र और धर्म के प्रकांड विद्वानों, आचार्यों को साम-दाम दंड-भेद से अपना ज्ञान म्लेच्छों को देने के लिए तैयार करना। पांडुलिपियों को पढ़वा, सुनवाकर या अनेक स्रोतों के अध्ययन द्वारा उनके प्रामाणिक रूप तैयार कराना।

यह सही है कि प्रारंभ में ऐसे अध्ययन यात्रियों और भटके नाविकों के अलावा मुख्य रूप से ईसाई मिशनरियों ने किए, क्योंकि मैक्समूलर के अनुसार 'जैसे एक सेनापति के लिए जरूरी है कि वह दुश्मन के देश को अच्छी तरह जाने वैसे ही मिशनरी के लिए उनके धर्म-ग्रंथों का सही और प्रामाणिक ज्ञान अनिवार्य है'। दूसरे धर्मों, उनके ग्रंथों में कमियाँ बताकर ही अपने धर्म की श्रेष्ठता स्थापित करने का यह काम सदियों तक जोर-शोर से चला। (बाद में इसका रूप आर्य समाजियों के शास्त्रार्थ

में दिखाई दिया), इसके लिए मिशनरियों ने घनघोर परिश्रम करके पहले उन भाषाओं के व्याकरण और कोश तैयार किए जिनमें उन्हें या उनके सहकर्मियों को काम करना था। चूँकि यह काम लगभग सभी यूरोपीय देशों के लोग कर रहे थे इसलिए उन्होंने सूचना संग्रह और ग्रंथ तैयार किए अपनी-अपनी भाषाओं में। अठारहवीं-उन्नीसवीं शताब्दी तक आते-आते 'पूर्व की खोज' का यह काम अंग्रेज मिशनरियों और ईस्ट इंडिया कंपनी के सरकारी कर्मचारियों द्वारा ही किया गया जिनके लिए केजरीवाल की पुस्तक की भूमिका में बाशम ने कहा कि 'यह सिर्फ संयोग है कि ओरियेंटलिज्म पर काम करने वाले मुख्य रूप से अंग्रेज़ ही रहे हैं।' हाँ, अपने अध्ययनों और खोजों के दौरान ये लोग पूर्व के सम्मोहन में इस तरह बँधते चले जाते थे कि भारत में हमेशा निर्वासित होने की पीड़ा भोगते मैकाले ने, जो ग्रीक और रोमन प्राचीन साहित्य का अध्येता था, लिखा; 'बेशक, कंपनी के अन्य कर्मचारी शायद ही कभी मेरे जैसा महसूस करते हों। कुछ ही वर्षों में वे पूरी तरह 'पूर्वीकृत' हो जाते हैं और मेरी उम्र तक आते-आते तो वे अक्सर इंग्लैंड के मुकाबले भारत में ही रह जाना पसंद करते हैं।' यही नहीं, विलियम जोन्स को तो अनेक बार इंग्लैंड के अपने प्रायोजकों से यह फटकार सुननी पड़ी कि वे ज्ञान की खोज में इतने पगला गए हैं कि अपने मिशनरी-लक्ष्य की तरफ ध्यान ही नहीं देते।

इसमें शक नहीं है कि ज्ञान के इन खोजियों के एकांत समर्पण और पागलपन को देखकर श्रद्धा से अधिक आश्चर्य होता है। कैसी कठिन और असंभव स्थितियों में इन्होंने बरसों-बरस इस सिलसिले को चलाए रखा—लू-धूप, गर्मी-वर्षा की चिंता किए बिना कोई मैदान और टीले खुदवा रहा है, तो कोई बस्तियों और कैंपों में महीनों डेरा डाले पड़ा है, कहीं बर्तन-भांड़े, सिक्के-जेवर, चौखट, ईंटें, मेहराबें जमा किए जा रहे हैं, चमगादड़ों, सांप-बिच्छुओं जालों से भरी गुफाओं में टार्चें या लालटेनें लेकर दीवारें खोदी और पढ़ी जा रही हैं, स्थानीय निवासियों, आदिवासियों के हमले, असहयोग और विरोधों का सामना करना पड़ रहा है, दूर-दराज मंदिरों और खँडहरों के इतिहास और पुराण लिखे जा रहे हैं, पंडितों-आचार्यों की खुशामदों, चिरौरियों और प्रलोभनों द्वारा या उन जैसा बनकर ही धर्म-ग्रंथ विमर्श हो रहा है—कहीं-कहीं सहयोग भी है, मगर अधिकांश धमकियों और हमलों के बीच जैसे-तैसे सामग्री इकट्ठी की जा रही है, फिर सबको बेस-कैंप या मुख्यालयों में लाकर उनका अध्ययन-विश्लेषण किया जा रहा है, डाकुमेंटेशन (इंदराज) हो रहा है। बीमारियों और प्राकृतिक असुविधाओं को बर्दाश्त किया जा रहा है। कितने दर्जनों तो इन अभियानों में गुमनाम ही मारे गए। पारिवारिक जीवन टूटे और बिखरे हैं। मगर ग़ज़ब की है इनकी लगन और अपराजेय उत्साह, (बाद में यही उत्साह राजवाड़े, राहुल और ब्रजमोहन व्यास के 'मेरा कच्चा चिट्ठा' जैसी कोशिशों में दिखाई देता है)।

यह भी सही है कि हमेशा ही ये लोग कंपनी-बहादुर के नौकर नहीं होते थे

और अनुसंधानों की ये योजनाएँ सरकारी ड्यूटी का हिस्सा हर बार नहीं थीं। अपनी प्रशासनिक जिम्मेदारियाँ निभाते हुए इन लोगों ने स्वयंसेवकों की तरह अपने लिए हमारे अतीत को खोजा था, बेशक ये 'राज' का हिस्सा थे इसलिए इनके पास सुविधाएँ भी थीं और अधिकार भी। सामान्य जनता पर अंग्रेज़ों का आतंक तो था ही। मगर सभी कुछ सरकारी नहीं था। वारेन हेस्टिंग्स के समय तो नहीं, विलियम बैंटिक को मैकाले ने समझा दिया था कि विलियम जोन्स और बंगाल की एशियाटिक सोसायटी ऐसा कोई महत्त्वपूर्ण कार्य नहीं कर रही है कि कंपनी उसके लिए इतना धन मुहैया करे या फूँके—हालाँकि मैकाले खुद हिंदू और मुस्लिम कानूनों का घनघोर अध्ययन कर रहा था जिसके आधार पर उसने 'इंडियन पीनल कोड' तैयार किया। हो सकता है इसके पीछे जोन्स और मैकाले की आपसी लाग-डांट रही हो। सोसायटी की सारी उपलब्धियों को लेकर मैकाले का विचार था 'भारत और अरब का सारा सर्वश्रेष्ठ साहित्य यूरोप की किसी लायब्रेरी की अलमारी का एक खाना भी नहीं भर पाएगा।' या 'संस्कृत ग्रंथों के आधार पर जो ऐतिहासिक जानकारियाँ इकट्ठा की गई हैं वे अतिशयोक्तियों से भरी हैं और उनका महत्त्व इंग्लैड के प्राइमरी स्कूलों की पुस्तकों के संक्षिप्त संस्करणों से भी कम है।' शिक्षा के क्षेत्र में मैकाले का सारा जोर 'अंग्रेज़ीकरण' पर था ताकि प्रशासन के लिए काले अंग्रेज तैयार किए जा सकें—जो मूल अंग्रेज़ों के मुकाबले ज्यादा वफ़ादार हों। बहरहाल, यह सच है कि सोसायटी को या इन अनुसंधानों को सरकार की ओर से पैसा रो-रोकर दिया जाता रहा और न जाने कहां-कहां के दानों, अनुदानों से ये लोग इस कमी को पूरा करते रहे—कभी-कभी तो अपनी जेब से खर्चा करके इस काम को चलाए रखा गया। निस्संदेह ये ज्ञान के लिए समर्पित लोग थे और इन्होंने दो सदी तक तन-मन-धन लगाकर हमारे इतिहास, संस्कृति, साहित्य, संगीत का निर्माण किया है।

इसलिए जब एडवर्ड सईद ने यह स्थापना दी तो पूरे बौद्धिक जगत् में एक हंगामा बरपा हो गया कि 'ओरियेंटलिज़्म' या पूर्वी 'सांस्कृतिक महानता' का जो ढाँचा यूरोप-इंग्लैंड द्वारा दो-तीन सौ सालों में तैयार किया गया था उसके पीछे सिर्फ ज्ञान-पिपासा ही नहीं है, और न ही वह अलग-अलग समयों और व्यक्तियों द्वारा किया गया 'निजी' प्रयास है, मूलतः वह सब यूरोपीय साम्राज्यवाद की औपनिवेशिक रणनीति का अनिवार्य हिस्सा है और सोची-समझी योजना के तहत तैयार किया गया है। दूसरे शब्दों में भारत में अपना साम्राज्य स्थापित करने के लिए क्लाइव ही नहीं आया था—दूसरे धरातल पर विलियम जोन्स एंड कंपनी और उनके पूर्वज भी आए थे। पिछले तीस साल से निरंतर बहसों और चर्चा में बनी रहने वाली 'ओरियेंटलिज़्म' नाम की यह पुस्तक निश्चय ही एडवर्ड सईद के विराट शोध, ज्ञान-विज्ञान के अधिकतम स्रोतों को खंगालने की बौद्धिक क्षमता और विषय पर निर्विवाद अधिकार के आत्मविश्वास का संदर्भ-ग्रंथ है। भारतीय महाद्वीप, सईद की पुस्तक का एक हिस्सा

है। मुख्य रूप से उन्होंने लिया है अरब, इजिप्ट, अफ्रीका इत्यादि के इस्लामी जगत् को। साम्राज्यवादी षड्यंत्र के अलावा सईद इस पूर्वी ढाँचे (पूर्वराग) को बनाकर तैयार करने के पीछे इस्लाम-विरोधी, क्रिश्चियन मिशनरी भावना को भी देखते हैं और इसे वे औपनिवेशिक साम्राज्यवाद का एक अपरिहार्य प्रेरक तत्त्व मानते हैं। 1832 में ऑक्सफोर्ड में 'बोड़न संस्कृत अध्ययन पीठ' के संस्थापक जोसेफ बोड़न का विचार था कि—हमारे द्वारा उपलब्ध 'संस्कृत भाषा के सामान्य और आलोचनात्मक ज्ञान के सहारे मेरे देशवासियों के लिए नेटिव लोगों को ईसाइयत में धर्मांतरित कर सकना ज़्यादा सुविधाजनक हो जाएगा' (डेविड कोफ : ब्रिटिश ओरियेंटलिज़्म का इतिहास : 153)।

एडवर्ड सईद का आरोप है कि पश्चिम ने अपनी सारी बौद्धिक क्षमताओं और संसाधनों के इस्तेमाल द्वारा तोड़े-मरोड़े गए तथ्यों के सहारे पूर्व के ऐसे अतिशयोक्तिपूर्ण काल्पनिक ढाँचे का आविष्कार किया है कि दुनियाभर में अपनी सत्ता और पकड़ को बनाए रख सकें। सारतः सईद का कहना है कि चूँकि पश्चिमी उपनिवेशवादी शक्तियाँ पूर्वी-क्षेत्रों में अपनी वर्चस्ववादी सत्ता का स्थायीकरण चाहती थीं, इसलिए उन्होंने 'एशियायी सभ्यता' का आविष्कार किया ताकि ओरियंटल (पूरबवासी) खुद-ब-खुद अपने प्रभुओं के एहसानमंद ज़रखरीद गुलाम बने रहें।

ऐसा नहीं है कि इन अंग्रेज़ पूर्व-रागियों (ओरियेंटलिस्टों) पर ये आरोप सईद से पहले नहीं लगाए गए हों। स्वतंत्रता के बाद के इतिहासकारों ने उन्नीसवीं सदी के बंगला-पुनर्जागरण का मूल्यांकन करते हुए इस ओरियेंटलिज़्म के पीछे षड्यंत्रकारी यूरोपियनों की ऐसी तस्वीर खोज निकाली जो यूरोपियन वर्चस्व को कायम रखने के इरादे से पश्चिम के वैज्ञानिक और लोकतांत्रिक विचारों को तो दबाते थे, मगर भारत की रूढ़िवादी, जड़ संस्कृति को बढ़ावा देते थे। 1940 में सुशोभन सरकार ने 'बंगला-पुनर्जागरण पर कुछ टिप्पणियाँ' पुस्तक में ओरियेंटलिज़्म को रूढ़िवादिता के समर्थन और हिंदुत्व की सामाजिक विकृतियों को अनदेखा करने के रूप में देखा (डेविड कोफ)। इसके बरअक्स पश्चिम का स्वरूप वहाँ ऐसे युक्तिवादी, धर्मनिरपेक्ष, वैज्ञानिक, सामाजिक, सुधारवादी के रूप में उभरता है जो भारत को 'सभ्य' बनाने यानी दुनिया की मुख्यधारा में लाने में मदद करेगा।

इस 'षड्यंत्रकारी पूर्वराग' के बचाव में अमेरिकन अध्येता गारलैंड कैनन का कहना है कि सारे के सारे 'पूर्वरागी' अपने उपनिवेशवादी स्वामियों के पिट्ठू ही नहीं थे, बल्कि ग्रेट-ब्रिटेन या दूसरे साम्राज्यवादी देशों ने अगर विलियम जोन्स के उत्साही प्रयासों का अनुसरण किया होता तो बीसवीं सदी की दुनिया बिल्कुल ही दूसरी होती।

एडवर्ड सईद ने अपनी पुस्तक 'ओरियेंटलिज़्म' का उपशीर्षक दिया है : 'पूर्व को लेकर पश्चिम की अवधारणा' (वेस्टर्न कन्सैप्शन्स ऑफ द ओरियंट)। वे कहते हैं कि मोटे रूप से तो अठारहवीं सदी उत्तरार्द्ध को प्रस्थान-बिंदु मानकर 'पूर्ववाद'

पर बहस और विश्लेषण किए जा सकते हैं कि किस तरह पूर्व को समझने, संचालित करने का यह एक 'सहकारी संप्रदाय' था। पूर्व को 'समझने' की यह भावना कहीं वक्तव्य-फ़तवे जारी करने के रूप में है तो कहीं इसके बारे में बयानों को आधिकारिकता प्रदान करना है, कहीं सिखाने की भावना है तो कहीं राज्य-शक्ति के द्वारा चीज़ों को तय कर डालने की। संक्षेप में कहें तो पश्चिम द्वारा पूर्व पर अपना प्रभुत्व कायम करने के लिए संपूर्ण वर्चस्व और पुनर्व्यवस्थित करने का दूसरा नाम है 'पूर्ववाद'।

कहने की जरूरत नहीं है कि सईद द्वारा इस पूर्ववाद या 'पूर्वराग' की स्थापना को उत्तर-उपनिवेशी विद्वानों ने खुला समर्थन दिया है। प्रारंभिक सौ सालों में भले ही 'पूर्व' में यूरोपियनों की दिलचस्पी धर्म-प्रचार की संभावनाओं, सैलानी रोमांचकताओं से प्रेरित रही हो—मगर अठारहवीं-उन्नीसवीं सदी में वह निश्चय ही साम्राज्यवाद की एक रणनीति के रूप में आकार लेती है, इसकी सबसे प्रामाणिक जानकारी हमें वारेन हेस्टिंग्स के द्वारा ही मिलती है। भारतीय विधि-संहिताओं और पुराने ग्रंथों के संकलन, संपादन या अनुवादों को, पूर्व का अध्ययन करने वाले विद्वानों ने एक सोचा-समझा व्यावहारिक कर्म बताया है। खुद हेस्टिंग्स अपने डायरेक्टरों के कोर्ट लिए, विल्किन्स के 'भगवद्गीता' के अनुवाद की वकालत करते हुए नैथानियल स्मिथ को लिखता है, 'हर प्रकार का ज्ञान विशेष रूप से जिन लोगों पर हम राज्य करते हैं, उनसे सामाजिक आदान-प्रदान द्वारा प्राप्त किया गया ज्ञान, राज्य के लिए बेहद उपयोगी है। क्योंकि इसके पीछे मूल भावना विजय प्राप्त करने के अधिकार की होती है। दूर-दूर के प्यार को यह पास खींचता है और आपसी समझ का स्रोत बनता है। गुलाम बनाकर रखे गए देसी लोगों की जंजीरों की रगड़ और बोझ को यह हल्का करता है। यही नहीं, खुद हमारे अपने देशवासियों के दिलों में नैतिक बोध की यह भावना दृढ़ करता है कि वे कितने उदार और दयावान हैं।'

मगर नहीं, ओमप्रकाश केजरीवाल और बाद के डेविड कोफ़ जैसे अध्येता मानने के लिए तैयार नहीं हैं कि यह सारा पूर्वराग किसी सोची-समझी जालसाजी या उपनिवेशी साम्राज्यवाद की एक रणनीति है। डेविड कोफ़ के अनुसार "एडवर्ड सईद द्वारा 'पूर्वराग एक षड्यंत्र है' की स्थापना के शोर-शराबे और सबाल्टर्न (हाशिए पर फेंक दिए गए) स्रोतों से प्रेरित, वर्चस्ववादी वर्ग की धज्जियाँ उड़ाने के युग में केजरीवाल ने जिस तरह भारत के अतीत की खोज करते हुए सईद का खंडन किया है वह उनके अध्ययन, शोध और साहस का प्रमाण है।" केजरीवाल इस बात से सहमत नहीं है कि पूर्वरागी अध्येताओं को ब्रिटिश साम्राज्य का समर्थन था, उलटे उनके पागलपन का इंग्लैंड में या तो मज़ाक उड़ाया जाता था या बिल्कुल महत्त्व नहीं दिया जाता था। पैसा तो हमेशा ही काटा जाता रहा। खुद विलियम जोन्स ने एशियाटिक सोसायटी की स्थापना और संचालन अपने साधनों, प्रभावों और संपर्कों से ही किया। सरकारी बजट हमेशा कटता या रो-रोकर दिया जाता रहा। केजरीवाल के अनुसार जेम्स प्रिंसेप

जैसे ये पूर्वरागी अध्ययनकर्ता कैसी कठिनतम परिस्थितियों में, भीषणतम बाधाओं के बीच अपने कार्य को चलाए रख सके, इस पर ध्यान दिया जाना चाहिए। अशोक और मौर्यवंश का संपूर्ण इतिहास, बौद्ध-युग की खोज को प्रिंसेप ने जिस तरह इस महाद्वीप में फैले अनेक स्रोतों और प्रमाणों को जोड़कर व्यवस्थित किया है, वही अपने आप में एक कीर्तिमान है। कहा यह भी जा सकता है कि प्रिंसेप ने जो सामग्री दी है, वह जोन्स से कई गुना अधिक महत्त्वपूर्ण है। प्रिंसेप ने समय की गुमनामियों से इतिहास को निकालकर लाने के लिए पुरातत्त्व, कला-परंपराओं, संख्या-ज्ञान, लिपि-विज्ञान, तुलनात्मक भाषा-विज्ञान, सांस्कृतिक मानव-विज्ञान जैसे न जाने कौन-कौन से ज्ञान-विज्ञानों का सहारा नहीं लिया। बनारस को लेकर तो वह पागल था। केजरीवाल मानते हैं कि विलियम जोन्स और उनके सहयोगी पूर्व को, शुद्ध पूर्व की तरह देखते और उसका अध्ययन करते हैं। वहाँ कोई साम्राज्यवादी पूर्वग्रह नहीं है। उनके लिए यह सारा ज्ञान पश्चिम की मानसिकता को समझने का साधन मात्र नहीं है। अपने खर्चों, साधनों और प्रभावों को इस्तेमाल करते हुए, ज्ञान के इस विशाल जगन्नाथी रथ में अपने को जोत देने वाले इन श्रद्धालु ज्ञानार्थियों ने जिन विकटतम विरोधों और कठिनतम स्थितियों में अपने जीवन झोंक दिए, वह निश्चय ही किसी साम्राज्यवादी योजना का हिस्सा नहीं था। वह अधिक से अधिक जानने, खोजने और खोदने या बाद में उस सबको दर्ज करते हुए एक अनुशासन का रूप देने का ऐसा उन्मादी भूत था जो महान् उद्देश्यों से प्रतिबद्ध लोगों को हमेशा अपना माध्यम बनाता है।

दुर्भाग्य से मैं केजरीवाल और उनकी तरह से सोचने वालों से बहुत दूर तक सहमत नहीं हो पाता। सम्राट अकबर द्वारा निमंत्रित कुंभनदास के उत्तर 'संतन कहाँ सीकरी सौं काम' को हिंदी प्राध्यापक अक्सर 'बुद्धिजीवी की स्वतंत्रता' के उद्घोष के रूप में प्रचारित करते हैं। इस पर मैंने पहले भी लिखा है कि यह एक स्वतंत्र बुद्धिजीवी का वैसा निजी निर्णय नहीं था जैसा कबीर का है। यह दो सत्ताओं के प्रतिनिधियों का द्वंद्व है। कुंभनदास धर्म-सत्ता से जुड़े थे और उनका 'पट्टा राम के दरबार' में लिखा था, वे नर के मनसबदार क्यों होते ? हर धर्म के कुंभनदासों ने अपने समय की राजाज्ञाओं को ठुकराया है। यह सही है कि क्रिश्चियन धर्म का प्रचार-प्रसार भी उपनिवेशी साम्राज्यवाद का एक हिस्सा था—ताकि यहाँ की प्रजा अपने ईसाई महाप्रभुओं की आध्यात्मिक और मानसिक गुलाम बनी रह सके। मगर सारे सहयोग के बावजूद ब्रिटिश सत्ता अपना सर्वधर्म समभाव का धर्मनिरपेक्ष मुखौटा बनाए थी—मुसलमान बादशाहों की तरह सारी दुनिया को इस्लाम के झंडे के नीचे लाना अंग्रेज़ों का घोषित उद्देश्य नहीं था। ईस्ट इंडिया कंपनी के डायरेक्टरों या बाद में अंग्रेज़ी पार्लियामेंट की पॉलिसी भले ही ईसाई-धर्म के प्रचार-प्रसार की रही हो, मगर भारत में इनके आपसी संबंध घृणा-प्रेम के थे। बीसियों उदाहरण हैं जहाँ स्थानीय अधिकारियों और पादरियों, धर्म प्रचारकों के बीच संघर्ष हुए हैं। मैं स्वयं ऐसे न

जाने कितने किस्से सुनता रहा हूँ जहाँ फोर्ट विलियम, मेयो, एलफिंस्टन, आगरा, इलाहाबाद के अंग्रेज़ प्रिंसिपलों ने अंग्रेज़ कलक्टरों, गवर्नरों, वायसरायों की चिंता नहीं की या उन्हें कैंपस में घुसने नहीं दिया। राजाओं, सेनापतियों की गुरुकुलों या ऋषियों के आश्रमों द्वारा अवज्ञा और अपमान की कहानियाँ भी पुराणों में भरी पड़ी हैं। एक ही शरीर की दो बाँहें होने के बावजूद धर्म और ज्ञान की सत्ता के साथ राज-सत्ता के आपसी संबंध हमेशा समर्थन-सहयोग के नहीं रहे।

इन सहयोग-असहयोगों के बावजूद यह सचाई है कि ज्ञान-विज्ञान, शोध-अनुसंधानों या शिक्षाओं की स्वतंत्र संस्थाएँ वही काम कर रही थीं—जो अपने ढंग से राज्य के प्रशासनिक-अधिकारी कर रहे थे; यानी साम्राज्य का स्थायीकरण। जिस तरह गुरुकुलों-आश्रमों में राजा-राजकुमार-राजपुरुष या समाज का एलीट-वर्ग तैयार होता था और वही बाद में राज-काज, व्यापार सँभालता था, ठीक वैसे ही मेयो जैसे कॉलेजों में प्रशासन का प्रभु-वर्ग तैयार किया जाता था। इन्हें सारी पाठ्य सामग्री दी जाती थी इन्हीं शोध-अनुसंधान केंद्रों से—हाँ, यह भी सही है कि शोध-कर्ताओं या अध्येताओं की यह सामग्री काफी जाँच-परख के बाद ही शिक्षण संस्थाओं में प्रवेश पाती थी—असुविधाजनक सामग्री, साम्राज्य-विशेषज्ञ पहले ही छाँट देते थे। इसलिए इस बात से ज्यादा फ़र्क नहीं पड़ता कि ओरियेण्टलिज़्म का ढाँचा बनाने में लगे विद्वानों को सरकारी-समर्थन-सहयोग कितना और कैसा रहा है। विलियम जोन्स को हो सकता है अपने आकाओं के सामने बार-बार सफाई देनी पड़ी हो कि 'मैं हिंदू नहीं हूँ, मगर भारत मुझे एक अध्येता की तरह सचमुच आकर्षित करता है' या 'पूरब को किसी और मंतव्य से नहीं, बल्कि सिर्फ पूरब की तरह समझा जाना चाहिए' शक इसमें भी किसी को नहीं ही है कि ये अध्येता ईमानदारी से भारत, इजिप्ट (मिस्र), चीन के जादू के मारे हुए लोग थे और अपनी आरामदेह नौकरी या सुखचैन भरी पारिवारिक ज़िंदगियाँ छोड़कर जंगल-जंगल खाक छान रहे थे।

ज्ञान-विज्ञान, आध्यात्म इत्यादि एक बार जब अपने प्रस्थान-बिंदु से आगे चले जाते हैं तो स्वयं अपने तर्कों से विकसित या स्व-चालित होने लगते हैं—वे लगभग इतने स्वायत्त हो जाते हैं कि उन सामाजिक-भौतिक कारणों से उन्हें समझना मुश्किल होता है, जहाँ उनका जन्म हुआ था। टेक्नोलॉजी का आज जो स्वायत्त रूप विकसित हुआ है उसे नियंत्रित कर सकना अब खुद मनुष्य के लिए असंभव हो गया है। समय-विशेष का एक माहौल होता है और न जाने कौन-कौन लोग स्वतंत्र रूप से क्षेत्र-विशेष में काम करने वाले उस कंस्ट्रक्ट (ढाँचे) को बनाने में स्वेच्छा से अपना योगदान देते हैं, जरूरी नहीं है कि धर्म-पुराण और दर्शन पर काम करने वाले पुराने ऋषि-मुनि किसी सुविचारित योजना या राजाज्ञाओं के अनुसार ही अपना चिंतन मनन कर रहे हों—वे सब स्वतंत्र-स्वाधीन थे और अपने-अपने तरीके से ज्ञान की खोज कर रहे थे—मगर सब मिलाकर वे 'हिंदुत्व' का एक कंस्ट्रक्ट (ढाँचा) तो तैयार कर

ही रहे थे। हो सकता है किसी दैवी उपदेश के माध्यम के रूप में धर्म का काम कर रहे हों या धार्मिक दबाव ने उन्हें धीरे-धीरे अपनी गिरफ़्त में ले लिया हो। राहुल सांकृत्यायन को न रूस से पैसा मिलता था, न वहाँ से ऐसे कोई आदेश थे—उन्हें तो किसी संस्था ने भी प्रायोजित नहीं किया, मगर समाज को बदलने के जुनून से प्रेरित वे ज़िंदगी भर विलियम जोन्स की तरह शोध, अनुसंधान, लेखन, यात्राएँ करते ही रहे। यहाँ यह कहना गलत होगा कि सब मिलाकर वे वामपंथी विचारधारा का भारतीय कंस्ट्रक्ट तैयार नहीं कर रहे थे—वे अकेले नहीं थे, उस समय का माहौल ऐसा था, जिसमें सैकड़ों अध्येता अपने-अपने ढंग से वामपंथी विचार का देसी ढाँचा तैयार करने में लगे थे। उनकी बनावट स्कालर्स की थी, मगर समय का प्रत्यक्ष-प्रच्छन्न दबाव उन्हें दिशा-निर्देश दे रहा था, यह लगभग 'धर्म का कार्य' करने वाले समर्पित-भक्त की मानसिकता है।

ज्ञान-विज्ञान, चिंतन-साहित्य के क्षेत्र में हमेशा एक ऐसी मुख्यधारा सामने आती है जो अपने समय का डॉमिनेंट (सर्वग्राही) माहौल बनाती है। यह माहौल बेहद खतरनाक, मगर अनकहे ढंग से बौद्धिक-जगत् को अपनी लपेट में लेता रहता है। और आप 'स्वतंत्र-रूप' से ढाँचे का निर्माण करते रहते हैं, जिसे बाद के लोग सांस्कृतिक मुख्यधारा का नाम देते हैं। ओरियेण्टलिज़्म का माहौल भी उपनिवेशी संस्कृति की ऐसी ही स्वायत्त उपज थी, विशेष ऐतिहासिक परिप्रेक्ष्य में उभरकर आया हुआ यह पूर्वरागी माहौल अपनी शर्तों पर बौद्धिक दुनिया को अपने साथ शामिल कर रहा था इसलिए केजरीवाल का यह कहना कि वे अध्येता उपनिवेशी साम्राज्यवाद का हिस्सा नहीं, स्वयंसेवी जुनूनिए थे, समय और साम्राज्य के दबावों को लगभग नज़रअंदाज करना है। व्यक्तिशः इन 'विद्यार्थियों' की लगन, श्रम और उपलब्धियों के प्रति पूरी श्रद्धा के बावजूद एडवर्ड सईद की स्थापना काफी हद तक सही लगती है कि अगर प्रशासक, उपनिवेशी-साम्राज्य को एक धरातल पर कंसॉलिडेट (संगठित) कर रहे थे तो दूसरी ओर उन्हीं की छत्र-छाया में पूर्व-राग का व्याकरण भी तैयार किया जा रहा था। मामला इतना कटा-छँटा, स्वायत्त और मासूम नहीं था कि एक का दूसरे से कोई संबंध ही न हो—और संबंधों की यही द्वंद्वात्मकता थी कि जिसके आधार पर साम्राज्यवाद का ऐतिहासिक पाठ तैयार हो रहा था। राष्ट्रों के स्तर पर न जाने कितनी नीतियाँ होती हैं जिन्हें पीढ़ी-दर-पीढ़ी चलाए रखा जाता है। पचास सालों की अनेक सरकारों के बावजूद काश्मीर के प्रति हमारी नीति प्रायः नहीं बदली है। दो सौ सालों तक ओरियेंटलिज़्म की नीति को गरमी-नरमी के बावजूद चलाए रखना साम्राज्यवाद का सुनिश्चित एजेंडा रहा है। इसके अलावा आज भी निजी या सार्वजनिक उपक्रमों में न जाने कितनी फैक्टरियाँ या प्लांट हैं जो सारे देश में फैले हैं—कोई चैन्नई में है तो कोई देहरादून में। उनमें काम करने वाले हजारों कार्यकर्ता नहीं जानते कि वे जो कुछ बना रहे हैं उसका वास्तविक उपयोग कहाँ होना है—जानते हैं ऊपर

एयरकंडीशंड कमरों में बैठे मास्टर-प्लानर कि विभिन्न केंद्रों में तैयार किए गए हिस्से, एक अलग ही जगह पर ले जाकर एसेम्बुल होंगे और फिर एक सैटलाइट, स्पूतनिक या प्रक्षेपास्त्र का रूप दिया जाएगा।

मैं यह नहीं कहता कि जिन प्राचीन-ग्रंथों या पुरातात्विक सामग्री का उद्धार इन पूर्वरागियों ने किया वे महान् नहीं हैं, या जिस इतिहास को उन्होंने हमारे लिए गढ़ा वह गौरवशाली नहीं था। निश्चय ही वह दुनिया की किसी भी संस्कृति के बीच हमारे लिए गर्व का विषय है। और एकमात्र वही आधार है जो हिंदुत्व को सांस्कृतिक राष्ट्रवाद से भरकर "अरुण यह मधुमय देश हमारा" की भावना में उच्छ्‌वसित करता है। मगर यहाँ एक सवाल जरूर उठता है : हर प्रशासन या राजनेता के पास वास्तविक समस्याओं और सूचनाओं की फाइलें होती हैं (इंदिरा गाँधी, नरसिंह राव के पास भी थीं) या न जाने कितने विस्फोटक मुद्दे होते हैं। अब यह उस राजनेता या प्रशासक का रणनीतिक कौशल है कि वह किस मौके पर कौन-सा मुद्दा उठाकर विरोधियों को धराशायी कर दे—या उसे अपने हित में इस्तेमाल करे। यहाँ बाशम की बात तर्कहीन है कि 'यह सिर्फ संयोग ही है कि ये सारे पूर्वरागी अंग्रेज़ थे।' नहीं, जिस तरह यह संयोग नहीं है कि इसी कालखंड में अंग्रेज़ों का उपनिवेशी साम्राज्य स्थापित होता है उसी तरह यह भी सिर्फ संयोग नहीं है कि वे सब या तो ब्रिटिश साम्राज्य के हिस्से थे या चर्च के—और आपसी द्वंद्वात्मक संबंधों के बावजूद दोनों साम्राज्य-संवर्धन के कार्य में लगे थे। पूर्व के अध्ययन की परंपरा को डेढ़-दो सौ सालों तक प्रोत्साहित-समर्थित करना, 'ज्ञान के संरक्षण' की मासूम कोशिश नहीं—विशाल योजना का हिस्सा था।

भारतीय भाषाओं के सही उच्चारण, बलाघात और वर्तनी की यथा-तथ्यता के लिए भारत-ज्ञान के आधार-पुरुष ऋषि विलियम जोन्स ने जिस दिन दूरदर्शिता के साथ रोमन अक्षरों का मानकीकरण किया, उसी दिन पूर्वराग की वास्तविक नींव पड़ी—अब भाषा, विशेषकर संस्कृत अंग्रेज़ों की पकड़ में थी जिसे स्मृति और वाचन से छीनकर कागज पर उतारा जा सकता था—यानी पाँच हजार मील दूर या एकांत लैबोरेटरी में विश्लेषित-व्यवस्थित किया जा सकता था। उदय प्रकाश की कहानी 'वारेन हेस्टिंग्स का साँड' में जिस दिन वारेन हेस्टिंग्स ने अलग-अलग खंडों और प्रांतों को मिलाकर भारत का संपूर्ण नक्शा कागज पर बनाया, उसी दिन संपूर्ण भारत उसकी पकड़ में आ गया था—इसके आगे जो काम करना था वह सिर्फ भौगोलिक और प्रशासनिक था।

बड़ा दिलचस्प खेल है 'जिग-सॉ', जहाँ खिलाड़ी छोटे-छोटे टुकड़ों को ध्यान से जोड़कर पूरा एक नक्शा या मकान बना देता है ! काग़ज या लकड़ी के ये टुकड़े भले ही खुद न जानते हों, मगर खिलाड़ी अपने खेल को अच्छी तरह जानता है कि मनचाही तस्वीर बनाने के लिए उसे टुकड़ों को कैसे और कितना काटना, छाँटना या तराशना है...

मेरी तेरी उसकी बात, 'हंस', फरवरी 98

बाँझ बुद्धिजीवियों की पनाहगाह

हर राजनीतिक सत्ता स्थायित्व चाहती है, उसे अपनी निर्विरोध स्वीकृति और परंपरागत मान्यता दोनों की ज़रूरत है। उसे ऐसे सोचने बोलने वाले भी चाहिए जो उसके होने को वैधता दे सकें, शास्त्रों या शस्त्रों से सत्ता के कार्यों को सही ठहरा सकें; या जो ऐसा नहीं करते उन्हें गलत सिद्ध करके उपेक्षा और दमन से ठंडा किया जा सके। जरूरी नहीं है कि सत्ता का प्रतीक और प्रतिनिधि कोई एक व्यक्ति ही हो। वह मूलतः एक व्यवस्था की परिणति होती है। उसका मुहाफ़िज (कस्टोडियन) कोई भी हो सकता है—व्यक्ति या व्यक्ति-समूह। सामंती व्यवस्था में यह मुहाफ़िज राजा होता था। उसके हटने या हटाए जाने पर दूसरा उसकी जगह ले लेता था। उसे स्थायित्व देने के लिए जिस व्यवस्था और प्रबंधन की जरूरत होती है उसमें शक्ति के साथ-साथ विचार का होना भी अनिवार्य है, ताकि सत्ता एक मानसिकता के रूप में भी वही बनी रहे। वस्तुतः व्यवस्था को स्थायित्व सिर्फ मानसिकता ही दे सकती है। इस मानसिकता को बनाने, नियंत्रित करने वाले कभी सीधे-सीधे सत्ता का हिस्सा होते हैं तो कभी ऐसे 'स्वतंत्र वर्ग' के रूप में विकसित होते हैं जो व्यवस्था द्वारा सुलभ करायी गयी सुविधाओं से लाभान्वित होते हैं। उनके चिंतन की स्वतंत्रता के लिए उस सत्ता या उससे भी अधिक व्यवस्था का बने रहना जरूरी है। वे बाहरी परिधियों पर रहते हुए भी अपना प्रत्यक्ष या परोक्ष 'भोजन' सत्ता-केंद्र से लेते हैं। ये स्वतंत्र सोचने, या मूल ढाँचे के ऊपरी या अलग हिस्सों में रहने वाले लोग जब केंद्रीय सत्ता को बदलने की बात करते हैं तो उनका लक्ष्य व्यवस्था बदलना नहीं होता; बल्कि यह माँग एक ऐसे अनुकूल सत्ता केंद्र के लिए होती है जो व्यवस्था को सुचारुता दे सके। तभी तो वे परिस्थितियाँ बनी रह सकती हैं जहाँ उनकी सुरक्षा और शांति की गारंटी हो और वे 'स्वतंत्र चिंतन' करते रह सकें। तभी उन्हें वह सुविधा मिलेगी जहाँ स्वयं सत्ता होने का संतोष हो...या वे स्वयं सत्ता-विरोध की छूट भी पा सकें।

मैं स्वीकार करता हूँ कि सत्ता और व्यवस्था का द्वंद्वात्मक संबंध न इतना

सीधा है, न सरल। वह माया और ब्रह्म की तरह बेहद जटिल और संश्लिष्ट है। मगर यहाँ वह समाज के तथाकथित 'बुद्धिजीवियों' की मानसिकता को समझने में सहायक जरूर है कि क्यों आज उन्हें भारतीय जनता पार्टी का हिंदुत्व या सांस्कृतिक राष्ट्रवाद इतना आकर्षित कर रहा है। मूलतः यह उन थके या हारे हुए बौद्धिकों का आत्म-समर्पण है जहाँ वे यथास्थिति को बनाए रखने में ही अपनी सुरक्षा देख रहे हैं।

हमारा सारा बुद्धिजीवी समुदाय मध्यवर्ग से आता है। उसे गर्व है कि विचार और संस्कृति वही देता है। मगर मध्यवर्ग हमेशा यथास्थितिवादी होता है। वह कोई ऐसा बदलाव नहीं चाहता जहाँ समाज से प्राप्त होने वाली सुविधाओं में अवरोध पैदा हो। इसके लिए जरूरी है कि वह ऐसी सत्ता का हिस्सा बना रहे जो उसके अस्तित्व को निर्विघ्न बनाए या सुरक्षित रख सके। वह नए से नए विचारों की बौद्धिक उत्तेजना में जीने का अभ्यस्त होता है, मगर उन्हें ज़िंदगी में कभी नहीं उतारता, उसका विद्रोह सामाजिक बदलाव के लिए नहीं, उसी व्यवस्था में मनोनुकूल स्थितियाँ पैदा करने के लिए होता है। व्यवस्था का बदलाव उसके अस्तित्व के लिए ख़तरा है। चिंता और चिंतन वहाँ सिर्फ स्थितियों को परिभाषित करने के लिए होते हैं, बदलने के लिए नहीं।

भारतीय राजनीति में आज सबसे यथास्थितिवादी संगठन भारतीय जनता पार्टी या हिंदुत्व की सांप्रदायिक शक्तियाँ हैं। संस्कृति से लेकर वर्ण-व्यवस्था तक उन्हें वही चाहिए जो सदियों से होता रहा है। या जो रामराज्य का मूलतंत्र है, सैद्धांतिक रूप से 'परिवर्तन ही जीवन है' का नारा देते रहने के बावजूद, भारतीय चिंतन और सोच उनके हिसाब से अपरिवर्तनीय अजर-अमर है। उनकी सारी लड़ाइयाँ उन्हीं शक्तियों से हैं जो परंपरागत सोच और व्यवस्था को स्वीकार नहीं करतीं। उनका 'सांस्कृतिक राष्ट्रवाद' सारे बौद्धिक भावोच्छ्वास के बावजूद सामंती व्यवस्था की पुनःस्थापना का दर्शन है। अंतर्विरोध सबसे बड़ा यह है कि प्रजातांत्रिक हथियारों से सामंती व्यवस्था की रक्षा संभव नहीं हो पा रही है। एक ही साँस में उन्हें गैर-बराबरी, असमानता, शोषण, विभेदवादी दमन-निर्भर सांस्कृतिक केंद्रीयता भी चाहिए और बहुलतावादी प्रजातंत्र भी।

हम गर्व से कहते हैं कि मूलतः हिंदू-समाज एक बहुलतावादी समाज है, उससे अधिक प्रजातांत्रिक समाज की कल्पना भी नहीं की जा सकती। इसका सबसे बड़ा प्रमाण हमारा परिवार है। यहाँ अलग-अलग विश्वासों और आस्थाओं के लोग बिना किसी द्वंद्व या तनाव के शांतिपूर्वक जीवन काट देते हैं। पत्नी वैष्णो देवी की पूजा करती है तो पति हनुमान-मंदिर की लाइन में लगा रहता है—बेटा शिवजी के पीछे पागल है तो भाई कृष्ण स्तुति में सूरदास-मीरा के भजन गा रहा है—सब मिलकर श्रीराम की आरती उतार रहे हैं। उधर इसी परिवार का कोई सदस्य सारे भगवानों

की ऐसी-तैसी कर रहा है। इन सारी विरोधी आस्थाओं के बीच परिवार की भावनात्मक एकता में कहीं संघर्ष नहीं है। झगड़े दूसरे कारणों से होते हैं—विश्वासों को लेकर शायद ही कभी देखे गए हों। इसी पारिवारिक प्रजातंत्र का गुणगान करते हम कभी नहीं थकते या इसी आधार पर दूसरे बंद-धार्मिक समुदायों की कटु आलोचना करते हैं। अब अगर किसी दिन परिवार का एक वरिष्ठ सदस्य आकर यह फ़रमान जारी करता है कि आज से इस घर में सिर्फ एक ही भगवान और एक ही किताब को स्वीकार किया जाएगा—तो क्या इसे पारिवारिक प्रजातंत्र की मूल आत्मा पर कुठाराघात नहीं कहेंगे ? आज भारतीय जनता पार्टी जैसे राजनीतिक संगठन हिंदू-समाज की इसी एकरूपता की बात कर रहे हैं। वे एक ओर तो पारिवारिक प्रजातंत्र और सामाजिक बहुलतावाद को गर्व से झंडे की तरह लहराते हैं तो दूसरी ओर ठीक उसी रूप में समाज को ढालना चाहते हैं जैसा सभी धर्मों में होता है—यानी एक ईश्वर, एक किताब का वर्चस्व—इसके अलावा सब कुछ कुफ्र—यानी अपने से अलग धार्मिक विश्वास को बर्दाश्त न कर सकना। क्रिश्चियेनिटी और इस्लाम जब धर्मांतरण कराते हैं तो उसका अर्थ होता है बहुदेववाद छोड़कर अपनी एक किताब और ईश्वर में एकांत विश्वास की प्रतिज्ञा। कलमा पढ़कर इस्लाम कुबूल करने का अर्थ है कुरान और पैगंबर में निर्विरोध अखंडित आस्था। लगता है अब इस धर्मांतरण की जरूरत नहीं है। हिंदू-धर्म की इसी बहुलतावादी बनावट को ही अपनी सबसे बड़ी कमजोरी घोषित करते हुए हिंदुत्व की फासीवादी शक्तियाँ, इस्लाम के जवाब में खुद ही सारे समाज का इस्लामीकरण कर रही हैं। धर्म-रक्षा और सांस्कृतिक राष्ट्रवाद के नाम पर 'हिंदू तालिबान' जो व्यवस्था लाना चाहते हैं वह इस्लाम का ही दूसरा नाम है। लगता है हिंदू-समाज इसी आंतरिक विखंडन से गुज़र रहा है, सांस्कृतिक राष्ट्रवाद और सामाजिक संगठनात्मकता की तदर्थता में उसे उन मूल्यों को अपनाने को विवश किया जा रहा है जो उसकी मूल प्रकृति में हैं ही नहीं—यानी अपने से अलग विश्वासों के प्रति विद्वेष...स्पष्ट ही इस घृणा के दो लक्ष्य हैं—इस्लाम और दलित। यही 'हिंदुत्व' को तोड़ते हैं। इस्लाम अपने से बाहर है, इसलिए उससे अलग से निपटा जा सकता है, मगर असली खतरा तो अब तक अपने ही अंग रहे हुए दलितों से है। ये हिंदुत्व की वर्णवादी व्यवस्था के खिलाफ विद्रोह करते हैं—उसके सारे ढाँचे को तोड़ते हैं। विद्रोह पिछड़े भी कर रहे हैं, मगर वे वर्ण-व्यवस्था के खिलाफ नहीं हैं, उसी में अपना एक सम्मानजनक स्थान चाहते हैं—उनकी माँग सिर्फ उसे लचीला बनाने की है। अगर पिछड़ों को उसी व्यवस्था में क्षत्रियों और राजपूतों वाली स्वीकृति मिल जाये तो उन्हें 'हिंदुत्व' से कोई शिकायत नहीं है। अगड़े और पिछड़ों का दलित-विरोध इसी वर्ण-व्यवस्था की अस्वीकृति को लेकर है। अगर शिवाजी (गड़रिया) की तरह ब्राह्मण समाज लालू यादव को भी क्षत्रित्व की सामाजिक स्वीकृति दे दे तो उनका सारा जातिवाद समाप्त हो जाए। बाद में तो शिवाजी स्वयं गौ-ब्राह्मण रक्षक हो गए थे। इसलिए

स्पष्ट है कि पिछड़े, व्यवस्था में आधारभूत बदलाव नहीं लाएँगे— उनका ध्येय सिर्फ़ सत्ता में सम्मानजनक हिस्सेदारी है। वह बदलाव आएगा स्त्रियों और दलितों की ओर से—क्योंकि वही इस ढाँचे में सबसे अधिक उत्पीड़ित और शोषित वर्ग है। वर्ण-व्यवस्था अपने सारे मानवीय चेहरे के बावजूद इन दोनों की नियति में कोई बदलाव नहीं आने देगी। स्त्री आरक्षण विरोध इसका सबसे बड़ा प्रमाण है। वर्णव्यवस्था यानी सामंतवाद मूलतः गैर-बराबरी और पुरुष वर्चस्व की संस्कृति है।

लेकिन इस सारे बहुलतावादी प्रजातंत्र के बावजूद हिंदू-समाज की ट्रैजेडी दूसरी है। यह समाज न जाने कितने वर्गों और वर्णों में बँटा हुआ है, जिनके बीच निरंतर आंतरिक संघर्ष चलता रहता है। यह संघर्ष सत्ता और वर्चस्व को लेकर है। होना यह चाहिए था कि इस सत्ता-विमर्श में सभी वर्ग शामिल होते और वही प्रजातांत्रिक समझ समाज में भी विकसित होती जो एक परिवार में होती है। मगर ऐसा नहीं हुआ और वर्चस्व सिर्फ एक ही वर्ण का हो गया—चाहें तो उसे ब्राह्मणवाद कह लें। जब सदियों से एक ही वर्ण या वर्ग के आचार-विचार, चिंतन शास्त्र, संस्कृति-साहित्य सारे समाज पर छाए रहें या इनमें शेष सारे समाज की कहीं हिस्सेदारी ही न रहे तो स्वभावतः सांस्कृतिक तानाशाही विकसित हो जाती है। ब्राह्मणवाद ने यही किया। उसकी जिद रही कि उसकी सोच, साहित्य, भाषा ही सारे समाज की भाषा है बल्कि वही 'भारतीयता' है। इस केंद्रीयता और वर्चस्ववाद के खिलाफ असंतोष और विद्रोह तो होने ही थे। यहाँ सबसे बड़ी चतुराई यही की गई कि उमा भारती हों या मुरली मनोहर जोशी—ब्राह्मणवाद ऊपर से नीचे तक हर वर्ण और वर्ग का संस्कार बना दिया गया—उसे बचाना धर्म को बचाना माना गया। अटल बिहारी वाजपेयी और लालकृष्ण आडवाणी चाहे आपस में रोटी-बेटी का संबंध न रखें—मगर इस ब्राह्मणवादी धर्म की स्थापना में समान रूप से जिहादी हैं जो एक को दूसरे के लिए अस्वीकार्य बनाता है। यही सांस्कृतिक राष्ट्रवादी हिंदुत्व है। भारतीय संस्कृति की सारी आक्रामक शब्दावली मूलतः इसी ब्राह्मणवादी अतीत की पुनःस्थापना है जिसने हमें सदियों से ऊर्जाहीन, मूढ़ और आडंबरी बना कर कहीं का नहीं छोड़ा क्योंकि सारे सामाजिक विमर्श में एक ही वर्ण को गौरवान्वित किया जाता रहा।

मैंने बात शुरू की थी बुद्धिजीवी की भूमिका से। पहले वर्ण के और आज वर्ग के रूप में बुद्धिजीवी प्रायः यथास्थितिवादी होता है। शिक्षा, प्रशासन और कानूनी दुनिया से आने वाले ये लोग सामाजिक परिवर्तन के सबसे बड़े प्रवक्ता हैं, मगर चाहते सिर्फ सामाजिक रि-एडजस्टमेंट (पुनर्गठन) हैं। विद्यार्थी-जीवन के 'वर्ग-मुक्त युग' में ये लोग परिवर्तन के लिए आंदोलन, प्रदर्शन सब कुछ करते हैं—मगर शीघ्र ही स्थापित होते-होते शुरू की आग ठंडी पड़ने लगती है। क्रांति की मशाल बेकारों और बेरोज़गारों के हाथों में रह जाती है, यानी राजनीतिक-वैचारिक दुनिया में बदलाव लाए जाते हैं। उधर स्थापित हो चुके लोग व्यवस्था की रक्षा में जी-जान से लग

जाते हैं। उनका काम होता है यथास्थिति को बनाए रखना। संयोग नहीं है कि भारतीय जनता पार्टी के सबसे बड़े समर्थक प्रशासन, शिक्षा, फ़िल्म और कानूनी दुनिया से आते हैं। वही उनका 'विचार कुंड' है क्योंकि उनका अस्तित्व व्यवस्था की रक्षा के साथ जुड़ा है। यह व्यवस्थाप्रियता उन्हें सांस्कृतिक राष्ट्रवाद से जोड़ती है—क्योंकि यथास्थिति बनाए रखने के मानसिक और बौद्धिक स्रोत्र यहीं हैं। यह और भी अधिक सुरक्षित दुनिया है।

हजारों सालों से जो कुछ चला आ रहा है और जिसे शास्त्रों ने लगभग ईश्वरीय आदेश बना दिया है—उस यथास्थिति की शरण में जाना उनकी नियति है। तीस-बत्तीस साल प्रशासनिक सत्ता से चिपके ब्यूरोक्रेट और भी स्थायी शाश्वत सत्ता, यानी धर्म-सत्ता से कैसी आसानी से जुड़ जाते हैं इसे समझने के लिए बहुत गहरे विश्लेषण में जाने की जरूरत नहीं है। कुछ अपवादों को छोड़कर मौलिक या रैडिकल चिंतन का दुर्गुण भी इनमें नहीं पाया जाता। इनकी एकमात्र चिंता व्यवस्था को चुस्त-दुरुस्त बनाए रखना, या उसका बिगड़ना होती है। अध्ययन और चिंतन के नाम पर हजारों सालों की घिसी-पिटी आत्मा-ब्रह्म की आध्यात्मिक पहेलियाँ—या मानसिक शांति की खोज—जिनके लिए हज़ार पाँच सौ साल की उम्र वाले स्वामियों और भगवानों ने ईश्वरीय अस्तबल या अस्पताल खोले हुए हैं। ज़िंदगीभर सही-गलत करते रहने की, अपराध चेतना को पाप-बोध में बदलकर भगवान के दरबार में ही इन्हें प्रायश्चित्त करना होता है, बार-बार अपने को समझाना होता है कि हमने तो फल की आशा छोड़कर अपना कर्तव्य किया है; न हम मरते हैं, न मारते हैं। हम तो निमित्त मात्र हैं। यही दर्शन उन्हें सामाजिक ज़िम्मेदारी से मुक्त रखता है। वस्तुतः ये लोग भगवान की शरण में भी नहीं जाते, उस परम-सत्ता में हिस्सेदारी करके सत्ता की भूख मिटाते हैं। 'हिंदुत्व' उनका सबसे सुरक्षित दुर्ग है। फौजी लोगों को तो वैसे भी बुद्धि या चिंतन से कोई वास्ता नहीं होता। फिल्मस्टारों की तरह उनकी स्क्रिप्ट दूसरे लिख देते हैं। फिल्मी मुंशी लिखें या राजनेता उन्हें तो रटी हुई बातें दुहराना होता है। उधर प्राध्यापकों के लिए वही परम सत्य है जो दूसरे लिख गए हैं। वकीलों-जजों को भी कानूनी हदों में ही सही-गलत सिद्ध करना है। और 1860 में बनाए गए न्याय-व्यवस्था या पीनल कोड को सवा-सौ साल बाद भी सही सिद्ध करने में पसीना एक किए हैं। यह सारा मध्यवर्ग, ज्ञान, सोच या जीवन में यथास्थिति में रहने का अभ्यस्त है, इसलिए न इनके लिए मानवीय-संवेदनाओं का कोई अर्थ है न लीक से हटकर किसी मौलिक चिंतन का। जो कुछ ऊपर या पहले से दे दिया गया है वही प्रश्नातीत है। वे व्यवस्था के संरक्षक भी हैं और उसकी फसल के भक्षक भी—इसलिए वह सब इनके लिए असुविधाजनक है जो उसे बदलने या पुनर्गठित करने की माँग करता है। लकीर के फकीर इसी वर्ग को सांस्कृतिक राष्ट्रवाद सबसे अधिक रास आता है।

जाहिर है सामाजिक बदलाव इन मध्यवर्गीय बुद्धिजीवियों से नहीं दूसरे क्षेत्रों

से ही आएगा। ये तो यही विश्वास दिलाएँगे कि समाज को बदलना ही क्यों चाहिए, कहीं कुछ गड़बड़ है तो आइए, सेमिनार करके उस पर बात कर लेते हैं या कमीशन बैठा देते हैं। पिछले कई दशकों में हमने यही बाँझ-वर्ग तैयार किया है। उसे नए के नाम पर अगर कुछ चाहिए तो वह है अखबारों-दूरदर्शन से निरंतर घरों में उँडेला जाता उपभोक्ता सामान...भगवान की कृपा से ऊपरी आमदनी ने इतना कुछ दे दिया है कि सात पीढ़ियों तक ऐश में कभी कोई कमी नहीं आएगी। इस 'सामाजिक कल्याण' के साथ अब कुछ सांस्कृतिक कल्याण भी हो जाए।

'हंस' के पिछले (फरवरी 98) संपादकीय 'सांस्कृतिक राष्ट्रवाद का पूर्वराग' को लेकर अनेक पाठकों को मानसिक बेचैनी महसूस हुई है। उनके लिए यह सवाल अन्वेषण-विवेचन का नहीं, भावनात्मक आस्था का है। वे यह मानने को तैयार नहीं हैं कि लॉर्ड क्लाइव ने हमारे भौगोलिक राष्ट्रवाद की शुरुआत की थी तो सर विलियम जोन्स हमारा 'सांस्कृतिक राष्ट्रवाद' तैयार कर रहे थे। एक ने हमारा भूगोल दिया तो दूसरे ने इतिहास। उनमें आपस में तालमेल था या नहीं, कि वे किसी साम्राज्यवादी योजना के तहत अपने-अपने क्षेत्रों में काम कर रहे थे या एक-दूसरे से स्वतंत्र-स्वायत्त थे, जैसी बहस से इस सचाई पर शायद कोई असर नहीं पड़ता कि दोनों मिलकर एक ही पाठ बना रहे थे। अंग्रेज व्यापारी थे और यहीं से कच्चा माल लेकर या खोजकर 'तैयार माल' खुद हमें और बाहर बेचते थे—सांस्कृतिक राष्ट्रवाद (ओरियेंटलिज़्म) भी 'मेड इन इंग्लैड' माल था और चाय-आलू की तरह हमारे सिस्टम का हिस्सा बन गया था।

स्वीकार कर लेने में मुझे कोई संकोच नहीं है कि मैं इतिहास का बाकायदा विद्यार्थी कभी नहीं रहा, इसलिए वहाँ की सूचनाओं, बारीकियों-जटिलताओं-विश्लेषणों से परिचित नहीं हूँ—मगर शायद इस तथ्य को रेखांकित करने के लिए इतिहास की विशेष जानकारी जरूरी नहीं है कि बौद्ध-धर्म, चीन-जापान इत्यादि का सदियों से चाहे जितना 'अपना धर्म' बन गया हो—मगर मूलतः वह भारत से ही निर्यात हुआ था। इस्लाम और क्रिश्चियेनिटी बाहर से यहाँ आए। मेरा सवाल सिर्फ इतना था कि कहीं 'हिंदुत्व' भी हमें बाहर से दिया गया 'ढाँचा' (कंस्ट्रक्ट) तो नहीं है अन्य 'उपनिवेशी उपलब्धियों' की तरह।

चूँकि आज के राजनीतिक माहौल में यह बहस जरूरी हो गई है, इसलिए कुछ विद्वानों को शिरकत के लिए आमंत्रित किया गया है। वस्तुतः यह प्रश्न आस्था का नहीं, विवेचना का है। सबसे पहले यह सवाल एडवर्ड सईद ने एशिया के संदर्भ में अपनी 'ओरियेंटलिज़्म' की स्थापना से उठाया है।

आश्चर्य इस बात का है कि इतने महत्त्वपूर्ण प्रश्न पर अपने यहाँ विचार क्यों नहीं किया गया।

मेरी तेरी उसकी बात, 'हंस', मार्च 98

एक 'कुजात' कवि की प्रशंसा में...

उर्दू कवि अपने शहरों को जितना प्यार करते हैं उतना शायद दूसरी भाषाओं के कवि नहीं करते। प्रायः हर कवि के साथ उसका शहर लगा होता—जिगर मुरादाबादी, कैफ़ी आज़मी, अकबर इलाहाबादी, वामिक़ जौनपुरी, फ़िराक़ गोरखपुरी इत्यादि—यहाँ तक कि बाराबंकी, फफूंद, भड़ौंच, अलीगढ़ और तोंस जैसे शहर भी इन्हीं कवियों या शायरों की बदौलत देश-विदेश की सैर कर लेते हैं। ये शहर उनकी पहचान भी हैं और बायसे-फ़ख्र भी। यही नहीं, इन्होंने अपने शहरों से आत्मीय लगाव पर भी उच्छ्वसित होकर शेर कहे हैं—खास तौर पर दिल्ली और लखनऊ को लेकर—'दिल वली का है लिया दिल्ली ने छीन, जा कहे कोई मुहम्मद साह सूँ' से लेकर 'कौन जाए ज़ौक ये दिल्ली की गलियाँ छोड़कर' या 'पगड़ी अपनी सँभालिएगा 'मीर', शहर और नहीं, य' दिल्ली है' कलकत्ते का नाम सुनकर ग़ालिब भले ही तीर खाए दिल से हाय-हाय करते हों—मगर दिल्ली उनकी आत्मा है। उनसे कई शताब्दी पहले मलिक मुहम्मंद जायसी भी दिल्ली को, 'सो दिल्ली अस निबहुर देसू, जाए सो कौन कहे संदेसू' कहकर उसी तरह कोस चुके थे जैसे पुरबिया लोक गीतों में बलमचोर बैरी कलकत्ता को कोसा जाता था। शहर लखनऊ को प्यार करने वाले भी कम नहीं रहे हैं, 'लखनऊ हम पर फ़िदा और हम फ़िदाए लखनऊ।'

लेकिन नज़ीर (बनारसी नहीं) अकबराबादी अपने शहर आगरे से जिस तरह एकाकार थे वैसा शायद दुनिया का कोई शायर नहीं रहा। 'शायर कहो, फकीर कहो, आगरे का हूँ' झूठ नहीं होगा अगर कहूँ कि आगरा नज़ीर की रग-रग में इस तरह बसा है कि उसके बिना नज़ीर की कल्पना भी नहीं की जा सकती। वे सच्चे अर्थों में जन-कवि हैं। नज़ीर मेरे सामने ऐसे मस्त फ़कीर की तरह आते हैं जो तन-मन भूलकर गली-गली गाता फिर रहा है, चैतन्य महाप्रभु की तरह अपनी सुध-बुध से बेख़बर...मगर चैतन्य, कृष्ण-राधा के गीत गाते हैं, नज़ीर आस-पास के ज़ीवन के। लगता है वे उसी जीवन का विस्तार हैं। अजीब उल्लास और उत्सव के कवि हैं नज़ीर।

जीवन को ऐसे उत्साह और उमंग से निर्बंध होकर गानेवाला मुझे तो दूर-दूर तक कोई कवि दिखायी नहीं देता—न सूफियों में, न भक्त कवियों में। ये लोग अपने-अपने आराध्यों की वंदना में क़व्वाली और कीर्तन जैसे समूहगान करते रहे हैं, मगर किसी ने भी गलियों-बाज़ारों में बिखरे जीवन को काव्य-उत्सव नहीं बनाया।

आगरा नज़ीर के लिए सिर्फ एक भौतिक या भौगोलिक इकाई नहीं, जीवन्त सांस्कृतिक धड़कन है। वह ऐसा फकीर है जो जीवन के गीत गाता है। फकीर तुलसीदास भी हैं और कबीर भी। मगर इनके लिए भौतिक जीवन बाधा है, अयथार्थ है, माया है। तुलसीदास ज्ञान की आँखों से दुनिया को देखते हैं और वहाँ राम के सिवा सभी कुछ धोखा है। अवधपुरी का गुणगान सिर्फ इसलिए पैदा करते हैं कि वहाँ राम का जन्म हुआ। राम के प्रति अटूट भक्ति न होती तो वे शायद रघुनाथ गाथा सुनाते भी नहीं। कबीर निर्गुनियाँ हैं। वे उस वर्ग से आए हैं जिससे हर सुख-सुविधा या जीवन का आनंद छीन लिया गया है—यातना और प्रताड़ना में ही उन्हें रहना है। दुख (सफरिंग) उनका अपना जीवन सत्य है। बनारस ने तो उन्हें दुख ही दिए हैं।

तुलसीदास उच्च वर्ण से हैं—चाहने पर हर सुख-सुविधा उन्हें सुलभ हो सकती है। मगर वे जानते हैं कि यह सब माया है और भक्ति की राह से भटकाने वाली मरीचिका है। उनका दुख, भूख, गरीबी, माँग के खाने या मसीत में सोने से पैदा नहीं हुआ है—ये सब तो उनके जीवनी-संदर्भ हैं, कबीर के वर्ग की तरह नियति नहीं। भौतिक समृद्धि से उत्पन्न मोह-भंग उनकी आँखें खोलता है। व्यर्थता-बोध उन्हें राम की शरण में ले जाता है। उनके सामने राम की मूर्ति भी है, मंदिर भी है और उनकी लीलाओं के आयोजन भी। वे रामलीला खुद ही नहीं बखानते, उसे एक सामाजिक उत्सव का रूप भी दे सकते हैं। डॉ. धर्मवीर के अनुसार ('कबीर के आलोचक') निर्गुण होना कबीर जैसों की मजबूरी है—जिन्हें न शास्त्र पढ़ने दिया जाता हो, न मंदिरों में प्रवेश की अनुमति हो, जिनसे मूर्ति के सामने झूम-झूमकर गाने का सुख छीन लिया गया हो—उन्हें तो निर्गुण होना ही है। भूख-दुख गरीबी के बीच वे तो उसी निराकार सत्ता के सामने गिड़गिड़ा सकते थे, वहीं बराबरी और न्याय की गुहार कर सकते थे। 'जात-पांत पूछे नहिं कोई, हरि को भजै सौ हरि कौ होई' कहकर या ब्राह्मण को उच्च वर्ण का होने के नाते किसी और रास्ते आने की चुनौती देकर ...सब कुछ मिलने की निरर्थकता और कुछ भी न मिल पाने की अर्थहीनता में आधारभूत अंतर है। जो कुछ मेरा नहीं है उसके होने या न होने से मुझे क्या अंतर पड़ता है—बल्कि वह है ही नहीं, है भी तो व्यर्थ है। यह वंचित आदमी का 'वैराग्य' है। कबीर ऐसे ही वैरागी हैं। इसलिए उनके यहाँ न कीर्तन करने वालों की आत्म-विस्मृति है—न कव्वाली गाने वाले सूफियों की मस्ती...आज की भाषा में वे मूलतः समाज-समीक्षक हैं। बल्कि इन दोनों के मुकाबले सूरदास ज्यादा भौतिक यानी पारिवारिक हैं। रवायतन भले ही माया-मोह या जीवन की व्यर्थता की बातें करते हों यानी संसार को सैमल

का फूल और मरीचिका बताते हों—मगर वे जिस तरह किशन-कन्हैया की बाल लीलाओं में रस लेते हैं वह उन्हें अधिक दुनियावी कवि बनाता है। अक्सर ही नज़ीर के सबसे बड़े प्रेरणा-स्रोत सूरदास के पद ही रहे हैं।

मगर नज़ीर इन सारे फकीरों से अलग हैं। सूर, तुलसीदास, कबीर या दूसरे इस तरह के फकीर कवि अपने मंदिरों और मठों में साधना-पूजा करते थे—शेष भक्तजन स्वयं ही उनके पास सत्संग के लिए पहुँचते थे—उन्हीं के बीच, साधो या ऊधो को संबोधित करते हुए ये अपने संदेश देते थे। जहाँ तक मेरी जानकारी है नज़ीर का अपना ऐसा कोई ठिकाना नहीं था—वे तो खुद ही गलियों-बाज़ारों, मेलों और त्यौहारों में जाकर अपनी खंजड़ी या छल्ले बजा-बजाकर नाचते-गाते थे—बंगाल के बाउलों की तरह। मगर बाउलों के विषय सीमित हैं। उनकी तुलना 'हरे कृष्ण-हरे रामा' की भक्त-मंडलियों या प्रभात-फेरियों से भी नहीं की जा सकती। नज़ीर उस तरह न भगवान को संबोधित हैं, न समूह-गायक। वे उत्सव बनकर समाज में झाँकियाँ पेश नहीं करते—बल्कि समाज की हर गतिविधि को उत्सव की तरह गाते हैं—उस अर्थ में वे व्यक्तिगत दृष्टि के कवि हैं।

मेरे जैसों की दिक्कत यह है कि न मैं नज़ीर के व्यक्तित्व को समझ पा रहा हूँ, न सामाजिकता को समझा पा रहा हूँ। हिंदी और उर्दू के साहित्य-समीक्षकों ने उन्हें लोक-कवि के खाते में डालकर हाशिए पर धकेल दिया है। रामचंद्र शुक्ल ने जब कबीर को घास नहीं डाली तो नज़ीर किस खाते में आते थे; उधर नज़ीर में न तो मीर जैसा बारीक चिंतन और सरल भाषा की हाथी-डुबान गहराइयाँ हैं, न ग़ालिब, निराला जैसी निजी-अवसाद की द्वंद्वात्मक दार्शनिकताएँ हैं—कायदे से कहें तो भाषा और छन्द का वैसा कोई शास्त्रीय अनुशासन भी वहाँ सिरे से नदारद है। उनकी भाषा खांटी बाज़ारू या सड़क छाप है, बल्कि नज़ीर में हर काव्य-रूढ़ि का विरोध है। कहना ज्यादा सही यह होगा कि वे हर कुलीन और अभिजात से विद्रोह करते हैं। यह खुलापन और अभिजात-विद्रोह हमें भारतेंदु में भी मिलता है। वे भी समाज के हर आयोजन और उत्सव में शामिल हैं और उसी तरह घुल-मिलकर नाचते हैं। मगर वे मेहमान की तरह 'समाज' में जाते हैं—वापस अपने 'घर' लौट आने के लिए। सामाजिक गतिविधियों में उनकी हिस्सेदारी उतनी मासूम नहीं है—वहाँ एक सुधारक और सामाजिक भी बैठा हुआ है, वे उस आत्मकथा लेखक की तरह हैं जो इस बात के लिए बहुत चौकस है कि बाद में 'प्यारे हरिचंद की कहानी रह जाएगी...' वे होली के हुड़दंग में निर्द्वन्द्व भाव से खुल खेलने वाले नागरिक हैं जिसे घर आकर नहाना-धोना है, दोस्तों में बैठकर भांग-बूटी छाननी है। उनके सामाजिक जीवन का सिर्फ एक हिस्सा ऐसा है जो नज़ीर की याद दिलाता है—जीवन के आनंद में हिस्सेदारी...वे खुद नाटक खेलते हैं, उनमें अभिनय करते हैं, राधा-कृष्ण के प्यार-मनुहार पर कवित्त लिखते हैं, पत्रिकाएँ निकालते हैं, मेले लगाते हैं और गाने-बजाने

में डूबकर हिस्सा लेते हैं। मगर जिन गली, मोहल्लों, तीज-त्यौहारों में शामिल होते हैं—वे वहाँ के अपने आदमी नहीं, परदेसी हैं। हित-चिंता में उन तक जाते हैं, निश्चय ही अपनी मौज के लिए या उन्हें 'जगाने' के लिए।

तुलना अजीब और बेतुकी लग सकती है मगर जिस एक व्यक्ति का ध्यान नज़ीर के संदर्भ में आता है वह है वाजिद अली शाह ...एक समाज के शीर्ष पर है तो दूसरा जड़ में। मगर सारे शाही ताम-झाम के बीच वह वैसा ही अनासक्त फ़कीर है जैसे नज़ीर...वाजिद अली शाह लेखक, कवि, संगीतकार, अभिनेता सभी कुछ है, मगर इस सबके ऊपर है ऐसा ऐयाश शासक—जिसे न धन-दौलत की कमी है, न सुख-सुविधाओं की। औरत और शराब उसकी जीवन-चर्या है, ज़िंदगी का हर सुख और शौक उसे सुलभ है। शारीरिक आनंद के लिए जो भी चाहिए वह सब वहाँ है। इसके लिए न उसके मन में कोई बोझ है, न तनाव। वह उसका अधिकार है। हाँ, जो चीज़ उसे नज़ीर से जोड़ती है वह है जीवन के हर सौन्दर्य की इबादत—भरपूर उल्लास और आनंद...ऊँच-नीच, धर्म, नियम वहाँ कहीं आड़े नहीं आता—वह रास-लीलाएँ करता है और संगीत-शायरी में सिर से पैर तक डूबा हुआ है—कभी कृष्ण बनता है, कभी गोपी...अपने इस उल्लास और आनन्द में वह सच्चे अर्थों में सैकुलर या धर्म-निरपेक्ष है। खुले दिल से होली-दीवाली के त्यौहार मनाता है और इसके लिए मुल्लाओं-मौलवियों से तकरार मोल लेता है; उन्हें ठेंगे पर रखता है, अपनी 'इन्दर सभाओं' और 'परीख़ानों' से बाहर देखने की उसे जरूरत नहीं लगती। इस सुख के लिए वह राज छोड़ सकता है।

उधर नज़ीर के यहाँ धर्म-निरेपक्ष शब्द छोटा पड़ जाता है, वहाँ गणेश, भैरों और दुर्गा की वंदनाएँ ही नहीं, हर देवी-देवता की तारीफ़ में शायरी है। मगर नज़ीर कृष्ण लीलाओं का दीवाना है, होली का मस्ताना है। शायद सबसे बड़ी संख्या में नज़ीर ने इन्हीं दोनों पर लिखा है—यों उसने अपने आस-पास का क्या नहीं लिखा ? अल्लाह, रसूल की प्रशस्तियों से लेकर इस्लामी कथाएँ तो हैं ही, बसंत, होली, दीवाली, मेले, शौक़, साग-सब्जियाँ, पतंग, बंदर, भालू, गिलहरी कुछ भी तो उसकी शायरी से बाहर नहीं है। अजीब कलंदर आदमी है जिसे पता ही नहीं कि क्या धार्मिक है क्या कुफ्र...जहाँ लोगों को आनंद मनाते देखता हैं अपनी कलाइयों के छल्ले बजाता पहुँच जाता है। वह अपने समय का ऐसा मुंशी (क्रॉनिकलर) है जो ज़िंदगी, विशेषकर घर बाज़ार की हर चीज़ को दर्ज कर लेना चाहता है। शायद यह भी उसे पता नहीं है कि जो कुछ वह लिख रहा है—वह सब कविता का विषय है भी या नहीं। न उसे भाषा और व्याकरण की चिंता है, न कथ्य और विषय की—न धार्मिक-मान्यताएँ उसे रोकती हैं, न शिष्ट समाज के आदाब-अल्क़ाब...वह तो सिर्फ मस्ती में गाता है, जो देखता है उसे शायरी बना देता है। जाहिर है इतना भदेस, रोज़मर्रापन (मण्डेन) कविता के पारखियों को रास नहीं आता। वह उन सबके लिए 'कुजात' और

अनपहचाना कवि है...उधर जिन्होंने हबीब तनवीर का 'आगरा-बाजार' नाटक देखा है वे जानते हैं कि वह सिर्फ जनता का कवि है...

मेरी उर्दू की पाठ्य-पुस्तक में नज़ीर की कविता थी, 'सब ठाठ पड़ा रह जाएंगा, जब लाद चलेगा बंजारा' पता नहीं, भाषा की रवानगी, लयात्मकता और विवरण में ऐसा कुछ चुंबकीय था कि पूरी कविता ज़बान पर बस गई थी। यह नज़ीर से मेरा पहला परिचय था। दूसरा परिचय कुछ अधिक नाटकीय था। आगरा में इप्टा (इंडियन पीपुल्स थियेटर) का झंडा बुलंद रखनेवाले राजेन्द्र रघुवंशी नज़ीर के जन्म-स्थान ताजगंज में बसंत-पंचमी के दिन 'नज़ीर-मेले' का आयोजन किया करते थे। बात शायद सन् 50-51 की है। मैं, राजेन्द्र शर्मा, प्रकाश दीक्षित और घनश्याम अस्थाना ताजगंज पहुँच तो गए, मगर आयोजन-स्थल का पता मालूम करना था। देखा, पीठ पर मशक लादे एक भिश्ती महाशय नालियों में पानी छोड़कर जमादार से सफाई करा रहे थे। पूछा तो पहले वे अनजान बने रहे, फिर बड़े बेमन से दिशा-निर्देश कर दिया। वहाँ मज़ार के ऊपर शामियाना था और सौ-सवा सौ लोग बैठे थे। थोड़ी देर में देखा कि सफेद कुर्ता-धोती में केसरिया साफ़ा बाँधे वही भिश्ती महोदय, अपने सहायक-जमादार के साथ मंच पर आ बैठे। अब वहाँ दो दल थे, सफेद साफे और केसरिया कुर्ते वाले और केसरिया साफे-सफेद कुर्ते वाले। कुछ उबाऊ और बकवास भाषणों के बाद ये दोनों दल आमने-सामने खड़े हो गए और शुरू हुआ शायरी का अखाड़ा। अब वहाँ न जाने कहाँ-कहाँ से निकलकर दो-ढाई हजार लोग हो गए थे। बानी नज़ीर की और माहौल बेतबाज़ी का। भिश्ती साहब ने जो इस्लामी वन्दनाएँ शुरू कीं तो दूसरा दल हिंदू देवी-देवताओं पर कविताएँ सुनाने लगा–एक दल होली पर कविता सुनाता तो दूसरा उससे भी जबर्दस्त होली ले आता। फिर बसंत हुआ। तैराकी और पतंगबाज़ी के मेले हुए–रीछ और गिलहरी आए–नख-शिख और रूप वर्णन ने तो ऐसा रीतकालीन शृंगारी समा बाँधा कि समय का पता ही नहीं चला। औरत के अंग-अंग पर अक्षत-चंदन चढ़ाए गए। होड़ थी कि रुकने में ही नहीं आ रही थी–एक दल अपनी शायरी पूरी करता कि दूसरा उससे भी अधिक नाटकीय हाव-भाव के साथ चालू हो जाता। कहने की बात नहीं कि सेहरा भिश्ती साहब के ही सिर रहा। मगर क्या याददाश्त और क्या अदायगी...हम दंग थे कि कंबख़्त नज़ीर ने कितना लिखा है और किस-किस पर नहीं लिखा। काश, इस बेतबाज़ी का कोई दृश्य हबीब तनवीर ने 'आगरा-बाज़ार' में भी डाला होता।

यह तय करना मुश्किल है कि पुराने लोक कवियों की सार्वभौमिक स्वीकृति के पीछे कितनी उनकी कविता है और कितनी धार्मिक भावनाएँ–यानी लोक के कारण यह स्वीकृति मिली है या परलोक के। हाँ, नज़ीर को देखकर लगता है कि वे सिर्फ़ इसी लोक के कवि हैं। खुदा और भगवान की परंपरागत बातें करने के बावजूद वे सिर्फ मनुष्य और उसकी मस्तियों के कवि हैं। गरीबी-मुफलिसी के बीच वे सचमुच

उल्लासों और उत्सवों के कवि हैं। कहीं उनका यह मामूलीपन ही तो शिष्ट समाज में उनके बहुत अधिक स्वीकृत न होने का कारण तो नहीं है ?

नज़ीर पर ये पंक्तियाँ लिखते हुए मैं सोच रहा हूँ कि ठीक जिन दिनों सारा देश बारहवीं लोकसभा के लिए हंगामाख़ेज़ चुनाव से गुज़र रहा है—सरकार बनाने के लिए जोड़-तोड़, खरीद-फ़रोख़्त, सौदेबाजियाँ, ब्लैक-मेलिंग सभी कुछ से वातावरण एक सनसनीखेज़ फ़िल्म के रूप में सबका ध्यान बाँधे है या घोंट-पीसकर जनतांत्रिक व्यवस्था का भारतीय संस्करण तैयार किया जा रहा है तो मैं नज़ीर पर क्यों लिख रहा हूँ ? कहीं इसमें भी नज़ीर का ही तो कोई हाथ नहीं है। नज़ीर 1783 से 1878 तक पिचानवे साल जिए। यह मुग़ल साम्राज्य का सबसे भयानक समय है। औरंगजेब की मृत्यु के बाद चारों तरफ़ से साम्राज्य के परखच्चे उड़ाए जा रहे हैं, दिल्ली दरबार में मार-काट मची है और कभी एक बादशाह का सिर उड़ाया जा रहा है तो कभी दूसरे का। सैयद-बंधुओं ने ग़दर मचाया हुआ है। षड्यंत्र, हत्या और लूट का माहौल है और इसी समय नादिरशाह से लेकर अहमदशाह अब्दाली तक दो-दो बार बाहरी हमलावर आकर देश को लूटते और क़त्लेआम मचाते हैं। इस सबके अभिशप्त दर्शक हैं नज़ीर—कब्रिस्तान में कूकती कोयल की तरह—ज़िंदगी के किसी तार को अपनी मस्ती में समेटे हुए...न उन्हें ग़ालिब-जौक की तरह दरबारों से वज़ीफ़े और फ़ैलोशिप लेनी हैं, न उनकी महल-अटारियाँ लुटनी हैं। व्यक्तिगत सुख-सुविधाओं के लिए न उन्हें अंग्रेज़ बहादुर के गुण गाने हैं, न सत्ता में हिस्सेदारी के लिए हर टुच्चे राजा-नवाब के सेहरे पढ़ने हैं। उन्हें तो 'अपने' लोगों के बीच थोड़ा-सा सुख बाँटना है। शायद यह बताने के लिए कि ज़िंदगी, संस्कृति और सोच सिर्फ़ वही नहीं है जो दरबारों के भीतर या आस-पास होते हैं—यह सब वहाँ हाशियों पर भी हैं जहाँ लोग जीते और मरते हैं। सच पूछो, तो दरबारों-महलों या किलों में विचार, मौलिकता और प्रतिभाओं को देश-निकाला ही दिया जाता है। वहाँ सत्ता-समर्थन के सिवा न कोई विचार होता है, न रचना।

जब आप इस नज़ीर-नामे को पढ़ रहे होंगे तब तक एक और शाहज़ादा, असीरगढ़ के किले की अँधेरी कोठरियों से निकलकर दिल्ली की सल्तनत पर गद्दी-नशीन हो चुका होगा। चारों तरफ भांड़-मीरासी दरबारी—'बाअदब, बा-मुलाहिजा' की गुहारें लगा रहे होंगे, दान, बख़्शीशें बटोर रहे होंगे। उधर पठान, मराठे, सिख, रुहेले, तैलंग—चारों तरफ से अपने-अपने हिंस्से माँग रहे होंगे और लाचार शाहंशाह अपने 'ढाई दिन के झोंपड़े' में बैठा, रियाया के नाम संदेश रट रहा होगा—पता नहीं, यह संदेश उसे ही सुनाना है या सुबह कोई दूसरा सिर इस मुकुट को अपने सिर पर 'ठीक ठाक' कर रहा होगा। ...और उसी समय नज़ीर आवाज़ लगा रहा होगा—

'याँ आदमी पे जान को वारे है आदमी
और आदमी पे तेग़ को मारे है आदमी

पगड़ी भी आदमी की उतारे है आदमी
चिल्ला के आदमी को पुकारे है आदमी
और सुनके दौड़ता है सो है वह भी आदमी

मेरी तेरी उसकी बात, 'हंस', अप्रैल 98

सनातन का अंत

मेरे लघु उपन्यास 'कुलटा' पर (15.9.61) अपनी व्यक्तिगत प्रतिक्रिया देते हुए बनारस से डॉक्टर नामवर सिंह ने जो कुछ लिखा था उसका आशय था कि अगर पात्र, संवाद, कथानक, स्थान छोड़ दिए जाएँ तो 'कुलटा' जैनेन्द्र के 'त्याग-पत्र' से मिलता है। मैंने जवाब दिया था कि अगर इतनी चीजें छोड़नी पड़ें तो 'कुलटा' 'त्याग-पत्र' से नहीं, 'गोदान' या दुनिया के किसी भी उपन्यास से मिल जाएगा...पिछले महीने केंद्र में बी.जे.पी. सरकार के राष्ट्रीय एजेण्डा को देखकर न जाने क्यों नामवर जी और 'कुलटा' याद आए : मंडल, दलित, महिलाएँ, अल्पसंख्यक, आदिवासी, शोषण, गाँधी, अंबेडकर क्या कुछ उसमें नहीं है। यानी वह सभी कुछ है जो भारतीय जनता पार्टी के राजनीतिक आह्वानों, मैनिफेस्टो या अन्य सैद्धांतिक प्रवचनों के केंद्रीय मुद्दों में दूर-दूर तक नहीं था। बल्कि वे सैक्युलरिज्म से लेकर शोषितों-वंचितों और वाम विचांरधारा का मज़ाक ही उड़ाते रहे थे। इसी 15 अप्रैल के 'जनसत्ता' में राजेन्द्र घोड़पकर के एक कार्टून में एक घुटन्नी (निक्करधारी) कह रहा है कि अगर हम सर्वहारा वर्चस्व, वर्ग-मुक्त समाज, शोषण इत्यादि को अपने राष्ट्रीय एजेण्डा में ले लें तो वामपंथी राजनीति की भी हवा निकाल सकते हैं। यानी नील के कुंड में डुबकी लगाकर रंगे हुए भारतीय जनता पार्टी वाले रातों-रात 'राष्ट्रीय' हो सकते हैं तो सचमुच कांग्रेस, जनता दल, समाजवादी पार्टी या वाम दलों की कोई जरूरत ही नहीं रह जाती। प्रतिपक्ष में बैठकर अब वे करेंगे क्या ? अपने इस विश्वंभरी (होल्ड ऑल) दाँव से 'आवाजो' (आडवानी, वाजपेयी, मुरली मनोहर जोशी) ने प्रतिपक्ष को तो ध्वस्त किया ही है, साध्वी ऋतंभरा, उमा भारती, रज्जू भैया, अशोक सिंघल जैसों की 'आध्यात्मिक नौकरियाँ' भी छीन ली हैं। बाबरी मस्जिद की राजनीति में मुस्लिम प्रवक्ता बने, सैयद शहाबुद्दीन जिस तरह आज कहीं मक्खियाँ भिनभिनाते कोने में पड़े घाव चाट रहे हैं (लिकिंग द वूण्ड्स) वही स्थिति कुछ 'हिंदुत्व' के झंडाबरदारों की है। उधर 'आवाजो' ने जिस तान-पलटे के साथ अपनी सारी पुरानी घोषणाओं को 'निगल उगल' कर

'स्यूडो सैक्युलरिज़्म' की देशद्रोही दुनिया में धर्मांतरण किया है उसे क्या संघ-परिवार माफ कर देगा ? तदर्थवादी रणनीति के नाम पर कुछ दिनों चुप्पी लगाने के बाद क्या संघ-गिरोह को यह चिंता नहीं सताने लगेगी कि इसी तरह समय गुज़रता गया तो कहीं लोग हिन्दुत्व के संघी-मुद्दों को ही न भूल जाएँ और मानने लगें कि वे दुकानें हमेशा के लिए बंद हो गई हैं। इसलिए उनमें से कोई न कोई बीच-बीच में काशी-मथुरा या समान नागरिक संहिता का नारा लगाता रहता है। कल अगर ये कुछ और उग्र हो जाएँ तो संकट खड़ा कर सकते हैं। बी.जे.पी. के अधिकांश नेता आर.एस.एस. के निष्ठावान सदस्य भी हैं और इस प्रतिबद्धता को किसी भी कीमत पर नहीं छोड़ना चाहते। दुहरी सदस्यता न छोड़ने की ज़िद में इन्होंने जनता सरकार गिरा दी थी। संकट तब खड़ा होगा जब संघ अपने हिंदुत्व के आग्रहों को इतना उग्र बना दे कि बी.जे.पी. सरकार के लिए न उगलते बने न निगलते। उस समय सरकार बचाना जरूरी होगा कि संघ-परिवार के फ़तवों का पालन ? किसी ने पूछा भी था कि अगर कल काशी या मथुरा में अयोध्या जैसी स्थिति खड़ी हो जाए तो क्या सरकार, संघ परिवार से मुठभेड़ के लिए तैयार है ? 'आवाजो' तब क्या सरकार छोड़ना पसंद करेंगे या अपनों पर लाठी गोली चलाना ?

राजनीतिक दृष्टि से सदी के अंत में बी.जे.पी. का सरकार बनाना बेहद महत्त्वपूर्ण घटना के रूप में याद किया जाएगा–सरकार के भगवाईकरण के लिए नहीं, बल्कि खुद बी.जे.पी. के कायाकल्प (मैटामॉर्फोसिस) के रूप में। सरकार से बाहर बी.जे.पी. का 'दर्शन' हिंदुत्व-समर्थन से भी अधिक अल्पसंख्यक विरोधी था। हिंदुत्व को सनातन, स्थायी, जड़ और अपरिवर्तनीय इकाई मानकर वे उसके खतरों पर ही अपनी सारी राजनीतिक बाजीगरी कर रहे थे–दूसरे शब्दों में उनका हिंदुत्व दुश्मन के संदर्भ में ही परिभाषित होता था–स्वयं हिंदुत्व की अपनी बनावट गतिकी (डायनैमिक्स) या बदली परिस्थितियों में रूपांतरण की प्रक्रिया क्या हो यह उनकी चिंता कम या न के बराबर थी। वहाँ वे शुतुरमुर्गी और अतीतजीवी थे। संघ-परिवार से लेकर अरुण शोरी तक हिंदुत्व का अर्थ है इस्लाम और क्रिश्चियेनिटी पर हमला। अपने को खंगालने का बौद्धिक विमर्श उत्तर भारतीय पुनर्जागरण युग में आया जरूर था, मगर विवेकानन्द, बंकिम, रवींद्रनाथ (विशेषकर 'गोरा') के साथ ही वह समाप्त हो गया–'नमस्ते सदावत्सले' ने उस पर पूर्ण-विराम लगाकर ईसाई-मुस्लिम विद्वेष की तरफ मोड़ दिया। आंतरिक विचार-मंथन की प्रक्रिया स्थगित हो गई। अब हिंदुत्व का एक मात्र अर्थ रह गया–पाँच हजार साल पहले का अतीत, सिर्फ उत्तर भारतीय भूगोल और ब्राह्मणवादी व्यवस्था–वही 'सांस्कृतिक राष्ट्रवाद' (ओरियेण्टलिज़्म) जिसे यूरोपियनों, विशेषकर अंग्रेज साम्राज्यवादियों ने दो सौ सालों में अपनी खोजों, अनुसंधानों और अध्ययनों द्वारा तैयार और स्थापित किया था। यहाँ गाँधी या वामपंथियों (भगतसिंह) के स्वाधीनता-संग्राम की भी कोई जगह नहीं थी। उल्टे हिंदुत्व

को बचाने के लिए अंग्रेजों के साम्राज्यवादी शासन की भक्ति जरूरी थी—उधर इस हिंदुत्व से मुक्ति के लिए दलितों को (अंबेडकर) भी अंग्रेजों के न्याय का ही भरोसा था। इस तरह यथास्थितिवादी पूरा हिंदू-समाज सवर्णों से लेकर दलितों तक अंग्रेज समर्थक था। जाहिर है कि सवर्ण हिंदू समाज को शिवाजी के बाद अंग्रेजी साम्राज्य ही 'गौ-ब्राह्मण' रक्षक दिखाई दे रहा था। और भी आगे जाकर हिटलर उनका हीरो था।

कालांतर में इस हिंदुत्व के सबसे बड़े शत्रुओं में मुसलमानों-ईसाइयों के साथ शामिल कर लिया गया दलितों, कम्युनिस्टों और गाँधीवादी स्यूडो—सैकुलरिस्टों को (छद्म-धर्मनिरपेक्षों)—क्योंकि ये सब हिंदुत्व के ठस-ठोस, अपरिवर्तनशील, वर्चस्ववादी 'ढाँचे' (कांस्ट्रक्ट) के सनातन रूप पर मुग्ध नहीं थे और पुनर्विचार की माँग कर रहे थे। ये सांस्कृतिक राष्ट्रवाद के शास्त्रीय और शाब्दिक झाँसे में न आकर समाज की बनावट, मनुवादी व्यवस्था, सामंती दमन, स्त्री दलितों के प्रति अमानवीय अत्याचारों और कर्मकांडी अंधविश्वासों के विरोधी थे। परलोक के मुकाबले उनका समर्थन, अस्तित्व के लिए लड़ने वाले उन बहु-संख्यकों के साथ था जिनकी कोई जगह, सम्मान, या सहमति अभिजात मध्यवर्गीय हिंदुत्व में नहीं थी। वे रामराज्य की सामंती गैर-बराबरी समर्थक मर्यादाओं को, लोकतंत्र के इस समता, स्वतंत्रता और बंधुत्ववादी युग में अप्रासंगिक मानते थे, और दलितों-स्त्रियों की आर्थिक हिस्सेदारी की बात करते थे।

बारहवीं लोकसभा चुनाव में बी.जे.पी. को सबसे बड़ा धक्का सत्य के इस साक्षात्कार से लगा (लगना चाहिए) कि ब्राह्मणवादी हिंदुत्व के सांस्कृतिक राष्ट्रवाद की अपील उतनी व्यापक नहीं है जितनी बहुसंख्यक होने के अहंकार में उन्होंने इसे स्वयंसिद्ध मान लिया था। तेरह दिनों तक दुकान लगाए बैठने और लाख गुहारें लगाने के बाद भी उनके उस हिंदुत्व का कोई खरीदार नहीं आया तो गुस्से की पहली प्रतिक्रिया यही हुई कि इस जनता को ही बदल डालना चाहिए। मगर शीघ्र ही यह रियलाइज़ेशन जरूरी था कि पैकिंग ही नहीं बदलनी होगी, माल को भी दुबारा तैयार करना होगा—इस दृष्टि से कि यह देश मूलतः बहुलवादी राष्ट्र है और उस बहुलता की सचाई को स्वीकार किए बिना वे दिल्ली की गद्दी पर नहीं बैठ सकते। स्थायित्व की परिकल्पना, या घोषणा—आत्मकेंद्रित राजनीति से हासिल नहीं की जा सकती—उनके स्थायित्व का अर्थ था एक ही पार्टी का निर्विरोध वर्चस्व—उसे ही राष्ट्र घोषित करने की चतुराई। यहाँ विश्लेषण की जरूरत है कि 'समाजवादी भारत' बनाने के नेहरूवादी सपने में कुछ तो सार्वभौमिक रहा होगा जो जाति, धर्म, क्षेत्र की दीवारें तोड़कर जन-जन को छूता और सरकार को चालीस साल तक स्थायित्व देता रहा। वे आश्वासन क्या थे जिनके टूटने के साथ ही राजनीतिक स्थिरता समाप्त होने लगी ? हिंदुत्व क्यों उस सपने की जगह नहीं ले सका और आगे जाकर उसने राजनीतिक-सामाजिक रूप से देश को खंड-खंड में बाँट दिया ? हिंदुत्व अपनी मनुवादी जड़ता के चलते भीतर की तरफ खुलेपन का अवकाश नहीं देता और बाहर की तरफ ग्रहणशील होने से इनकार

करता है। यहाँ इस्लामी घैटोवादी (आत्मरक्षा में अलगाववादी) मानसिकता और शुद्ध-शाश्वत हिंदुत्व में कोई अंतर नहीं है। दोनों ही 'बाहरी' प्रभावों, विचारों के लिए सशंकित और बंद हैं। अगर यह सिर्फ सत्ता में बने रहने की रणनीति नहीं है तो बी.जे.पी. को यह समझ विकसित करने में काफी समय लगा कि बिना सबको—वे जैसे भी हैं वैसे ही—साथ लिए केंद्र पर कब्जा नहीं हो सकता।

सुनते हैं कि बी.जे.पी के पास भयानक 'थिंकटैंक' हैं जिसमें बड़े-बड़े धुरंधर बुद्धिजीवी, लेखक, ब्यूरोक्रेट, पत्रकार, मीडिया विशेषज्ञ, राजनीतिक शतरंज-विद हैं और वे गहन 'विचारमंथन' करते हैं। पता नहीं वे इस मुद्दे पर विचार करते हैं या नहीं कि उनके हिंदुत्व के खरीदार इस बार भी पहले से कम क्यों थे ? और क्यों सहयोगियों ने मजबूर किया कि वे तभी साथ आएँगे जब 'हिंदुत्व' के मूल मुद्दे छोड़ दिए जाएँगे। इसके बावजूद संयुक्त मोर्चे की तेरह पार्टियों की खिल्ली उड़ाने वालों को तेईस पार्टियाँ भुगतनी पड़ रही हैं—कुछ तो सिर्फ व्यक्ति हैं, पार्टी है ही नहीं। उस स्थायित्व और स्थिरता की बलिहारी है जिसे एक या दो व्यक्ति जब चाहे ध्वस्त कर सकते हैं—ब्लैकमेल तो कर ही रहे हैं। सभी को अपने-अपने प्रदेशों की सरकारें गिरानी हैं, केंद्र और राज्यों में अपने मंत्री-मुख्यमंत्री फिट करने हैं।

केंद्र में तथाकथित हिंदुत्व-विहीन बहुलतावाद सिर्फ इस सचाई को रेखांकित करता है कि भारतीय राजनीति अब किसी एक पार्टी का वर्चस्व स्वीकार नहीं करेगी और शासन के लिए सभी को अपनी शर्तों पर ला सकना संभव नहीं है। अंतर्राष्ट्रीय स्तर पर अगर मार्क्सवाद के शास्त्रीय (क्लासिकल) रूप को जड़ से बदलना पड़ा तो सचाई यह भी है कि राष्ट्रीय स्तर पर उस शास्त्रीय हिंदुत्व को भी छोड़ना पड़ेगा जिसका विकास प्रतिपक्ष में या व्यावहारिक दुनिया से अलग-थलग बैठकर किया गया था (विचारधाराओं का अन्त ?) मगर अवसर की प्रतीक्षा में अपना गुप्त एजेंडा लिए बैठे बी.जे.पी. के घुटे हुए दर्शन-दाता भारतीय मानस की इस जनतांत्रिक बनावट को न समझने को तैयार हैं, न स्वीकार करने को। 'स्वदेशी' का नारा देने वाली पार्टी ने तेरह दिनों में एनरॉन और माइकेल जैक्सन के आगे नाक रगड़ी तो अब डेढ़ महीने में साढ़े तीन सौ ऐय्याशी के विदेशी उत्पादनों के लिए धोती खोल दी जो पहले ही 'स्वदेशी' को खा रहे थे। 'स्वदेशी' पर पूरा दर्शन खड़ा करने वाले चन्दन मिश्रा (पायोनियर : 17 अप्रैल 98) हाय तेरा ऐसा अन्त ? उधर ऋषि डार्विन को अपना आदर्श मानते हुए शाखामृगी इतिहास लिखाने की योजनाएँ मानव संसाधन मंत्रालय में अंतिम रूप ले रही हैं। अब पाठ्य पुस्तकों को नए सिरे से बदला जाएगा और शिशु मंदिरों के जाल को और व्यापक रूप दिया जाएगा। उसमें बताया जाएगा कि किस तरह भगत सिंह वैदिक संस्कृति के मर्मज्ञ विद्वान और गीता-रामायण के भक्त थे और कैसे सुभाषचंद्र बोस दोनों समय घंटों काली की पूजा करते थे या कैसे उन्होंने बरसों हिमालय की कंदरा में बैठकर पाँच सौ साल की उम्र वाले संन्यासी

से 'दिव्य ज्ञान' प्राप्त किया था—शाखा में तो वे बचपन से जाते ही रहे थे। कबीर तो निर्विवाद रूप से किसी महान् ऋषि के अवतार थे ही—माओ की भी कुंडलिनी जाग्रत हो गई थी—तभी वे इतना महान् कार्य कर पाए। या हेडगेवार-गोलवलकर कितने महान् जन-नेता थे और उन्होंने देश की स्वाधीनता के लिए किस तरह अंग्रेजों से लोहा लिया।

सांप्रदायिक लोग (फंडामेंटलिस्ट) सारी दुनिया में एक ही तरह का व्यवहार करते हैं। इतिहास जब उधर पाकिस्तान में भी लिखाए जा रहे हैं तो सांस्कृतिक राष्ट्रवाद कैसे चुप बैठा रह सकता है ? वहाँ भी सन् 47 से पहले के इतिहास का पुनर्लेखन हो रहा है और अतीत की सारी गलतियों का परिशोध किया जा रहा है। कोशिश यही की जा रही है कि हिंदू-भारत का कोई चिह्न और प्रमाण न छोड़ा जाए। शायद सौ-पचास साल बाद आम पाकिस्तानी नागरिक के लिए यह याद करना मुश्किल हो कि कभी वह भूखंड भारत का हिस्सा था या दोनों एक ही सांस्कृतिक-सामाजिक इकाई थे।

इसी अंक में अरुण-कांबले का लेख जा रहा है : 'रामायण में वर्णित राक्षस बौद्ध थे'। लगता है कि इतिहास के पुनर्लेखन का कार्य उस समय भी काफी जोर-शोर से हुआ होगा और शैवों ने कुछ-कुछ वैसा ही कत्लेआम किया होगा जैसा हिटलर ने यहूदियों का किया। लाखों बौद्धों की हत्या के प्रमाण तो पुराने ग्रंथों में जहाँ-तहाँ मिलते ही हैं—चुन-चुनकर असुरों को मारने की वीर-गाथाओं से न जाने कितने इतिहास-पुराण भरे पड़े हैं। उन्हें पढ़कर अमरीकियों द्वारा रेड-इंडियनों के सफाए की याद आती है। इन महान्-नायकों पर लिखी गई फिल्मों या कहानियों को नाम दिया जाता है वाइल्ड-वैस्ट। रामायण हमारा अपना वाइल्ड-वैस्ट ही है। कोई तो वजह होगी कि बौद्ध धर्म-संस्कृति के केंद्रों पर वेदांती ब्राह्मणों का कब्जा सदियों तक बना रहा और सारे बौद्ध-दर्शन-धर्म ग्रंथ भारत से गायब हो गए—कोई लंका में मिल रहा है तो कोई चीन में गोबी के रेगिस्तानों में, कोई तिब्बत की गुफ़ाओं में तो कोई लद्दाख, अफगानिस्तान की कंदराओं में। कोई आतंक तो रहा होगा कि बौद्ध-धर्म के अनुयायी आर्यावर्त की सीमाओं के पार अपने-अपने धर्म-ग्रंथ लेकर भागे होंगे। इस दौरान कितने नष्ट हो गए उनका हिसाब लगाना मुश्किल है। यह हिंदुत्ववादियों के विराट् अधिग्रहण (ऍप्रोप्रियेशन) से जान बचाकर भागना भी रहा होगा, जहाँ अधिकांश बौद्ध मठ, मंदिर बना दिए गए और बुद्ध को छील-घिसकर अवतार घोषित कर दिया गया। हो सकता है यही कार्य उससे पहले शिव के साथ भी किया गया हो, क्योंकि मूलतः आदिवासी, गिरिजन, हरिजनों का यह देवता किसी भी तरह आर्य-स्टॉक (नस्ल) में फिट नहीं बैठता—बल्कि इसकी प्रारंभिक गतिविधियाँ तो ठीक वही हैं जो रामायण में असुरों की बतायी गई हैं, यानी लूट-पाट, यज्ञ-ध्वंस। राम का यह वाक्य 'शिवद्रोही मम-दास कहावा, सो नर मोहि सपनेउ नहि भावा' अधिग्रहण का संकेत-सूत्र है।

बहरहाल, भगवा इतिहास की भावी रूपरेखा अरुण शौरी जैसों ने पहले ही

तैयार कर रखी है, बेशर्म ब्राह्मण अहंकार के साथ उन्होंने मुसलमानों, क्रिश्चियनों की खटिया खड़ी करने वाले भारी-भरकम 'शोध ग्रंथ' लिखे ही हैं, अपने सारे ब्रह्मास्त्रों के साथ असुर-शिरोमणि अंबेडकर में भी भुस भर दिया है। अल्पसंख्यक, दलितों के नाश के बाद महिलाओं पर भी कुछ तालिबाना शोध के साथ लिख देते तो ब्राह्मणवाद का यह विमर्श-चक्र पूरा हो जाता—सती महिमा, दहेज-दहन, भ्रूण कन्या-वध, बलात्कार के पक्ष में अभी भी भगवा इतिहासकारों के पास उद्धरणों और तर्कों की कमी है—आशा है शौरी और मलकानी में से कोई इस काम को जरूर करेगा—ताकि सुषमा स्वराज और उमा भारती को भी पता लगे कि उनकी असली जगह कहाँ है। महिला-आरक्षण के बारे में बोलते हुए वे यह ज़रूर बताएँगे कि वह कौन-सी आदर्श भारतीय महिला हैं जिसका आरक्षण उन्हें करना है।

कहा जाता है कि 'हिंदुत्व' धर्म नहीं। जीवन जीने की एक शैली है (हिदूइज़्म इज़ ए वे ऑफ लाइफ) अब मेरी समझ में सचमुच नहीं आता कि कौन-सा धर्म जीवन-शैली नहीं है ? इस परिभाषा में सबसे अधिक सही उतरता है इस्लाम, क्योंकि वहाँ सामाजिक और धार्मिक जीवन अलग नहीं हैं।

जीवन-शैली हो या न हो, हर धर्म की एक विचारधारा जरूर है। हमें मान लेना चाहिए कि विचारधाराओं के इस अन्त की गिरफ़्त से न हिंदुत्व बचा है, न इस्लाम। सभी एक संक्रांति और रूपांतरण की प्रक्रिया से गुज़र रहे हैं। 'हिंदुत्व' के साथ सबसे बड़ी बाधा है कि इसके सत्तर-अस्सी वर्षीय सिद्धांतकार उसी किताबी रूप को छाती से चिपकाए बैठे हैं जो उन्होंने अपने किशोर काल में सीखा था। नए और युवा सिर्फ लकीर-पीटक अनुयायी हैं, बूढ़ों को चुनौती देने वाला आचार्य रजनीश जैसा सिद्धांतकार कोई नहीं है जो तार्किक ढंग से समझा सके कि इस्लाम या हिंदुत्व के क्लासिकल रूप कैसे नई स्थितियों में अप्रासंगिक हो गए हैं, या उन्हें क्यों और कैसे बदलना चाहिए।

जिस तरह कुरान न अंतिम है, न तर्कातीत, कहना मुल्लाओं को भड़काता है उसी तरह हिंदुत्ववादियों से यह कहना कि 'तेरे सनमक़दों के बुत हो गए पुराने' आ-बैल मुझे मार के मुहावरे को दुहराना है ?

मेरी तेरी उसकी बात, 'हंस', मई 98

‘जहाँ फ़रिश्ते भी क़दम रखते डरते हैं, वहाँ...’

जिन दिनों मैं यह पंक्तियाँ लिख रहा हूँ, चारों तरफ जय-जयकार का माहौल है—वातावरण में शंख-घड़ियालों का शोर है, देवता फूल बरसा रहे हैं और ब्रह्मा-विष्णु-महेश आशीर्वाद की मुद्रा में बादलों के पार झाँक रहे हैं, अप्सराएँ मंगल गान गा रही हैं और चारणों की विरुदावलियाँ दिग्दिगांतरों में गुंजायमान हैं। आज भारत महान् आणविक शक्ति है। ग्यारह और तेरह मई को राजस्थान के पोखरन क्षेत्र में हमने एक के बाद एक चार आणविक और एक हाइड्रोजन बमों के भूमिगत विस्फोट किए हैं और ऐसे गोपनीय ढंग से कि किसी को कानों-कान खबर नहीं हुई। और तो और सर्वशक्तिमान और पाताल को भेदने वाली सी.आई.ए. को भी भनक नहीं मिली। सारी दुनिया स्तब्ध, चकित और स्तंभित है। अब हम सुपर-पावर हैं—कोई हमारी तरफ आँख उठाकर देख नहीं सकता। भुनगे जैसे पाकिस्तान की तो बात ही छोड़िए, चीन और जापान जैसों के पैरों तले की ज़मीन खिसक गई है। बी.जे.पी. ने यह विस्फोट वैज्ञानिक क्षेत्र में तों किया ही है, देश के मनोविज्ञान में भी किया है। यह महान् राष्ट्रीय गौरव का विस्फोट है। अंतर्राष्ट्रीय भूगोल में हमारा क़द इतना ऊँचा हो गया है कि सारे क्षितिज ढँक गए हैं। घर-घर में दीवालियाँ हैं और दुनिया-भर के संचार-माध्यम आत्मप्रशंसा की नई-नई मिसाइलें छोड़ रहे हैं। अदम्य आत्मविश्वास, गर्व और गौरव का यह क्षण हमें किसने दिया ? भारतीय जनता पार्टी की राष्ट्रीय सरकार ने...यह आणविक क्षमता तो हमारे पास पच्चीस साल पहले भी थी—जब इंदिरा गाँधी ने 1974 में इसी पोखरन में ऐसा ही विस्फोट किया था। इन पाँचों ही विस्फोटों की तैयारियाँ भी दसियों सालों से थीं। ऐसे कार्य एक दिन में नहीं हो जाते—उनके पीछे दशकों की खोज, प्रयोग और परीक्षण होते हैं। मगर अटलबिहारी वाजपेयी से पहले यह हिम्मत किसी और प्रधानमंत्री ने क्यों नहीं दिखाई ? क्योंकि उनके भीतर राष्ट्रीय-हिंदुत्व का वह उद्दाम संकल्प नहीं था। यह तो केवल बी.जे. पी. है जो पस्त और पराजित मानसिकता में जीनेवाले देश के भीतर नई ऊर्जा और

प्राण फूँक सकने में समर्थ है। वही सच्चे अर्थों में राष्ट्रीय है—और जो इस राष्ट्रीय हिंदुत्व की भावना में शामिल नहीं हैं—या जो विरोधी हैं वे एक सिरे से गद्दार हैं, देशद्रोही हैं। उन्हें बर्दाश्त नहीं किया जाएगा। शक्ति की इस उपासना में या तो वे हमारे साथ हों या देश छोड़कर चले जाएँ। वे खुद ही यह चुनाव कर लें वरना हमें मजबूर होकर यह कार्य करना होगा—उनकी सजाएँ हम चुनेंगे...लेकिन अभी नहीं, पहले हमें अपने बलबूते पर प्रचंड बहुमत से संसद में आ जाने दीजिए, फिर समझेंगे हम बाहरी दुश्मनों और भीतरी गद्दारों को...खासतौर पर उन्हें जो पाकिस्तान में क्रिकेट की जीत पर मिठाइयाँ बाँटते और गोरी मिसाइल पर जश्न मनाते हैं। मूर्ख नहीं जानते कि जब ये मिसाइलें चलेंगी तो उनके अपने घर और बाल-बच्चे ही सबसे पहले निशाने होंगे। कुछ संशयात्मा और गद्दार किस्म के लोग बी.जे.पी. सरकार को इस विजय-उपलब्धि का श्रेय नहीं देना चाहते...कहते हैं कि बच्चे के जन्म का सारा श्रेय क्या नर्स को ही है ? माना कि बच्चा एक दिन में नहीं बनता और नर्स ही उसे हमेशा धरती पर नहीं लाती—मगर नर्स सही समय पर वहाँ होती है, यही क्या कम है। बहरहाल, बच्चा अब परिवार का गौरव है और 'जियो-जियो रे लला' के बधावों की तालियाँ बजाता सारा राष्ट्र जश्न में शामिल है। मठों, मंदिरों और चौपालों में बैठे ऋषि-मुनि इस उपलब्धि का आकलन और व्याख्याएँ दे रहे हैं—प्रजा गलियों-बैठकों में एक-दूसरे को बधाइयाँ दे रही है। कब तक हम दूसरों के सामने रिरियाते पिद्दी भाव से गुहारें लगाते रहते, अब कोई आँख उठाकर देखे, आँखें निकाल ली जाएँगी। बहुत जल्दी भारत अपनी शर्तों पर बड़े राष्ट्रों की मंडली (सीटीबीटी) का सम्मानित सदस्य होगा। अमेरिका, इंग्लैंड, जापान, जर्मनी, रूस हमारे ऊपर आर्थिक पाबंदियाँ लगाने की बातें करते हैं। लगा दें—पैंतीस-चालीस अरब डॉलरों की ही तो बात है—न दें साले, हमारे विदेशों में बसे भारतीय भाई इसकी भरपाई कर देंगे। विदेशी उद्योग मदद करेंगे। भूखे मरेंगे पर किसी के आगे झुकेंगे नहीं। एक बार हरा लिया चीन ने हमें सन् 1962 में तो क्या अब हमेशा हारते ही रहेंगे ? अब आए चीन...जापान...

यहाँ भी हिंदी के अनपढ़ पत्रकारों की कस्बाती बचकानी किलकारियों और अधिकांश अंग्रेजी पत्रकारों के विश्लेषण में अंतर देखा जा सकता है। हिंदी पत्रकारिता में 'विवेक' सबसे घृणित शब्द है। वे मूलतः चारण-तत्त्व से बने डरपोक लोग हैं।

कहते हैं, भारत की यह एटमी क्षमता, किसी पर हमले के लिए नहीं, 'शक्ति के संतुलन' के लिए है, शांति बनाए रखने के लिए है। करोड़ों लोगों को मार सकने वाले इन बमों का परीक्षण ऐन बुद्ध-पूर्णिमा के दिन किया गया है। बुद्ध शांति-अहिंसा के प्रतीक हैं। वे हमारे इस शक्ति चमत्कार पर आशीर्वाद से मुस्कुराते हैं। 'शक्ति संतुलन' या 'आतंक संतुलन' ? वस्तुतः शक्ति का यह प्रदर्शन आतंक का प्रदर्शन है—आस-पास के छोटे-मोटे देश आतंकित हैं—और इस आतंक की रेडियोधर्मिता सारे विश्व में फैल रही है। इसे हमने किसी से उधार नहीं लिया, स्वयं अर्जित किया है।

हमारे अपने वैज्ञानिकों ने यह चमत्कार दिखाया है, लेकिन आतंक दुधारी तलवार है–वह सिर्फ बाहरी लोगों को ही नहीं डराता, देश के भीतर भी दहशत का माहौल पैदा करता है–क्योंकि यहाँ इसका नाम है राष्ट्रीय उन्माद। युद्ध के उन्मादी माहौल में जिस तरह दुश्मन की प्रशंसा में कुछ भी कहना या अपनी नीतियों को गलत बताना गद्दारी है उसी तरह राष्ट्रीयता के उन्माद में दहशत के खिलाफ आलोचना, देशद्रोह है। आपको अपनी देशभक्ति सिद्ध करने के लिए उस सत्तासीन राजनीतिक पार्टी को समर्थन देना ही होगा जो राष्ट्रीयता को फेंट-फुलाकर उन्माद और आतंक में बदल रही है। आतंक एक संक्रामक प्रक्रिया है, वह ऊपर से शुरू होकर समाज के हर वर्ग को अपनी गिरफ्त में लेता है। वह अपने उद्‌गम से उठकर प्रायः स्वायत्त और स्वयंभू बन जाता है–रक्तबीज की तरह आत्मसंभव होकर वायरल बनकर फैल जाता है। चूँकि उसका स्रोत शक्ति का प्रदर्शन है इसलिए इस शक्ति का प्रयोग हर जगह किया जाता है–असहमत और विरोधियों को डराने या उनमें असुरक्षा पैदा करने के लिए। मुंबई में बालठाकरे द्वारा पाकिस्तानी गायक गुलाम अली के प्रोग्राम पर प्रतिबंध लगाना, हुसैन के घर में घुसकर शिव सैनिकों द्वारा कलाकृतियों को नष्ट करना, चित्रकार जतीन दास की दिल्ली में पिटाई या अंबेडकर कॉलेज की पत्रिका 'समय-सरोकार' के कवर पर दिए भारत के नक्शे की प्रतीक रूपरेखा और अन्दर की सामग्री को राष्ट्र धर्मविरोधी बताकर मुकदमा चलाना–केवल उस शक्ति प्रदर्शन की रिहर्सलें हैं। अब दलित यह नहीं कह सकते कि हिंदू-धर्म के नायकों ने हमारे ऊपर अत्याचार किए हैं, वर्ण-व्यवस्था दलितों और स्त्रियों के क्रूर दमन पर खड़ी है, या विधर्मी अपने धार्मिक विश्वासों का पालन करने के लिए स्वतंत्र हैं। उनकी अज़ानें हमारी शांति भंग करती हैं जबकि रात-रात भर चलने वाले हमारे देवी-जागरण सोते हुओं का जगानेवाले ईश्वरीय संदेश हैं।

इसी सोलह मई को बी.जे.पी. ने गौरव दिवस मनाया और उसी दिन परमाणु हथियार विरोधी आंदोलन के नाम से चार-पाँच सौ बुद्धिजीवियों कलाकारों ने एक छोटा-सा शांति प्रदर्शन किया–बैनरों पर लिखा था, 'हमें बम नहीं, रोटी चाहिए' 'कब्र नहीं, घर चाहिए'। दो दिन पहले जिस पर्चे द्वारा इस प्रदर्शन में शामिल होने के लिए आह्वान किया गया था–उस पर एक संपर्क फोन भी लिखा था। उस फोन पर लगातार धमकियाँ मिल रही थीं–'आप अल्पसंख्यक और परिवारी आदमी हैं। कहीं ऐसा न हो कि कल आपके बच्चे आपको ढूँढ़ते ही रह जाएँ'–यह सिर्फ कुछ उदाहरण हैं–यानी एक सिलसिले की शुरुआत। आप सिर्फ 'हम करें राष्ट्र आराधन' ही गा सकते हैं–भूख, गरीबी, भुखमरी, बेकारी, सामाजिक असमानता, दलितों-स्त्रियों-अल्पसंख्यकों-आदिवासियों के अधिकारों या देश को हथियारों की होड़ में झोंकने वालों की आलोचना करना देशद्रोह है। अब तो सिर्फ 'एक राष्ट्र, एक सरकार और एक कानून' की ही बात करनी होगी। न क्षेत्रीयताएँ बर्दाश्त की जाएँगी, न धार्मिक अस्मिताएँ–देखा नहीं,

इस एक विस्फोट से हमने जयललिता-ममता, नितीश, चंद्राबाबू, हेगड़े सबको कैसे ठंडा कर दिया है—सब हमारे सुर में सुर मिलाकर बोल रहे हैं न...

राष्ट्रीयता=शक्ति=उन्माद=आतंक=धमकी=असहमतों में असुरक्षा—ये हैं एक विचार की विकास प्रक्रिया। अब भी क्या समझने को कुछ रह गया है कि हिटलर की नाज़ी पार्टी कैसे सत्ता में आई ? उस समय का माहौल भी क्या ठीक यही नहीं था ? इंदिराजी ने जब एमर्जेन्सी लगाई तो स्थितियाँ क्या थीं ? उन्होंने भी सन् 74 में एटमी विस्फोट किया और 75 में एमर्जेन्सी लगा दी। हमें भी अब वैसी ही घोषित-अघोषित एमर्जेन्सी के लिए तैयार रहना चाहिए क्योंकि ये विस्फोट भी शीघ्र ही देश की आर्थिक कमर तोड़ देंगे। इंदिराजी की एमर्जेन्सी के मुकाबले राष्ट्रीयता की यह एमर्जेन्सी ज्यादा खतरनाक इसलिए है कि उसे अचानक सरकार ने लागू किया था और अपने सारे प्रचार-तंत्र से उसका समर्थन जुटाया था। राष्ट्रीयता की यह एमर्जेन्सी घर-घर के मध्यवर्गीय स्वयंसेवकों द्वारा लागू की जाएगी। इसे वह निचला लम्पट वर्ग या मुहल्ले का गुंडा करेगा जो जुलूसों और धार्मिक आयोजन के लिए चौथ वसूलता है या जिसका इस्तेमाल दंगों-प्रदर्शनों में किया जाता है। अब धर्म और राष्ट्रीयता की व्याख्या वे मनमाने ढंग से करेंगे...नाज़ी पार्टी के कार्यकर्ताओं की तरह ...आप पर्यावरण, सामाजिक न्याय, महँगाई, कर्ज़ों या किसी की भी बात करेंगे और वह देशद्रोह होगा। सारे बौद्धिक विमर्श स्थगित कर दिए जाएँगे—सिर्फ आस्था और समर्पण से काम चलाना होगा।

'अमेरिका तक को पता नहीं था' या 'हम दुनिया की किसी धमकी से नहीं डरेंगे' की गर्वोक्तियाँ करने वाले क्या सचमुच नहीं जानते कि अमेरिका ने उन्हें अपने किस खेल का हथियार बना डाला है ? कुछ दिनों पहले देश के रक्षा-मंत्री का बयान कि 'चीन हमारा पहला शत्रु है' और फिर यह एटमी विस्फोट, क्या पाकिस्तान और श्रीलंका के लिए है ? चीन के विरुद्ध अमरीका को जिस अड्डे की तलाश थी, उसके लिए सांस्कृतिक राष्ट्रवाद ने अपनी पीठ सुलभ करा दी है। अब उनकी लड़ाई हम लड़ेंगे। अमेरिकी स्वार्थ हमारा राष्ट्रीय गौरव बनकर उभरा है। सब जानते हैं कि न प्रतिबंधों-पाबंदियों का कोई अर्थ है, न धमकियों का। अपनी निर्धारित तिथि पर क्लिंटन भी आएँगे और विभिन्न स्रोतों की आर्थिक सुविधाएँ भी जारी रहेंगी। हाँ, दबाव की दिखावटी स्थितियों में सरकारों पर निर्भर न रहना पड़े, इसके लिए हमें मल्टीनेशनल कंपनियों को और छूट देनी पड़ेगी। यहाँ जितना अधिक पूँजी निवेश होगा उतने ही अपने आर्थिक हितों की सुरक्षा के लिए वे अपनी सरकारों पर दबाव डालेंगे—यूरोप अमेरिका के उद्योगपति न अपने उद्योग हमारी कृपा पर छोड़ेंगे, न पूँजी—एक डालर के तीन वसूलने वाली कामधेनु वे हमें दान करने नहीं जा रहे। अंतर्राष्ट्रीय संबंध अब राजनीति नहीं, पूँजी तय करेंगी। 'कोका कोला' ने देशों के तख्ते पलटे हैं, हथियारों ने नहीं। यानी 'स्वदेशी' का नारा एक खोखली रिरियाहट

से अधिक कुछ नहीं रह जाएगा। देश के गौरव की असलियत यह है कि जिस दिन हमने विस्फोट किया उसके अगले ही दिन शेयर बाजार के भाव ज़मीन छूने लगे—मूल्य सूचकांक तीन सौ अंक लुढ़क गया—रुपया साढ़े छः प्रतिशत अवमूल्यित हो गया—और महँगाई अचानक बढ़ने लगी। अगला बजट हमें बताएगा कि चीन के खिलाफ अमरीकी मोर्चा खोलकर हमने जो राष्ट्र गौरव बढ़ाया है वह हमें कहाँ धूल चटा रहा है। याद नहीं है, अभी कुछ दशक पहले अमेरिका ने किस तरह सोवियत रूस के चारों ओर न्यूक्लियर प्रक्षेपास्त्रों के अड्डे बनाकर घेराबंदी की थी। आज उनका लक्ष्य चीन है। अगले नागासाकी और हिरोशिमा भारत और पाकिस्तान होंगे—क्योंकि एटमी लड़ाई में हमलावर को भी जान-माल की उतनी ही कीमत चुकानी पड़ती है जितनी दुश्मन को। दसियों, बीसियों साल लगते हैं एक युद्ध से ध्वस्त हुई अर्थ-व्यवस्था को दुबारा संभलने में...सबसे पहला कुल्हाड़ा पड़ता है समाज कल्याण, शिक्षा, संस्कृति, चिकित्सा और अन्य विकास-कार्यक्रमों पर—उनके बजट आधे-चौथाई कर दिए जाते हैं।

निश्चय ही भारतीय वैज्ञानिक बधाई के पात्र हैं कि उन्होंने लगभग अपने ही बलबूते पर यह करिश्मा कर दिखाया—विशेषकर प्रो. अब्दुल कलाम...सारा देश उनका आभारी है। यह दूसरी बात है कि रक्षा-मंत्री मुरली मनोहर जोशी के मुँह से यह नाम विस्फोट के दो दिन बाद ही किसी तरह निकल पाया। अभी भी डर लगता है हिन्दुत्व के इन बजरंगियों से। विश्व के सर्वश्रेष्ठ जीवित चित्रकार हुसैन और देश के सर्वश्रेष्ठ अभिनेता दिलीप कुमार को बार-बार जिस तरह अपमानित किया जा रहा है, कहीं वही नियति प्रो. कलाम की भी प्रतीक्षा तो नहीं कर रही ?

मगर सबसे बड़ी चौंकाने वाली दुर्भाग्यपूर्ण बात तो यह है कि बी.जे.पी. प्रधानमंत्री बार-बार बयान दे रहे हैं कि इन विस्फोटों का न हम राजनीतिक इस्तेमाल करेंगे, न देश पर मध्यावधि चुनाव लादेंगे। सारी दुनिया जानती है कि ये विस्फोट शुद्ध राजनीतिक हैं—वरना खुद उन्हीं के अनुसार यह क्षमता तो हमारे पास दसियों सालों से है और इसी समय कोई पहाड़ नहीं टूट रहा था या बी.जे.पी. सरकार के केंद्र में आने के पच्चीस दिनों में ही विदेशी हमला नहीं होने जा रहा था। जब कोई सरकार यह कहती है कि 'हम महँगाई बढ़ाने नहीं जा रहे' तो वह जनता को बढ़ने वाली महँगाई के लिए तैयार कर रही होती है। यह कूटनीति की जग-जाहिर भाषा है। प्रधानमंत्री के बयान का अर्थ ही है कि देश को मध्यावधि चुनावों के लिए किसी भी क्षण तैयार रहना चाहिए—बी.जे.पी. इतनी मूर्ख नहीं है कि राष्ट्रीयता के इस उन्माद को अपने प्रचंड बहुमत के लिए इस्तेमाल न करे...और इससे भी खतरनाक बात यह है कि यह उन्मादी दंभ पाकिस्तान के साथ एक और युद्ध की अनिवार्यता पैदा कर रहा है। यह वह रक्तबीज भस्मासुर है जिसकी दुर्दान्त भूख जितना बाहर का खून माँगती है उतना ही घरवालों का। इक्कीसवीं सदी एक नए भारतीय नाज़ी राज्य की देहलीज़ पर खड़ी है और विडम्बना यह है कि इस 'धर्मराज्य' का खुमैनी ऐसे

व्यक्ति को बनना पड़ रहा है जो उदार, बुद्धिजीवी, कवि और संवेदनशील माना जाता है। हो सकता है अगली सदी में कोई गिरीश कर्नाड इस 'तुगलक की ट्रेजेडी' भी लिखे कि किस तरह एक इंसाफ-पसंद, विवेकशील, प्रजापालक बादशाह धर्मांध शक्तियों और विश्वासघाती सहयोगियों के घिराव में लगातार झक्की, सनकी, क्रूर और अमानवीय होता चला गया...एक पैरेनोइक 'कालिगुला' या धार्मिक क्विक्ज़ोट...

बहरहाल, अभी तो हमें अपनी पीठ ठोंकने दीजिए कि हम आज विश्व की बड़ी एटमी शक्ति हैं। देखना है कि हम इस महान् उपलब्धि को राजनीतिक झुनझुने की तरह बजाते और सत्ता पर एकछत्र कब्ज़ा करने के लिए इस्तेमाल करते हैं या वैज्ञानिकों को प्रेरित करते हैं कि इस एटमी शक्ति से विनाश ही नहीं, निर्माण की दिशा में भी पहल करें। हमारी पहली जरूरतें बिजली और पेट्रोल हैं और सुनते हैं एक एटमी बम-विस्फोट की ऊर्जा से सौ वाट के पचास हज़ार बल्ब पाँच हजार साल तक जलाए जा सकते हैं। काश, बी.जे.पी. बड़े राष्ट्रों के बीच गरीब-संबंधी होकर बैठने की बजाय या छोटे-छोटे राष्ट्रों को दहशत में रखने की बजाय सहयोग की बात करती—चीन के साथ मिलकर पश्चिमी साम्राज्यवाद का मुकाबला करती ! इधर तो चीन से हमारे संबंध घनिष्ठ ही हो रहे थे। इस विस्फोट से हमने चीन और पाकिस्तान को मिलकर हमारा दुश्मन बनने का अवसर दे दिया है। राजनीति-अध्येताओं को कहना है कि चीन ने सिर्फ उन जगहों के लिए हमला किया है, जिन्हें वह अपना हिस्सा मानता है। 62 में भी हमला चीन ने नहीं किया था। सब जानते हैं कि उस युद्ध ने हमारी रक्षा-व्यवस्था को इतना ध्वस्त कर दिया था कि चीन को दिल्ली तक आने से कोई नहीं रोक सकता था। बर्ट्रेण्ड रसेल ने अपनी पुस्तक 'द अन-आर्म्ड विक्टरी' में चीन के इस संयम की विस्तार से प्रशंसा की है। हर कोई जानता है कि पड़ोसियों से संबंध सुधार कर ही व्यक्ति और देश विकास करते हैं—वरना आप हमेशा ग़ैर-ज़रूरी लड़ाइयों में ही उलझे रहते हैं। राष्ट्रीयता आंतरिक असंतोषों को दबाने का स्थायी समाधान नहीं है। वह सिर्फ तदर्थ 'एनेस्थैसिया' है।*

मेरी तेरी उसकी बात, 'हंस', जून 98

* कुछ ही दिनों बाद पाकिस्तान ने भी पाँच विस्फोट करके हमारे किए-धरे पर पानी फेर दिया अब हम उसे कैसे डराएँगे ?

सदी का औपन्यासिक अंत

पिछले दो-तीन दशकों से हिंदी में मनोरंजक फ़तवा-युग चल रहा है। इधर पाँच-छह वर्षों से नखदंत-विहीन यानी सिर्फ 'अहले-जुबान' हो जाने की नियति-प्राप्ति से पहले हिंदी के आयतुल्ला-खुमैनी थे आचार्य नामवर सिंह—उनके सैक्रेटेरियेट से हर वर्ष फ़तवा जारी होता था...कभी कथा-युग आ जाता तो कभी आलोचना-युग, कभी नाट्य-क्षण होता था तो कभी कविता की वापसी...और तो और चंद्रशेखर के दिल्ली सिंहासन पर बैठते ही डायरी-युग आया जिसमें काफ्का और ग्राम्शी की डायरियों की विरासत चंद्रशेखर को सौंप दी गई...वह तो ग़नीमत है कि हरिऔध और मैथिलीशरण के महाकाव्यों के वापसी-आयोजन की खबर देश को नहीं हो पाई...वरना दिल्लीश्वरों की 'सिंह-आसन' नशीनी पर चंदबरदाई या राम के नायकत्व पर वाल्मीकि के पुनर्जन्म का युग आ ही गया था...प्रतीक्षा सिर्फ एक ही है कि अटलबिहारी वाजपेयी को सरोपास्वरूप 'ब्रह्मज्ञान' का क्षण कब आ रहा है...

बड़े आचार्य के निर्वाक शून्य को भरा दो डिप्टी आचार्यों ने। एक हैं विष्णु खरे और दूसरे सुधीश पचौरी। विष्णु खरे 'विश्व साहित्य में पहली बार ऐसा हुआ है' की भाषा बोलते हैं (संदर्भ : 'दीवार में खिड़की रहती थी' जैसा उपन्यास न किसी भारतीय भाषा में कभी लिखा गया, न लिखा जाएगा या जिस ग़ज़ल-संग्रह का मैं विमोचन कर रहा हूँ वैसी ग़ज़लें सिर्फ ग़ालिब ने लिखी हैं) उधर सुधीश पचौरी के हाथ 'उत्तर-आधुनिकता' (यूरेका-यूरेका) नाम की त्रिफला क्या लगी वे रातों-रात महाभिषगाचार्य पद प्राप्त कर गए। 'तुम्हारा सुख' से लेकर 'कठगुलाब', 'विश्रामपुर का संत' और 'प्रेमी-प्रेमिका संवाद' तक आधा दर्जन उपन्यासों को अद्वितीय, विलक्षण और उत्तर-आधुनिक होने का श्रेय आचार्य सुधीश पचौरी दे चुके हैं। 'एकांकी हिंदी साहित्य के कपोल पर एक चुंबन है' (डॉ. रामकुमार वर्मा) की तर्ज़ पर सुधीश पचौरी ने एक नितांत निजी और मौलिक कथा-दृष्टि विकसित की है। याद आती है रंजीत

सिन्हा नाम के एक समीक्षक की। वे रचनाकारों को नंबर दिया करते थे और यहाँ यह सूचना देना जरूरी है कि मुझे सुमित्रानंदन पंत से अधिक और प्रेमचंद के (लगभग) बराबर नंबर मिले थे। अनपढ़ और कुपढ़ हिंदी वालों की छाती पर उत्तर-आधुनिकता की ए.के. 47 से दनादन पश्चिमी विचारकों की गोलियाँ बरसाते हुए पचौरी जो चाहे 'कन्फ़ैस' करा सकते हैं... शिश्न-पाठ से लेकर मीडिया ठाठ तक...

बहरहाल, यह आचार्यों का अपना खेल है और हम भौचक दर्शक इसमें कहीं नहीं आते। मगर यह रोग ससुरा इतना संक्रामक है कि अपुन भी अपने भीतर फ़तवानुमा भृंगी को फड़फड़ाता अनुभव करने लगे हैं। जैसे तीन-चार साल में आए उपन्यासों को देखकर 'उपन्यास की वापसी' जैसा कुछ कहने को मन कसमसा रहा है...इधर हिंदी की महान् अंतर्राष्ट्रीय कविताओं की शोकसभाओं में आध्यात्मिक मर्सिए सुन-सुनकर इच्छा यह घोषणा करने की भी होती है कि अगली सदी शायद कथा-विधा की ही होने जा रही है। कविता का अता-पता तो हो सकता है, समीक्षाओं में उद्धृत कुछ पंक्तियों से ही लगा करेगा। मगर नहीं, सारा उत्तर-आधुनिक विश्व जब हर चीज़ की मृत्यु घोषित कर रहा है तो कथा के उदय की बात कस्बाई गुस्ताख़ी या अतिरिक्त आशावाद है।

शायद बीसवीं सदी की सबसे बड़ी ट्रेजेडी ही यह है कि हमने अपनी वास्तविकताओं के संदर्भ में विश्व की विचारधाराओं को नहीं समझा, बाहरी विचारधाओं की रोशनी में ही अपने आपको 'पहचानते' रहे !...प्रारंभिक मानवतावाद, राष्ट्रीयता, लोकतंत्र, व्यक्ति-स्वातंत्र्य, मार्क्सवाद, अस्तित्ववाद से लेकर उत्तर-आधुनिकता तक...हर पश्चिमी विचार ने हमारे ऊपर प्रयोग किए और उधर हम उत्तर-उपनिवेशी मानसिकता में सांस्कृतिक सामंतवाद का नरक भोगते रहे...नतीजे में समाज सौ साल पहले जहाँ था, वहीं बना रहा और मध्यवर्गीय बौद्धिक-विमर्श अपनी अलग दुनिया में डूबा रहा। इस भारतीय दुनिया के सारे द्वंद्व और अंतर्विरोध यही रहे कि बृहत्तर समाज अपनी जड़ता या अपरिवर्तनशीलता में शांत-भ्रांत निर्विकार रहा और मध्य-वर्ग अधिक से अधिक पश्चिम को आत्मसात करता गया। सारे स्वाधीनता-संग्राम ने बैठकों, सड़कों में उपनिवेशवाद से लड़ने के इतिहास बनाए, भीतरी समाज अजगर की तरह वहीं का वहीं था। मंदिरों, धार्मिक मेलों-ठेलों, कुंभों और यज्ञों-प्रवचनों में जितनी मोक्षकामी भीड़ शताब्दी के प्रारंभ में होती थी उससे सौ गुनी आज होती है...शायद बढ़ी हुई आबादी और परिवहन सुविधाओं के कारण। मूलतः न परिवार का ढाँचा बदला और न उत्पादन तथा श्रम में किसान मजदूरों की भागीदारी हो पाई। नतीजे में अधिकार और संपत्ति वंचित स्त्री, घर में पुरुष-वर्चस्व भोगती शरणागत बनी रही और किसान मज़दूर निराश्रित बने सामंती दमन-उत्पीड़न के शिकार होते रहे। जहाँ अस्सी प्रतिशत आबादी सिर्फ बीस प्रतिशत की दया और कृपा पर जीवित हो वहाँ कोई भी सामाजिक बदलाव क्यों और कैसे आएगा ? हमेशा असुरक्षा के अस्तित्ववादी

भय में जीवित रज़ामंद संस्कारी गुलामों को कौन मुक्त करना चाहेगा ? आधुनिक शिक्षा, जागरूकता या सिर्फ मानवीय संवेदना से उद्वेलित जो युवा-वर्ग इस सड़ांध, घुटन और जड़ता को बर्दाश्त नहीं कर पाया वह 'इस व्यवस्था को बदलना चाहिए' के क्रांतिकारी नारे लगाता रहा या कुंभीपाक से छूटकर बाहर भाग आया...कुछ समय तो उसने इस विराट् पनचक्की पर तीरों की बौछार की मगर हारकर या तो टूट गया या फिर साधु-संत बनकर आत्महत्या की दिशाओं में चला गया। अधिकांश पुरानी व्यवस्था द्वारा क्षमा, प्रलोभन, निमंत्रण पर वापस वहीं आ गए। ज़्यादा से ज़्यादा उन्होंने वहीं अपने द्वीप बना लिए जो कालांतर में उसी व्यवस्था के विस्तार होकर रह गए...आधारभूत व्यवस्था को गाँधी जी ने भी नहीं छुआ, वे ट्रस्टीशिप, छुआछूत उच्छेद या वर्णाश्रम धर्म को क़ायम रखते हुए दूसरे ऐसे ही आवाहनों द्वारा मनुष्य के भीतर के देवता को ही जगाते रहे...मार्क्सवादी जरूर सामाजिक और आर्थिक शोषण, विषमता मिटाने का आक्रामक विचार लेकर आए, मगर वे इतने किताबी और उद्धरण-आश्रित थे कि बिना इस समाज की मूलभूत बीमारी 'वर्ण' को समझे सिर्फ 'वर्ग' की बात करते रहे...स्थितियों की मनमानी-व्याख्याएँ देते अपनी गलतियाँ दुहराते रहे...हर सवाल का जवाब अंतर्राष्ट्रीयता में खोजते। वे खुद सवर्ण क्रांतिकारी थे।

साहित्य को मानव-चेतना का भाषिक रोज़नामचा भी कहा जाता है। अगर शताब्दी के दसवें दशक में प्रकाशित हिंदी के दस-बारह उपन्यासों को साक्ष्य रूप में देखा जाए तो शायद ऊपर की कुछ बातों का खुलासा किया जा सके।

समाज की आधारभूत इकाई व्यक्ति नहीं, परिवार है और परिवार का मूल है...स्त्री पुरुष का युग्म। स्त्री-पुरुष के संबंध हमेशा ही साहित्य-समाज के केंद्रीय कथ्य रहे हैं। चूंकि युगों से समाज की बनावट में पुरुष का वर्चस्व रहा है इसलिए साहित्य में भी पुरुष दृष्टि छायी रही है। शास्त्रों में भी चरम मानवीय उपलब्धि के रूप में पुरुषार्थ...धर्म, अर्थ, काम, मोक्ष का ही गुणगान है। पुरुष ने जब-जब स्त्री-शरीर की उपासना की है तो कलाओं का जन्म हुआ है और जब उससे विरक्त हुआ है तो वैराग्य लिखा है। सामंती समाज में स्त्री सिर्फ भोग्या रही है, बुर्जुआ-समाज की व्यक्ति-चेतना ने उसे रहस्यमयी, पहेली, आद्याशक्ति और न जाने क्या-क्या नाम दिए हैं...शिक्षा, जागरूकता और मुक्ति-चेतना के चलते, घरों की बन्द दीवारों के बाहर निकली स्त्री और स्वामित्व के अभ्यस्त सामंती मानसिकता से ग्रस्त पुरुष के द्वंद्व ने इधर दूसरी तरह की जटिलताएँ पैदा कर दी हैं। छायावादी रहस्य, आदि-शक्ति की आध्यात्मिकता अब बीते दिनों की बातें हैं। आज उसकी मानवीय उपस्थिति शारीरिक और सामाजिक तनावों की कहानियाँ दे रही हैं। कैसी हास्यास्पद विडंबना है कि हजारों सालों से पुरुष ने स्त्री को देह से अधिक कुछ भी नहीं माना। शस्त्रों और शास्त्रों से उसे यही समझाया जाता रहा कि वह सिर्फ देह है, और उसकी इस देह के स्वामित्व पर ही पुरुष ने संस्कृति का सारा वितान खड़ा कर लिया...लेकिन

आज जब स्त्री ने सिर उठाकर यह कहना शुरू कर दिया कि हाँ, वह सबसे पहले देह है और अपनी देह की मालिक यह स्वयं है तो सारे पुरुष समीकरण गड़बड़ा गए।

पुरुष मानसिकता के इन गड़बड़ाए समीकरणों का सबसे प्रामाणिक दस्तावेज़ है कृष्ण बलदेव वैद का उपन्यास 'नर नारी'। भाषा के बेहद रचनात्मक प्रयोगों के माध्यम से आत्मालापों के रूप में लिखे गए इस उपन्यास का नायक अपने आपको 'सुअर' (स्त्रीवादियों द्वारा 'मेल शॉवेनिस्टिक पिग' का संक्षिप्त) कहकर अपनी स्थिति का मज़ाक उड़ाता है तो कभी अपने पर दया करता है। वह आत्मदया और आत्मधिक्कार का अजीब सम्मिश्रण है। कभी वह शेखचिल्ली है तो कभी दुखियारा निरीह। कभी पत्नी से लड़ने, उसे ध्वस्त करने और शारीरिक स्तर पर उसका कचूमर निकालने के मंसूबे बाँधता है तो कभी घिघियाता हुआ माँ की गोद में आ छुपता है ! हर संकट या आनन्द में 'हाय माँ' कहने वाले भारतीय पुरुष का प्रतीक यह 'सुअर' माँ पर इतना अधिक आश्रित है कि उससे देह संबंधों तक का संकेत देता है...माँ और बेटे दोनों की साझा शत्रु है घर में पत्नी बनकर आयी स्त्री...यह स्त्री स्वतंत्र, स्वच्छंद और स्वैरिणी है...आँख ओट होते ही पता नहीं कहाँ क्या कर आती है। इन्हीं फैंटेसियों में सारा उपन्यास लिखा गया है। यह सुअर न शारीरिक मार-पीट से उसे बस में कर पाता है, न संभोग-बलात्कार से। इस औरत ने घर में ही 'गदर' नहीं मचाया हुआ है बल्कि उसकी बहन को भी बिगाड़ कर रख दिया है। इस निहायत ही जटिल पुरुष पात्र की लगभग खिल्ली उड़ाता हुआ यह उपन्यास वैद ने अपनी प्रिय चेतना-प्रवाही शैली और खिलंदड़ी भाषा में लिखा है और इसे सिर्फ भाषा के आनंद के लिए भी पढ़ा जा सकता है। मैं इसे वैद की कुछ प्रौढ़-रचनाओं में से एक मानता हूँ हालाँकि यह 'सुअर' उनके पहले के उपन्यासों 'विमल उर्फ़ जाएँ तो जाएँ कहाँ' या 'गुज़रा हुआ ज़माना' का ही विस्तार है।

इसके मुकाबले 'हिदायतनामा : बीवी और ख़ाविंद' की तर्ज पर संवाद शैली में लिखा गया शरद देवड़ा का 'प्रेमी-प्रेमिका संवाद' निहायत बचकाना 'उपन्यास' है और इसमें बाल-बच्चों वाले स्त्री-पुरुषों की बैठकों में, देह (विशेषकर स्त्री देह) सैक्स के अंग-प्रत्यंगों, उनके उपयोग/उपभोग के विवरण ऐसी बाल-सुलभ उत्सुकता से बताए गए हैं मानों दोनों दो अलग नक्षत्रों से आए हैं और पहली बार इनका आविष्कार कर रहे हैं। इसे उपन्यास न कहकर सैक्स की बाल-पोथी कहना ज्यादा सही है। आश्चर्य होता है कि इसी देवड़ा ने कभी 'कालेज स्ट्रीट का मसीहा', 'पत्थर का लैम्प पोस्ट', और यहाँ तक कि 'आकाश : एक आप बीती' जैसे उपन्यास भी लिखे हैं। यहाँ शरीर और सैक्स संबंधी सूचनाएँ भी इतने प्राथमिक स्तर पर हैं कि वे सिर्फ सुधीश पचौरी को ही मुग्ध कर पाती हैं। सूचनाओं के धरातल पर ही जिन्होंने इर्विंग वैलेस की 'सैविन-मिनिट्स' या 'सैलेशियल बैड' जैसे उपन्यास पढ़े हैं उन्हें

इस रचना को पढ़कर सिर्फ दया ही आ सकती है क्योंकि हिंदी में ही, पचास साल पहले द्वारिका प्रसाद ने सैक्स पर ज़्यादा प्रौढ़ उपन्यास लिखे हैं। इसी तरह के विमर्शों से बनाए गए हैं राजकिशोर के 'तुम्हारा सुख' और मस्तराम कपूर के 'विषय-पुरुष' उपन्यास। ऐसा लगता है मानों सामाजिक, राजनीतिक समस्याओं के गहरे विचार-मंथन के बीच भी भावनाओं के धरातल पर विकसित होने से कुछ छूट जाता है। राजकिशोर और मस्तराम कपूर दोनों ही वरिष्ठ-सुलझे हुए पत्रकार हैं। मगर दोनों के ही उपन्यास लगभग सैक्स मनोविज्ञान पर लिखे गए हैं...घटनाओं, अनुभवों और जीवन-स्थितियों के मुकाबले कथ्य को आपसी बहसों में तय किया गया है। नायिकाएँ प्रबुद्ध हैं और सैक्स, शरीर या स्त्री की सामाजिक स्थिति पर खुलकर बहसें करती हैं। मगर उनका बेबाक व्यवहार उपन्यास के नायकों से बर्दाश्त नहीं होता, सुनीता को निर्वस्त्र देखकर भाग खड़े होने वाले हरिप्रसन्न की तरह राजकिशोर का नायक भी स्थगित हो जाता है। देह के धरातल पर अपना अधिकार माँगती इस नई औरत ने पुरुष को कितना बौखला दिया है इसके उदाहरण हैं इधर के ये कुछ उपन्यास। 'नर नारी' का न्यूरोटिक पुरुष उसे गालियाँ देता है तो 'तुम्हारा सुख' या 'विषय-पुरुष' के पात्र नारी के सामाजिक मनोविज्ञान को समझने की उधेड़-बुन में लगभग नपुंसक हो जाते हैं। उधर 'प्रेमी-प्रमिका' संवाद में शुद्ध दैहिक स्तर पर शरीर की जटिल मशीन को साधने की उठा-पटक है।...वहाँ किसी भी सामाजिक स्थिति का कोई हवाला नहीं है। इन सबसे अलग है सुरेन्द्र वर्मा का 'दो मुर्दों के लिए गुलदस्ता'...सम्पन्न फुरसती प्रौढ़ महिलाओं की शारीरिक भूख के लिए फ़ाइव-स्टार होटलों या घरों में सुलभ पुरुष-वेश्या की विजय-गाथा। 'जिगोलो' पर शायद पहली कथा-कृति। वह देह और धन दोनों स्तरों पर स्त्री का 'शोषण' करता है...स्त्री की जाग्रत होती अस्मिता और उभरते व्यक्तित्व का 'शोषण' अगर 'मुझे चाँद चाहिए' का कथ्य था तो देह-धन का शोषण 'दो मुर्दों का...' सामंती समाज स्त्री की देह का इस्तेमाल एक तरह से करता है तो पूँजीवादी व्यवस्था उसकी 'जागृति' को भुनाने के लिए दूसरा जाल बिछाए है। 'मैं सुंदर हूँ और इस सुंदरता के प्रदर्शन का मुझे पूरा अधिकार है' स्त्री द्वारा अपने पहचानने की यह सहज चेतना या तो सौंदर्य प्रतियोगिताओं, यानी ब्रा-क्रीम बेचने की बाज़ार व्यवस्था का हिस्सा बन जाती है या फिर बिस्तर के रास्ते शक्ति और सत्ता में हिस्सेदारी के भ्रम में वह माधुरी दीक्षित, ऐश्वर्या राय बने या पामेला बोर्डेस, क्रिस्टीन कीलर ...पुरुष का जाल हर कहीं उसके शिकार की ताक में है। सामंती समाज में स्त्री को वेश्या बनने के लिए बाक़ायदा मजबूर किया जाता था, परिवारों में वापस जाने के सारे रास्ते बंद करके उन्हें पुरुषों के मनोरंजन और भोग के लिए प्रशिक्षित किया जाता था। पूँजीवादी समाज स्त्री की मुक्ति-चेतना को... अपने आपको बाज़ार के लिए सुलभ बनाने की स्वैच्छिक छूट में इस्तेमाल करता है। इसी 'देह मुक्ति' के शोषण की कहानी है 'दो मुर्दों के लिए गुलदस्ता'। उपन्यास

के दोनों नायकों में एक अपराध और अंडरवर्ल्ड के माध्यम से पूँजी में अपना हिस्सा छीन रहा है तो दूसरा सैक्स के माध्यम से उनके घरों में सेंध लगाए है। इसी की अगली कड़ी है मनोहर श्याम जोशी का 'हमज़ाद' ...वस्तुतः 'नर नारी' का सुअर ही 'हमज़ाद' का वह हिंस्र नायक है जो दो व्यक्तित्वों में विभाजित हो गया है। उसके लिए न रिश्तों की कोई शुचिता है, न विश्वासघात का पापबोध। वह अपने पुरुष प्रतिशोध में स्त्री मात्र को वेश्या बनाने के पुण्य-कर्म में जुटा है।

ये सारे उपन्यास पहले की उन कथा-रचनाओं से अलग हैं जो स्त्री-केंद्रित तो होते थे...मगर स्त्री की एक मिथ को ही तोड़ते-जोड़ते थे। कहीं इस मिथ से बाहर निकलती स्त्री का तेज ही तो नहीं है जिसने पुरुष के पाँव तले की ज़मीन हिला दी है और सारे पुरुष लेखक स्त्री संबंधों, उसकी सामाजिक स्थितियों का अपनी-अपनी मानसिकता से जायज़ा लेने में जुट गए हैं ? यह स्त्री-विमर्श, रवींद्र-शरत-जैनेन्द्र के उस स्त्री-विमर्श की याद दिलाता है जब इस समस्या पर घनघोर मंथन होता था कि स्त्री को घर से बाहर निकाला जाए या नहीं, बाहर निकाला जाए तो उसकी मर्यादा क्या हो ? उसे किस हद तक बाहरी पुरुषों के संपर्क में आने दिया जाए ? कृष्णा सोबती, मन्नू भंडारी, मृदुला गर्ग ने स्त्री के लिए जिस वृहत्तर दुनिया के दरवाज़े खोले थे वह भी कहीं न कहीं पुरुष-क्षेत्र में हस्तक्षेप था और पुरुष के संरक्षण-सम्मोहन के पार जाता था। हालाँकि मृदुला गर्ग का 'कठगुलाब' फिर स्त्रीवादी होने के आरोप से बचता हुआ—उन संबंधों का विश्लेषण तो करता है...मगर शीघ्र ही सारी समस्या का बौद्धिकीकरण उन्हें तर्कों की मरीचिका में भटका देता है। इसके मुकाबले उनका 'अनित्य' ज्यादा विस्तृत परिप्रेक्ष्य में संतुलन खोजता है। राजी सेठ की कथा-रचनाएँ पुरुष द्वारा स्थापित नैतिक मान्यताओं और लक्ष्मण रेखाओं को चुनौती देने से प्रायः कतराती हैं और उसी दिए गए स्पेस में अपनी सार्थकता तलाश करती हैं...दार्शनिकीकरण की मुद्रा में नासिरा शर्मा की नायिकाएँ शुरू में मुठभेड़ के तेवर जरूर अपनाती हैं, मगर बाद में पुरुष निर्मित दुनिया में शहीदीभाव से लौट आती हैं, मानों लौट आना ही उनका विद्रोह हो...असल में उनकी ग्रंथि धार्मिक है...'दुनिया और समय कोई भी हो इस्लाम में हर समस्या का समाधान है' का विश्वास उन्हें अंततः वहीं खींच लाता है। इसकी भीतरी सच्चाई को तस्लीमा नसरीन ने गहराई से महसूस किया है कि अंततः सारे धर्म, विशेषकर इस्लाम मध्ययुगीन सामंती और कबीलाई संस्कृति की उपज हैं इसलिए पुरुष-वर्चस्व से निर्धारित हैं। वे औरत को सिर्फ रियायतें देते हैं, स्वतंत्रता नहीं। यह बौद्धिक मुठभेड़ मृदुला गर्ग में बहस के स्तर पर और ममता कालिया में स्थितियों की पहचान के रूप में, स्त्री की छटपटाहट और दिशा खोजने की बेचैनी बनकर उभरी है। लगभग यही छटपटाहट जया जादवानी में भी है। शशि प्रभा शास्त्री, कृष्णा अग्निहोत्री, कमल कुमार, चद्रकांता जैसी लेखिकाएँ निश्चय ही स्त्री-जीवन की त्रासदियों की मार्मिक कहानियाँ लेकर आई हैं, मगर कलात्मक संयम

और निर्मोह संपादन के अभाव में व्यक्तिगत (नारी सुलभ ?) भावुकता से ऊपर नहीं उठ सकी हैं। वे केवल इसी आधार पर मान्यता चाहती हैं कि वे स्त्री हैं और उन्होने पुरुष के हाथों बहुत सहा है। उनकी इस गुहार का बेहद महत्त्वपूर्ण दस्तावेज है–कृष्णा, अग्निहोत्री की आत्मकथा 'लगता नहीं है दिल मेरा' और सबसे शाकाहारी है कुसुम अंसल की 'जो कहा नहीं गया'...यद्यपि मराठी की आत्मकथाओं ...विशेषकर माधवी देसाई की 'नाच री घुमा' जैसा सधाव और दिलीप कौर टिवाणा की 'नंगे पैरों का सफर' या अजीत कौर की 'खानाबदोश' जैसा आत्मविश्वास, कृष्णा अग्निहोत्री की आत्मकथा में नहीं है फिर भी मध्यवर्गीय हिंदी 'छुईमुईपने' से बाहर निकलकर बहुत कुछ स्वीकार करने या बता देने का साहस तो है ही ...चूंकि अधिकांश लेखिकाएँ आर्थिक रूप से आत्मनिर्भर नहीं होतीं इसलिए वे बहुत से असुविधाजनक पक्ष उनके लेखन का हिस्सा नहीं बन पाते जिनसे अस्तित्व का संघर्ष करती स्त्री को गुज़रना पड़ता है। जिसे बहुत पहले कभी मीरा महादेवन ने 'सो क्या जाने पीर पराई' उपन्यासिका में दिया था या चित्रा मुद्गल ने 'एक जमीन अपनी' और क्षमा शर्मा ने 'परछाईं अन्नपूर्णा' में समझने की कोशिश की है। हालाँकि भीष्म साहनी की 'वासंती' की तरह दूर बैठे का दुख, मंजुल भगत की 'अनारो' भी बयान करती है और 'कठगुलाब' में भी मृदूला गर्ग अपनी नर्मदा में स्त्री-मुक्ति खोजती हैं। मगर मध्यवर्ग की आत्मनिर्भर स्त्री कैसे पुरुष (पति-पुत्र) के संबंधों को अपनी तरह पुनर्व्यवस्थित करने की मानसिक और कानूनी यातनाओं से गुज़र रही है, इसका सबसे कलात्मक उपन्यास था 'आपका बंटी' या दूसरा रूप था सूर्यबाला का। 'मेरे संधिपत्र' कला के साथ अपने दबंग तेवर वाली कथा-नायिकाओं की अकेली रचनाकार हैं कृष्णा सोबती। इस आत्मनिर्भर स्वतंत्र स्त्री के अनेक पहलुओं को उन्होंने 'ए लड़की' में एक साथ जिस गहराई से उजागर किया है वह उन्हें आज भी स्त्री-अस्मिता की सबसे प्रामाणिक आवाज़ बनाता है। पुरुष-जगत् में बराबरी का दर्जा माँगती स्त्री-लेखिकाएँ और अधिकांश नामवर समीक्षक मासूम विनोबाई व्यक्तव्य देकर तालियाँ बटोरते हैं कि लेखन में स्त्री-पुरुष विभेद गलत है : रचना सिर्फ रचना है। ईमानदारी से कहा जाए तो यह समानता निहायत बारीक पुरुष साज़िश है जो इंदिरा गाँधी, बेनजीर भुट्टो, मार्गरेट थैचर इत्यादि को सिर्फ इसलिए मान्यता देती है कि वे ठीक पुरुषों की तरह सत्ता-संचालन कर सकती है। 'मनुष्य मात्र एक है' कहनेवाले भी जानते हैं कि सिर्फ वही मनुष्य एक हैं जो हमारे जैसे हैं...अमेरिका में भी नीग्रो और श्वेत एक नहीं हैं...मानवता, समानता, स्वतंत्रता की सारी परिभाषाएँ यूरो-केन्द्रित रही हैं और अफ्रीका-एशिया या कहें तीसरी दुनिया को उसमें शामिल नहीं करतीं। जिस तरह पुराने यूनानी समाज में गुलाम 'मनुष्य' नहीं होते थे उसी तरह आज के भारतीय समाज में दलित, अल्पसंख्यक, स्त्रियाँ भी ठीक वही नहीं हैं जो बाकी दूसरे हैं। जब सामाजिक या व्यक्तिगत रूप से एक शक्ति संपन्न व्यक्ति, इन दोनों से वंचित व्यक्ति को अपने बराबर घोषित करता है तो

एक तरफ तो वह उसके प्रतिरोध को ठंडा करता है और दूसरी तरफ उसके व्यक्तित्व का अधिग्रहण करता है...बराबर होने का भ्रम देकर उसकी स्थिति को स्थायित्व देता है। वह जब चाहे इस बराबरी के दर्ज़े को छीनकर उसकी हैसियत बता सकता है। शक्तिशाली द्वारा कमजोर को बराबर बताना अपनी शर्तों को स्वीकार कराना है। जब बिना हैसियत बदले मालिक, अपने नौकर को भाई या बराबर का मनुष्य बताता है तो वह उसका भावनात्मक शोषण कर रहा होता है। दलितों और वंचितों के कुछ विशिष्ट, अनुभव, अपमान और दंश ऐसे हैं जो वही और सिर्फ वही अनुभव कर सकते हैं। अपने 'स्व' को पूरी तरह भुलाए या मिटाए बिना दुनिया की कोई औरत न ठीक उसी मानसिकता से मनुस्मृति लिख सकती है, न कामसूत्र। अगर साहित्य सामाजिक अनुभवों की व्यक्तिगत अभिव्यक्ति है तो संसार का सारा साहित्य कभी भी एक नहीं हो सकता। चिनुआ अचेबे, हेमिंग्वे की तरह लिख ही नहीं सकते। साहित्य में स्त्री-पुरुष या दलित-सवर्ण के भेद से इनकार करना मीरा और सूरदास या कबीर और तुलसी को घिस-ठोंक कर एक कर देना है। दूसरे शब्दों में यह वर्चस्ववादी सवर्ण मानसिकता या पुरुष व्यवस्था के सुर में सुर मिलाने का दबाव है। जिस तरह एक दलित को जन्म और जाति के अपमान से निरंतर गुज़रना पड़ता है या अल्पसंख्यक को बाहरी होने के दंश को झेलना पड़ता है उसी तरह न जाने कितनी यंत्रणाएँ हैं जिन्हें सिर्फ स्त्री ही भोगती है। मासिक धर्म, प्रजनन, बलात्कार, परनिर्भरता जैसे न जाने कितने अनुभव हैं जिन्हें स्त्री के सिवा कोई नहीं जानता। वे 'शेष समाज' से अलग होने के लिए मजबूर हैं। वस्तुतः मौखिक समानता के आश्वासनों की बजाय अपने 'अलगावों' के साथ ही दलित, स्त्री, पुरुष समाज में अपनी जगह बनाते रहे हैं...वर्जीनिया वुल्फ के शब्दों में 'घर में अपना एक अलग कमरा' ध्यान दिया जाना चाहिए कि यह 'रचनाकार के निजी कक्ष' का स्त्री-अनुवाद नहीं है। यह अपने को बचाए रखने का शरण-स्थल है। नयी स्थिति यह है कि वे अलग कमरे की सुरक्षा नहीं, सारे घर के ही सुरक्षित होने की माँग करती हैं...आर्थिक, सामाजिक और कानूनी दृष्टियों से।

स्त्री-चेतना का यह नया रूप शहरों के अत्यंत परिचित या पुनरावृत्ति के उबाऊ क्षेत्रों से बाहर, लगभग अपरिचित हिस्सों या शहरों से हटकर गाँवों-कस्बों में अधिक जुझारू ढंग से उभरकर सामने आ रहा है। उदाहरण के लिए महानगरों के मारवाड़ी समाजों को लें। फिल्मों और कथाओं में मारवाड़ी कंजूस, शोषक, धनपिशाच या विदूषक के रूप में ही जाना जाता रहा है...उनकी औरतें अनपढ़, अंधविश्वासी, व्रत-भजन में गर्क, अनाकर्षक मादाओं से अधिक नहीं समझी गईं...दरबानों-ड्राइवरों से उनके अवैध संबंधों की कहानियाँ मैंने भी दस वर्ष कलकत्ते में रस ले-लेकर सुनी हैं। हालाँकि धन-वैभव के बीच घुटती-छटपटाती मारवाड़ी औरत की कहानियाँ दिनेशनंदिनी डालमिया ने अपनी लम्बी उपन्यास-शृंखला में दी हैं...कुछ-कुछ सैल्फ जस्टिफिकेशन

के साथ...मगर वह सिर्फ एक घराने की भीतरी कथाएँ होकर रह गईं। उन्हें भीतर-बाहर से सही परिप्रेक्ष्य में उभारा प्रभा खेतान ने ...इस समाज के भीतरी अंतर्विरोधों और अंतःसंघर्षों के बेहद प्रामाणिक और लगभग आत्मकथात्मक चित्र 'आओ पेपे घर चलें', 'छिन्नमस्ता', 'अपने अपने चेहरे' और 'पीली आँधी' जैसे उपन्यासों में आए। राजस्थान की कठिन और जीवन की जानलेवा स्थितियाँ, मनुष्य में जो जिजीविषा, लगन, कुछ बनकर दिखाने की जिद पैदा करती हैं उन्हीं ने बड़े-बड़े औद्योगिक घरानों को जन्म दिया है। 'पीली आँधी' सौ-डेढ़ सौ सालों की यात्रा है। शिक्षा, परिवेश के दबाव, बंगाल की सामाजिक जागरूकता के बीच प्रभा की स्त्री अपने जीवन का चुनाव अपनी तरह करना चाहती है। वह स्वयं अपने आर्थिक स्रोत अर्जित करती है और इस प्रक्रिया में भयंकर मानसिक-भावनात्मक रूपांतरणों से गुजरती है, इसी की कहानी है 'छिन्नमस्ता' और 'पीली आँधी'। सिर्फ बाहरी नहीं, प्रभा ने साहसपूर्वक औरत की निहायत निजी, गोपनीय परतों को भी तह-दर-तह खोला है जहाँ वह सैक्स विकृतियों का शिकार होती है, बलात्कार और तृप्तिदायक संभोगों, वैध-अवैध संबंधों के भूचालों से गुजरती है, राष्ट्रीय-अंतर्राष्ट्रीय पूँजी बाज़ारों में जूझती है। (अग्निसंभवा) प्रभा के यहाँ पुरानी औरत, खुद अपने हाथों से अपना सिर काटने वाली और फीनिक्स की तरह पुनः-पुनः अपनी ही आग से जन्म लेने वाली महाशक्ति के मिथक उसे वृहत्तर स्त्रीवादी वैचारिकता से जोड़ते हैं। यहाँ मृदुला गर्ग और मृणाल पांडे की तरह फैमिनिज़्म से जुड़ने-बचने की दुविधा नहीं है।

प्रभा खेतान के उपन्यासों की इस पृष्ठभूमि को समझे बिना अलका सरावगी के चर्चित उपन्यास 'कलिकथा : वाया बाईपास' को समझना मुश्किल है। हालाँकि प्रभा ने भी अपने स्त्री होने को भूलकर 'तालाबंदी' में औद्योगिक घरानों के भीतरी द्वंद्व और ट्रेड यूनियन की उठा-पटक को अपना कथ्य बनाया था, मगर अलका लगभग पुरुष लेखकों की कलात्मकता (या स्त्री होने के नकार) के साथ कलकत्ता के तीन सौ सालों को अपने कथा-कैप्सूल में बाँधती हैं। भाषा से लेकर शिल्प तक की प्रयोगशीलता चकित करने वाली है। मेरी आपत्ति यही है कि इस उपन्यास को कोई भी पुरुष लिख सकता था...अलका सरावगी क्यों अपने नारी होने को इस तरह सायास स्थगित करती रही हैं ? यही नहीं, उन्होंने अपने मारवाड़ी होने को भी बहुत अधिक सामने नहीं आने दिया है। बाईपास सर्जरी से लेकर इतिहास-समाज के विस्तारों को बाईपास करते हुए किशोर बाबू अपनी गर्दन की गुठली को टुकड़ों-टुकड़ों में जीते निहायत ग़ैर-मारवाड़ी व्यक्ति हैं। लगभग सहयात्री बंगालियों की तरह सिंगर, सॉलबेलो, जेम्स बॉल्डविन के पात्र एक क्षण को भी नहीं भूलते कि वे यहूदी या ब्लैक हैं। बहरहाल, जादुई यथार्थवाद से लेकर तराशी हुई संकेतगर्भी भाषा, प्रतीकात्मक स्थितियाँ और रूपकों भरे कथा-शिल्प के लिए 'कलिकथा' आजकल काफी चर्चा में है। ख़तरा यह है कि कलावाद का भोपाली गुरुकुल इसे भाषा, शिल्प, टैकनीक, उपमा, उत्प्रेक्षाओं

के कविताई औज़ारों और समय या इतिहास के साथ सलूक जैसे थोक जुमलों या सौंदर्यशास्त्र की पेटेण्ट गोलियों की प्रयोगशाला न बना दे—यानी इसमें समाज, स्वाधीनता-संग्राम, इतिहास, उपभोक्तावाद, संस्कृति के जो सवाल उठाए गए हैं उन्हें बिल्कुल ही नज़रंदाज कर दे। कथा सिर्फ कला ही नहीं होती वह समाज-समीक्षा भी होती है—कलावादियों की सबसे ज़रखेज चरागाह वही रचनाएँ हैं जो सामाजिक-विमर्श में किसी भी दृष्टि से परहेज करती हैं। हिंदी में, पश्चिम के कुछ प्रचलित-मुहावरे लेकर कविता की समीक्षा आसानी से की जा सकती है—कथा-समीक्षा में अपने समय और समाज को अपनी दृष्टि और संवेदना से समझना पड़ता है—और 'पड़ती है इसमें मेहनत ज़ियादा'। मगर अपनी सारी औपन्यासिक उपलब्धि के बावजूद अलका सरावगी डि-फेमिनाइज़ेशन के पुरुषतंत्र की शिकार हैं। इसे ही 'बोउवा', सैकिंड सैक्स या जर्मेन ग्रेयर 'फीमेल यूनख' (जनखी) कहती है...यानी वहाँ 'औरत' का अपना वजूद प्रायः कहीं नहीं है...वह पुरुष-उपग्रह बनकर ही वहाँ मौजूद है इसलिए न तो अरुंधति राय के 'गॉड ऑफ स्मॉल थिंग्स' की तरह राजनीतिक, औपनिवेशिक सवाल उठाती हैं, न मैत्रेयी पुष्पा की तरह साहित्यिक सामाजिक रूप से परेशान करती हैं। जिस तरह बंगाल के भद्रलोकी नारी लेखन की दुनिया में आदिवासियों की जंगल कथाएँ लेकर महाश्वेता देवी ने लगभग तहलका मचा दिया था...छोटे रूप में यही स्थिति मैत्रेयी के कथा लेखन की है। निश्चय ही मैत्रेयी के लेखन में बौद्धिक तेजस्विता, राजनीतिक आक्रामकता और न्याय संघर्ष की अति-परिचित पक्षधर घोषणा नहीं है, मगर महानगरों से हटकर खेत-खलिहानों में निरंतर चलने वाली लड़ाइयाँ और उनके बीच जागरूक होती नारी के अघोषित विद्रोह की कहानियाँ, हिन्दी के जनाने लेखन और स्त्री के बौद्धिक-विमर्शों के बीच उसी तरह की ताज़गी देती हैं जैसी कभी रेणु ने दी थीं। जैसा कि मैंने कहा वे नारी चेतना के व्यक्तित्व निर्माण की नहीं, सामंती अमानवीयताओं और उभरती लोकतांत्रिक स्थितियों के बीच सहज नारी आकांक्षाओं की ऐसी कहानियाँ हैं जहाँ 'संघर्ष' और 'विद्रोह' शब्द बाहर से थोपे हुए लगते हैं क्योंकि वहाँ वे सिर्फ जीने की ज़िद और दी गई नियति के अस्वीकार की संकल्प-कथाओं का रूप लेती हैं...सैक्स, बलात्कार भी वहाँ उसी जीवन-प्रणाली का हिस्सा होकर आते हैं। वे नारी के अपने अस्तित्व से अस्मिता तक पहुंचने वाली कहानियाँ हैं...बेबाक़ और बेलाग (अन-इनहिबिटेड) पुरुष मानसिकता में इन्हें 'मित्रो मरजानी', 'सूरजमुखी अंधेरे के', 'यारों के यार' की तरह 'निर्लज्ज' कहानियों की संज्ञा दी गई है 'गोमा हँसती है', 'माया मृग', 'इदन्नमम', 'चाक' को। दुनिया की शायद ही कोई ईमानदार नारी-कथा हो जो अंततः सैक्स कथा न हो। जिस समाज में हज़ारों सालों से नारी को सिर्फ सैक्स बनाकर रखा गया हो, वहाँ सैक्स-विहीन नारी-कथा या तो हवाई आदर्शवाद है या जान-बूझकर गढ़ा गया झूठ। पुरुष सैक्स की चर्चा उसकी मर्दानगी या पुरुषार्थ की शौर्यगाथा है, स्त्री-सैक्स अश्लीलता-श्लीलता की एकमात्र कसौटी। इसलिए मैं

मृदुला गर्ग के इस वाक्य को एक स्मार्ट फिकरे से ज़्यादा महत्त्व नहीं देना चाहता जहाँ वे कहती हैं कि 'स्त्री को सैक्स मुक्ति नहीं, सैक्स से मुक्ति' चाहिए। यह फिर स्त्री को कमर से ऊपर और नीचे बाँट देने की पुरुष साज़िश का शिकार होना है ...यानी देवी और वेश्या का ध्रुवीकरण। मैत्रेयी की कथा-नारियाँ इस मिथ को तोड़ती हैं और अपनी पूरी शारीरिकता के साथ जीने के संकल्प को ही अपना कथ्य बनाती हैं। उनकी गोमा, शीलो, मंदा, सारंग नारी जिजीविषा की ऐसी दबंग अभिव्यक्तियाँ हैं जहाँ श्लील, अश्लील, नैतिक, अनैतिक की धारणाएँ सहज ही केंचुली की तरह उतर जाती हैं।

मैत्रेयी के अचानक चर्चा में आ जाने को जो महिला-लेखिकाएँ किसी 'गॉड-फादर' का (दूसरे शब्दों में मेरा) कमाल बताती हैं वे न तो आत्मविश्लेषण करती हैं, न इस तथ्य को स्वीकार कर पाती हैं कि मैत्रेयी ने महिला-लेखन को ड्राइंग-बैडरूम-दफ्तरों से निकालकर उन गाँवों-कस्बों में पहुँचा दिया है जो अब तक पिकनिकियों या प्रतिबद्ध समाज-सेविकाओं के माध्यम से ही हम तक पहुँचता था। अनछुई भाषा, अनपहचाने लोग, अपरिचित समाज और वहाँ जीवन की दुरूह स्थितियों में जूझती औरत की कहानियाँ सुशिक्षित शहरी सुवासित महिलाओं में ठीक वही बेचैनी पैदा करती हैं जो उमा भारती, फूलन देवी के साथ बैठकर वसुंधराराजे सिंधिया या वैजयंती माला करती होंगी। मगर क्या किया जाए, लोकतंत्र का यह अभिशाप तो झेलना ही होगा लेखन में भी। मगर सिर्फ 'आंखिन देखी' का आश्वासन बिना वृहत्तर राजनीतिक दृष्टि के कथाकार को बहुत दूर तक शायद नहीं ले जाता। हाँ, कुछ कथाकृतियाँ जरूर ऐसी होती हैं जो बाद में राजनीतिक समझ के लिए आधार बनती हैं।

मेरी तेरी उसकी बात, 'हंस', जुलाई 98

एक सदी : तिलिस्म से कठघरे तक

(सदी का औपन्यासिक अंत : दो)

आज हाशिए के लोगों का सामाजिक हस्तक्षेप भले ही खुलकर दिखाई दे रहा हो—मगर साहित्य में उसकी शुरुआत दशकों पहले हो चुकी थी। विशेषकर नारी-लेखन और अल्पसंख्यकों की, शानी का 'काला जल', राही मासूम रज़ा का 'आधा गाँव' आज हिंदी की क्लासिक रचनाएँ हैं। इधर तो असगर वजाहत, मंजूर एहतेशाम, अब्दुल बिस्मिल्लाह, मुशर्रफ आलम ज़ौकी जैसे न जाने कितने कथाकार हैं जो अपनी बात अपने ढंग से कह रहे हैं। यहाँ एक विडंबना भी रेखांकित की जानी चाहिए कि हाशिए के ये लोग अपनी ज़मीन और जीवन-स्थितियों से जितने जुड़े हुए हैं उतने मुख्यधारा वाले हिंदी-लेखक नहीं। सन् 47 का भारत-विभाजन एक ऐसा घाव है जिस पर मुसलमान और पंजाबी लेखकों ने ही लिखा है—पटना, बनारस, इलाहाबाद, लखनऊ केंद्रित हिंदी-साहित्य के लिए तो शायद यह घटना ही साहित्य में नहीं हुई। कहने की जरूरत नहीं है कि स्वतंत्रता से पहले की लगभग 90 प्रतिशत हिंदी-साहित्य की मुख्यधारा इन्हीं चार-पाँच शहरों तक सीमित रही है। इस मुख्यधारा के लिए न तो बाबरी-मस्जिद टूटी, न 84 के सिख-संहार हुए, न मुंबई-सूरत के दंगे। समय की समानता में रहनेवालों की यह कैसी असंवेदनशीलता है कि आस-पास कुछ भी घटित होता रहे—मुख्य-साहित्य दसियों साल उसका नोटिस ही नहीं लेता, अनपढ़ साहित्यकार जिस तरह यह मानते थे कि बहुत पढ़ने से अपनी मौलिकता खत्म हो जाती है उसी तरह शायद ये भी मानते हैं कि समय से जुड़ना साहित्य के शाश्वत मूल्यों को नष्ट करना है। आत्मा अजर-अमर अविनाशी है। वह देश-काल से असंपृक्त और अनासक्त रहती है। भौतिकता में रहने वाले ही समय के सम्मोहक नरक में जीते हैं। शायद यही कारण है कि अधिकांश हिंदी-लेखन या तो जीवनहीन है या भयानक रक्ताल्पता का शिकार। अपनी इस कमज़ोरी को वह बौद्धिक घटाटोप से पूरा करता है। वर्णनों, विवरणों और विश्लेषणों की 'एकरसता' उसे जीवन के अच्छे-बुरे विविध प्रसंगों या

चरित्रों के साथ जुड़ने ही नहीं देती। राजा-नवाबों, जमींदारों के सामंती समाज पर हिंदी में भगवतीचरण वर्मा, रांगेय राघव, अमृतलाल नागर से लेकर गिरिराज किशोर तक सभी ने लिखा है—मगर असगर वजाहत के 'सात आसमान' में जैसे चित्र-विचित्र प्रसंग और पात्र हैं—वे शायद ही पहले कभी हिंदी में आए हों। किस्सागोई के हरबे-हथियारों से लैस; मगर पूरी तन्मयता से असगर वजाहत ने उन सात पीढ़ियों की गाथा लिखी है जो कभी भी शासक होने की दांभिक कुंठा से बाहर नहीं आ पाए...वहाँ विकृतियाँ भी हैं और भटकाव भी, हास्यास्पद स्थितियाँ भी हैं और गुरु-गंभीर बुजुर्ग भी। शेखचिल्लियों जैसे पागलपन भी हैं और कैंसर भी—ज़मींदारियों के टूटने-बिखरने और बिक जाने की इस कहानी को पढ़ना जैसे एक कब्रिस्तान से गुजरना है—कथाकार के सिनिकल-अलगाव के साथ। 'सात आसमान' में न सहानुभूति की कमी है, न पुरानों को समझने में आत्मीयता का अभाव, मगर नई पीढ़ी के दोनों लड़के जिस झटके के साथ इस सारे अतीत को झाड़कर अलग हो जाते हैं, वही इस उपन्यास की शक्ति है। हाँ, वह अतीत था, बहुत महान् और रंगारंग, मगर जैसा भी था वह बीत गया—अब वहाँ हमारा कुछ नहीं है—अतीत-मुक्ति की कहानी को शायद इतनी निर्ममता से पहले कभी नहीं लिखा गया। शानी की सारी चिंता बहुसंख्यक समाज में अल्पसंख्यक की अपनी पहचान को लेकर थी—ज़्यादा साफ शब्दों में मुस्लिम आइडैण्टिटी को लेकर—मंजूर एहतेशाम का संघर्ष है अपने इस खोए हुए व्यक्तित्व को लेकर। 'दास्ताने लापता' ऐसे व्यक्ति की कहानी है जो अपने आपको तलाश रहा है—लगभग यह वही व्यक्ति है जो 'सात आसमान' में अपने अतीत और परिवेश से टूट गया है और जिसने सब कुछ भूलकर 'सूखा बरगद' में अपने आसपास से जुड़ने की कोशिश की थी। अब यह जीवन की गुमनामियत में खो गया है।

शायद हम लोगों के लिए उस जाति की यंत्रणा को समझना मुश्किल है जिसका कल तक सबकुछ अपना था—मगर एक झटके के साथ लगता है कि उसका अपना कुछ भी नहीं है और वह लगभग बेघर है। कृष्णा सोबती ने कहीं कहा है कि 'विभाजन को भूलना मुश्किल है, मगर याद रखना खतरनाक'। मुस्लिम 'साइकी' (अंतर्मन) इसी एलियनेशन (अलगाव) का शिकार है। ऐतिहासिक-सामाजिक और व्यक्तिगत सभी धरातलों पर या तो वह कभी छतनार रहे बरगद की तरह सूख रहा है या फिर लापता होता जा रहा है। उसका अतीत, इतिहास, पहचान सभी कुछ उससे छीना, नष्ट किया या हथियाया जा रहा है। इतिहास की पुनःपरिभाषाओं से लेकर बाबरी-मस्ज़िद ध्वंस तक। पाकिस्तान अगर हिंदू अतीत से छुटकारा पा रहा है तो भारत मुस्लिम अतीत की हिंदू-व्याख्या कर रहा है। दोनों ही या तो अपने-अपने नॉस्टेल्जिया में क़ैद हैं या छूट भागना चाहते हैं। पता नहीं कभी इस 'छाको की वापसी' (ख्वाज़ा बदी उज़्ज़मा) होगी भी या नहीं, मगर छाको लौटेगा कहाँ ? उसका 'घर' कहाँ है ? बहुत पहले मीरा महादेवन का उपन्यास आया था 'अपना घर'। जब यहूदियों का अपना देश

इज़रायल बना तो सारी दुनिया के यहूदियों के सामने यही द्वंद्व था—इन्हें अपने आध्यात्मिक देश इज़रायल में रहना है या वहाँ जहाँ वे शताब्दियों से पीढ़ी-दर-पीढ़ी रह रहे हैं ? मॉरिशस और फीजी-त्रिनिदाद के हिंदुओं का घर भारत है या वहाँ, जहाँ वे तीन-चार पीढ़ियों से रहे-बसे हैं ? क्यों वहाँ के राजनेता, बुद्धिजीवी, व्यवसायी और अभिमन्यु अनत, वी.एस. नायपॉल जैसे लेखक बार-बार अपने 'देश' के तीर्थ पर निकलते हैं ? मगर क्या यहाँ सचमुच वे स्वीकार्य हैं ? छाको भी किस 'घर' में लौटेगा ? मानसिक जगत् की यह फाँक ऊपर ही नहीं, नीचे भी कितनी गहराई तक पैठ गई है—यह गाँव-गाँव के जुलाहों-मनिहारों की जिंदगियों पर लिखे गए अब्दुल बिस्मिल्लाह के उपन्यासों 'झीनी-झीनी बीनी चदरिया' और 'मुखड़ा क्या देखे' में देखा जा सकता है। संयोग नहीं है कि दोनों के शीर्षक कबीर से लिए गए हैं—जो न हिंदू है न मुसलमान—मगर अपनी ज़मीन नहीं छोड़ता, दिक्कत उनके साथ है जो या तो हिंदू बने रहना चाहते हैं या मुसलमान, चूँकि स्थितियों के हिसाब से बदलना नहीं चाहते इसलिए सेतु भी नहीं बना पाते, दोनों अपने-अपने घेटोओं (सुरक्षित बंद घुटी जगहों) में कैद हैं—द्वीपों या दुर्गों की तरह—सिर्फ जरूरत पड़ने पर ही बाहर आते हैं—आजीविका या आक्रमण के लिए।

हिंदू-मुसलमान होने से ऊपर उठकर सिर्फ़ मनुष्य और भारतीय होकर रहना क्या सचमुच इतना आसान है ? 'सभी मनुष्य बराबर हैं' के भोले सपाटवादियों ने शायद ही कभी इस विस्तार में जाने की जहमत उठाई हो—हाँ, इस धर्मनिरपेक्षता की कहानी लिखी है गीतांजलिश्री ने—'अपना शहर उस बरस' में, बाबरी-मस्जिद के ध्वंस-प्रसंग और दंगों पर जो मुशर्रफ आलम जौक़ी के 'बयान' में कहा और अनकहा दोनों रूपों में नुमायां है। बाबरी-मस्जिद दंगों पर विभूति नारायण राय का 'शहर में कर्फ्यू' जल्दबाज़ी में लिखा गया है फिर भी दहशत, असुरक्षा और कर्फ्यू में घिरी एक गली के परिवार के आतंक-ग्रस्त पात्रों की मर्मस्पर्शी कहानी अगर विभूति नारायण ने कही है तो गीतांजलि ने ऐसे चार बौद्धिक पात्रों और घर को लिया है, जहाँ हर स्थिति और घटना सूचना के धरातल पर आती है। वे हिंदू-मुसलमान होने से इतने ऊपर हैं कि एक गुंथे परिवार की तरह खाते-पीते हैं और सिर्फ बौद्धिक बहसें करते हैं। कभी-कभी कॉलेज या बाजार के लिए निकलते हैं तो साम्प्रदायिकता के परिवेश सामाजिक ज़हर या शारीरिक हमलों का स्वाद भुगतते हैं। इनमें हनीफ उसकी पत्नी श्रुति और दोस्त—शरद के साथ सिर्फ घर में कैद मकान मालिक दद्दू और उनका लड़का है। कहानी में बीयर, बहसें, कहकहे और पीजे (पैटी जोक्स) ही छाए हैं। दद्दू दीवान पर गुड्डे की तरह उछलते रहते हैं। सभी बहुत खुले, उन्मुक्त और आत्मीय हैं। जहरीले वातावरण के दबाव में कैसे ये धार्मिक कुंठाओं से ऊपर उठे हुए लोग भी क्रमशः हिंदू और मुसलमान बनने लगते हैं—यही है, गीतांजलिश्री का कथ्य। लड़की को मिलाकर दद्दू के बेटे सहित हिंदू चार हैं। इसलिए अपने को साधे रखते हैं,

सिर्फ हनीफ है जो धीरे-धीरे इस यंत्रणा में टूटने लगता है। शायद उसके पास सिवा इसके कोई विकल्प भी नहीं है कि वह सुरक्षा के लिए अपनों के बीच चला जाए। तीन-चार वर्ष पहले प्रियंवद का एक उपन्यास आया था, 'वे वहाँ कैद हैं', यह संयोग है कि वहाँ भी दो दोस्त एक लड़की और एक दादू हैं। घर में बैठकर सांप्रदायिकता, इतिहास, हिंदुत्व पर धुआँधार बहसें करते हैं और अंत में अलग-अलग ढंग से सांप्रदायिकता के शिकार होते हैं। कथानक-पात्र और बौद्धिक विमर्श एक जैसे होते हुए भी शिवमूर्ति के त्रिशूल या 'वे वहाँ कैद हैं' में जीवन की उपस्थिति परिवेश का आतंक और मृत्यु से मुठभेड़ 'उस शहर' से अधिक है। यहाँ तो सिर्फ बहसों से बनाया गया यह उपन्यास एमर्जेंसी पर लिखे गए निर्मल वर्मा के 'रात का रिपोर्टर' से भी ज़्यादा बेजान रचना है। न वहाँ एमर्जेंसी का आतंक था न यहाँ दंगों का। सिर्फ बहसों और बौद्धिक विमर्श में आतंक सांप्रदायिकता जैसे शब्द दुहराए गए हैं। एमर्जेंसी की त्रासदी शहर के सामाजिक और व्यक्तिगत संबंधों को किस तरह तोड़ रही थी इसे रवींद्र वर्मा ने 'जवाहर नगर' उपन्यास या बल्लभ सिद्धार्थ ने अपनी कहानियों में ज़्यादा प्रामाणिकता से पकड़ा है। 'उस शहर' की तरह सूचना या बहस आधारित रचनाओं में सबसे ज़्यादा अश्लील है कृष्ण बलदेव वैद का नाटक 'भूख'—जहाँ कुछ संपन्न बुद्धिजीवी भूख से मरने वालों की घटनाओं और सूचनाओं को बंद कमरे में बौद्धिक या दार्शनिक 'भूख' बनाकर जी रहे हैं। वहाँ कालाहांडी, पलामू, इथोपिया—सभी के नाम और आँकड़े हैं, सिर्फ भूख नहीं है।

सांप्रदायिक आतंक के बीच अल्पसंख्यक होकर जीने या मरने के स्नायविक तनावों में टूटना तस्लीमा नसरीन के 'लज्जा' की तरह संजना कौल के 'पाषाण युग' में ज़्यादा ठोस रूप में महसूस किया जा सकता है। संजना ने कश्मीर के आतंकवाद में घिरे हिंदू अल्पसंख्यकों की यातनाओं को अपना कथ्य बनाया है।

सांप्रदायिकता के अलावा विकास की प्रक्रिया भी हमें किस तरह अकेला करके मारती है; इस विषय पर मुझे सिर्फ दो उपन्यास याद आ रहे हैं—संजीव का 'सावधान नीचे आग है' जहाँ जमीन के सैकड़ों फीट नीचे कोयला खदानों में कुछ लोग दबकर मर जाते हैं और दूसरा है वीरेंद्र जैन का 'डूब'—मध्यप्रदेश के एक ऐसे घिरे हुए गाँव की कहानी जिसे नर्मदा बाँध में डूब जाना है। 'टावरिंग इन्फर्नो' और 'टाइटैनिक' जैसे उपन्यास अभी हमारे यहाँ नहीं हैं।

कभी-कभी मैं सोचता हूँ कि 'क्लॉड ईथरली' और दूसरे पायलट...की मानसिक बनावट क्या रही होगी कि नागासाकी और हिरोशिमा पर एटम बम गिराने के बाद एक ने आत्महत्या की तो दूसरा पागलखाने में घिसट-घिसट कर मरा...अगर ये हिंदू होते तो निश्चय ही हरिद्वार या ऋषिकेश में योग-साधना करते हुए आध्यात्मिक आनंद प्राप्त कर रहे होते। आखिर यहूदियों के सफाए के लिए गोलवलकर ने हिटलर की तारीफ की थी और एटमबम गिराने को अरविंदो ने सही बताया था। आचार्य विनोबा

भावे वियतनाम ध्वंस में अमरीकी समर्थक थे और 'रथयात्रा' के पीछे होने वाली सांप्रदायिक हत्याओं, आगजनी, बलात्कारों से आडवानी परम संत की तरह निरासक्त रहे। क्या सचमुच हम हिंदुओं की सांस्कृतिक मानसिकता और दार्शनिक संस्कार में ही कुछ ऐसा है जो हमें जीवन से घृणा करना सिखाता है ?—व्यक्तिगत हत्या हो या सामूहिक नर-संहार कुछ भी हमें भीतर से न कहीं उद्वेलित करते हैं; न अपराध-बोध पैदा करते हैं। प्रारब्ध और पिछले कर्मों का फल ऐसे दार्शनिक कवच हैं कि हम हर चीज को सहज स्वीकार कर लेते हैं। 'उनकी आ गई थी' या आत्मा तो अजर-अमर है, शरीर ही मरता है। पुराने कपड़ों की तरह आत्मा शरीर बदलता रहता है। उसे तो न शस्त्र मार सकता है न अग्नि जला सकता है। हम किसी को मारते कहाँ हैं, मारने वाला तो 'वह' है हम तो सिर्फ निमित्त-भर हैं। यह मरना-मारना सब माया है। ऐसे न जाने कितने तर्क हैं जो भीतर स्वयं उगकर हममें जीवन, मानवीय यातनाओं, घटना-दुर्घटना, रोग शोक से ऊपर उठा देते हैं और समाज से जुड़ने नहीं देते। शायद सामाजिक जिम्मेदारी भी महसूस नहीं करने देते। मुझे याद नहीं आ रहा है कि क्रिश्चियन मिशनरियों के अनुकरण पर बने रामकृष्ण मिशन के संन्यासियों और स्वयं-सेवकों से पहले हमारे यहाँ समाज-सेवा की कोई संस्था रही हो जो बाढ़, सूखा, प्लेग, हैजा पीड़ित प्रदेशों में जाकर मानव-सेवा जैसा कार्य करती रही हो। जैन-बौद्ध धर्मों ने लाखों भिक्षु जरूर बनाए, मगर वे समाज निरपेक्ष निर्वाणाकांक्षी समानांतर थे। सिर्फ नरेंद्र कोहली के उपन्यासों से पता चलता है कि राम के भीतर क्रिश्चियन मिशनरियों की आत्मा प्रवेश कर गई थी और वानरों-रीछों, कोल-भीलों की मदद से वे समाज-कल्याण की योजनाएँ चलाते थे। वस्तुतः हर मानवीय यातना और अमानवीय स्थिति हमारे संस्कारगत दार्शनिक रसायन से गुजर कर अमूर्तन की प्रक्रिया में अपनी सघनता और साकारता से मुक्त हो जाती है—उसका न कोई स्वरूप रह जाता है, न प्रभाव—वह सिर्फ एक अवधारणा, प्रत्यय या आइडिया में बदल जाती है। मनुष्य मरे या जिए इससे 'मनुष्यता' के आइडिया में कोई फर्क नहीं पड़ता। यानी 'महान् विचार' हवाओं में दुहराए जाते रहते हैं और समाज अपनी जड़ताओं में जीता-मरता रहता है। दोनों कहीं भी एक न एक दूसरे को प्रभावित करते हैं, न संघर्ष में आते हैं।

दुर्भाग्य से अल्पसंख्यकों और स्त्रियों की तरह हिंदी में अभी ऐसा दलित लेखन नहीं है जिसकी तरफ ध्यान आकर्षित हो सके। ओम प्रकाश वाल्मीकि की 'जूठन' और मोहनदास नैमिशराय की 'अपने-अपने पिंजरे' जैसी दो एक आत्मकथाएँ ही सामने हैं। अभी तक साहित्य के अधिकांश दलित-विमर्श मराठी रचनाओं के आधार पर ही होते रहे हैं। वहाँ वे एक मूलगामी सामाजिक आंदोलन की अभिव्यक्ति हैं; यहाँ शायद इसका न होना उनका असंगठित होना और सामाजिक जड़ता है। स्त्री और मुसलमान हमारे मध्यवर्गीय समाज का हिस्सा हैं—वे हमारे बीच रहकर भी हाशिए पर हैं। दलित उस तरह समाज के बीच नहीं हैं—वे परिधियों पर फेंक दिए गए लोग

हैं। गरीबी, अश्लीलता, गंदगी, बेरोज़गारी के साथ-साथ उनका संघर्ष उस अपमान और तिरस्कार से लड़ना भी है जो हमारे बीच आने पर या रहते हुए उन्हें भुगतना पड़ता है। सिर्फ जिंदा रहने की लड़ाई इतनी फुरसत ही नहीं देती कि वे अपने अनुभवों से ऊपर उठकर उन्हें रचना का स्वरूप दे सकें। कल्पनाशीलता की ऐयाशी उनके भाग्य में नहीं है। वे तो उसी सबको दर्ज कर सकते हैं जिससे हर रोज़ गुजर रहे हैं। उनकी अंदरूनी ज़िंदगियाँ हमारे लिए इतनी अपरिचित हैं कि उन्हें पढ़कर हम प्रायः निष्क्रिय करुणा से भर उठते हैं, "अच्छा ये बेचारे इतनी मुश्किल स्थितियों से गुजर रहे हैं" आत्मकथात्मक लेखन उनकी मजबूरी है। 'मुख्यधारा' में बैठे हिंदी-लेखकों के लिए आज भी दलित-लेखन बराबरी का सम्मान माँगते प्रार्थना-पत्रों से अधिक महत्त्व नहीं रखता, जिन्हें वे यह कहकर लौटा देते हैं कि एप्लीकेशन साफ काग़ज पर नहीं है, कि उसकी भाषा और व्याकरण सही नहीं है कि उसकी ड्राफ्टिंग में अपेक्षित तराश नहीं है। उनका आग्रह है कि ये दलित जिस बात को कह नहीं पा रहे हैं उसे प्रेमचंद ने 'कफन', 'पूस की रात', 'ठाकुर का कुआं' में कितने प्रभावशाली और सार्थक ढंग से कहा है—अमृतलाल नागर ने 'नाच्यो बहुत गोपाल' और गिरिराज किशोर ने 'परिशिष्ट' या 'यथाप्रस्तावित' में दिया है, जगदीश चंद्र ने 'धरती धन न अपना' और 'नरककुंड में वास' में बताया है। उधर दलित लेखकों की जिद है कि नुमायंदगी या प्रतिनिधित्व की यह राजनीति बहुत दूर और देर तक उनकी बात नहीं कह सकती। दुनिया का कोई वकील अपनी सारी निष्ठा और ईमानदारी या कानूनी पैंतरेबाज़ी के बावजूद वादी की यातना, तड़प और गुस्से को नहीं बता सकता, जितना वे खुद कर सकते हैं। न हों कलात्मकता की कसौटी पर उतरने वाले चुस्त-दुरुस्त उपन्यास वे सिर्फ अनगढ़ आत्मकथाएँ ही हों—मगर वहाँ दलित अपनी बात को अपने अपमानों और संघर्षमय स्थितियों को अपने ढंग से अपनी भाषा में बयान तो कर रहा है। उन्हें स्वीकार करने के लिए अगर आप अपने कला प्रतिमानों में कोई बदलाव लाने को तैयार नहीं तो हम अपना सौंदर्यशास्त्र अलग बनाएँगे। हम साहित्य की सारी परिभाषा ही बदल देंगे। उत्तर भारत की राजनीति की तरह मराठी साहित्य में वे कुलीन खेलों के सारे नियम तोड़कर अपने नए नियम चला रहे हैं। दया पवार के 'अछूत' से लेकर शरणकुमार लिंबाले के 'अक्करमाशी' तक उन्होंने आत्मकथात्मक उपन्यासों की नई परंपरा की शुरुआत की है। मध्यकाल के संत-काव्य में निर्गुण-भक्ति दलितों की मजबूरी थी—न उन्हें मंदिरों-मठों में प्रवेश की सुविधा थी न शिक्षा की अनुमति। ऐसे में वे अपनी अनगढ़ भाषा में भगवान के अमूर्त रूप की ही पूजा कर सकते थे। इसी तरह दलित साहित्य की मजबूरी है कि वे सिर्फ अपने निजी अनुभवों को जमीन पर ही जीने के संघर्षों और स्थितियों का इंदराज करें...हाँ, सबसे निचली गहराइयों से उछल-उछलकर आने वाली ये तस्वीरें इतनी खौफनाक हैं कि सारे समाज को दहलाकर रख देती हैं। अपने से ऊपर वालों, और वर्ण-व्यवस्था की

सामंती नृशंसताओं के पूरे तंत्र को झकझोर देने वाली ये आत्मकथाएँ पहले के सवर्ण कथाकारों द्वारा लिखी गई 'हरिजन कथाओं' की प्रासंगिकता पर प्रश्न-चिह्न तो लगाती ही हैं कि वे तो सिर्फ हरिजन कथाएँ और शूद्रों की दयनीय स्थितियों पर भावुक हमदर्दी तक ही सीमित हैं। दलित-कथाएँ उन स्थितियों से प्रतिरोध और उन्हें बदलने के संकल्प और प्रतिशोध की कहानियाँ हैं इसलिए उनसे यह माँग भी नहीं की जा सकती कि वे निदा फाज़ली के 'दीवारों के बीच' या धीरेंद्र अस्थाना के 'गुजर क्यों नहीं जाता' की तरह कलात्मक औपन्यासिक आत्मकथाएँ क्यों नहीं हैं ? या उनमें तथ्य और कल्पना का वैसा सम्मिश्रण क्यों नहीं है कि वे कुलीन-साहित्य में एक नई विधा का सूत्रपात कर सकें।

एक स्तर पर यह मजबूरी या शिकायत दलित-लेखन की ही नहीं, स्त्री लेखन की भी है कि वह अपने से ऊपर नहीं उठ पाता और सिर्फ आत्मकथाएँ देता है। यह संयोग नहीं है कि मराठी में दलित-लेखन के उभार के साथ-साथ लगभग हर क्षेत्र की महिला ने अपनी कथा लिखी है। जब बाहरी दुनिया, 'अविश्वसनीय', अस्थिर और भयानक सामाजिक-राजनीतिक उथल-पुथल से गुजरने के बावजूद सामाजिक आंदोलनों की ऐसी कोई शक्ल न ले रही हो जो हमें भीतर तक अपने साथ जोड़ सके। यानी जहाँ परिवर्तन की दिशाएँ साफ न हों और पुराने-नए मूल्य हमारी आस्थाएँ न बाँध पाते हों तो सहारा सिर्फ अपने आप में ही रह जाता है। अपना ही लंगर होता है जो खौलती-उबलती लहरों के बीच आपको साधे रखता है। शायद ऐसी ही कुछ भीतरी-बाहरी अनिश्चितताओं और असुरक्षाओं के बीच नई कहानी के दौरान 'भोगा हुआ यथार्थ' और 'अनुभूति की प्रामाणिकता' के आश्वासन, अभिव्यक्ति को थामे हुए थे। उन्हीं दिनों एक बार फिर इस सत्य को सिद्धांत की तरह प्रतिपादित किया गया था कि सारा कथा-लेखन मूलतः, प्रत्यक्ष या अप्रत्यक्ष रूप में आत्मकथा और आत्म-स्वीकृति (कन्फैशन) ही है—कभी वह विचार-गत आत्मकथा है तो कभी—अनुभूतिगत। जो मेरे बोध का हिस्सा नहीं है, वह सिर्फ सूचना है। उपन्यास में यह बाहरी झूठ, भीतरी सच को कहने का बहाना है। लेखक चाहे काल्पनिक गप (फैंटेसी) लिखे या परीकथा, वह अखबारी विवरण का सहारा ले या ऐतिहासिक तथ्यों का—लिखता वह सिर्फ अपना ही वर्तमान है...हाँ, इस वर्तमान को पाने के लिए आप दूर तक अतीत में जाएँगे तो वहाँ के 'भूत' अनेक सम्मोहक रूपों में आपको अपना जैसा 'नीला चाँद' ही बना लेंगे, अतीत को तो बहुत सँभलकर टुकड़ों-टुकड़ों में अपने वर्तमान का हिस्सा बनाना पड़ता है जैसे अनंतमूर्ति ने 'संस्कार' में बनाया या सुरेंद्र वर्मा ने 'मुझे चाँद चाहिए' में कालिदास-भवभूति को साधा।

शायद यही कारण है कि दलितों, अल्पसंख्यकों और महिलाओं का लेखन, हिंदी के कुलीन लेखन के विपरीत अपने समय और स्थितियों से ज्यादा नाल-बद्ध है। जैसा कि मैंने कहा, उर्दू में खासतौर पर मुसलमान लेखकों की शायद ही कोई

रचना हो जो विभाजन, दंगों या सांप्रदायिक आतंक से मुक्त होकर लिखी गई हो—ये सब लेखक से लेकर पात्रों के चेतन-अवचेतन का अनिवार्य हिस्सा हैं। नए संवैधानिक संशोधनों के चलते स्त्री को जो अधिकार मिले हैं, तलाक से लेकर सामाजिक हिस्सेदारी तक—वही उसकी कहानी की नई थीम बन रही है, ठीक वैसे ही जैसे—न्यूनतम मजदूरी, साक्षरता फसल के अधिकार, योजनाएँ, खेतों-खलिहानों में नई किसान चेतना और संघर्ष के आधार हैं। परंपरागत सामंती वर्चस्व के खिलाफ स्त्री और श्रमिक की अधिकार चेतना भीतर की सारी सामाजिक बनावट को बदल रही है। आज बाकायदा देशव्यापी—बड़े आंदोलन चाहे न रह गए हों, मगर छोटे-छोटे संगठन और उनके संघर्ष, सरकार-समाज पर दबाव बनाए हैं कि बदलाव की माँगों पर ध्यान दिया जाना चाहिए। चाहे आदिवासियों की जागृति और मुख्यधारा में शामिल होने के आग्रहों वाले 'गगन घटा गहरानी' (मदन मोहन) जैसे उपन्यास हों, या संजीव के 'सावधान नीचे आग है' और 'धार' उपन्यास या 'प्रेतमुक्ति', 'खोज' और 'पूत पूत' जैसी लंबी कहानियाँ हों—जहाँ नक्सल प्रभावित क्षेत्र जमीन और किसान के संबंधों को बदल रहे हैं—ये सब इसी सचाई को रेखांकित करते हैं कि भीतर कहीं जड़ में कुछ खौल रहा है। इधर सुदूर हाशियों की जिन अपरिचित आदिवासी नारी कथाओं की शुरुआत अपने 'कोरजा' या 'आँखों की दहलीज' उपन्यासों में मेहरून्निसा परवेज़ ने की थी, उन्हें बाकायदा संघर्ष कथाओं तक ले आई है अपने अनगढ़ 'सीता' और 'मौसी' जैसे उपन्यासों में रमणिका गुप्त। सही है कि ये मैत्रेयी पुष्पा के 'इदन्नमम' और 'चाक' की तरह विस्तृत परिप्रेक्ष्य में प्रौढ़ दृष्टि या कलात्मक संयम से लिखी गई रचनाएँ नहीं हैं। और इन्हें गैर-शहरी औरतों के जीवन-संघर्ष की अखबारी-कथाएँ कहकर अनदेखा भी किया जा सकता है, या इनकी नायिकाओं की 'विजयों' को अतिरिक्त आशावादी या फिल्मी बताकर उन पर अविश्वास किया जा सकता है—मगर वे अनपढ़ गँवार औरतों की अपनी आवाज़ तो है ही—दलितों की तरह। आज भले ही वह नारी-लेखिकाओं की अपनी स्वप्नाकांक्षाओं जैसी लगें, मगर उनके पीछे विजय की संभावना और आशा को अनदेखा नहीं किया जा सकता। निश्चय ही यहाँ स्पष्ट विज़न नहीं है मगर कम से कम भविष्य तो है।

और यह 'विज़न' या भविष्य ही हिंदी की मुख्यधारा में सिरे से नदारद है। वस्तुतः बदलाव की विचारधाराओं के सहसा नेपथ्य में चले जाने से यह विज़न या भविष्य उस मध्यमवर्गीय शहरी समाज का हिस्सा भी नहीं रह गया है—जहाँ मुख्य-साहित्य का निर्माण हो रहा है, यानी विद्यार्थियों और प्राध्यापकों की दुनिया में। यथास्थिति के सामने समर्पण की भविष्यहीनता ही है जो हिंदी उपन्यासकार को वर्तमान से पलायन की छूट देती है। कलात्मक ट्रीटमेंट की माँग उसे वर्तमान और भविष्य दोनों से 'मुक्त' करती है—रह जाता है सिर्फ व्यक्तिगत अतीत। उधर अलका सरावगी अपने—'कलिकथा : वाया बाई पास' में, गैरजरूरी तौर पर ही सही हर्षद मेहता, बाबरी मस्जिद ध्वंस,

अयोध्या मंदिर, एन.आर.आई. लूट और यहाँ तक कि लालू-राबड़ी के संदर्भ देती हैं या मैत्रेयी 'चाक' में सांप्रदायिक दंगों और मंडल-कमंडल संघर्ष को लाती है—वरना प्रायः हर हिंदी कथाकार ने ऐसे वर्तमान संदर्भों से पहरेज किया है। मैं सचमुच उस गाँठ को समझना चाहता हूँ जहाँ देश की बड़ी से बड़ी घटना हिंदी कथाकार की चेतना को न झकझोर पाती है न उद्वेलित कर पाती है। पुराने कथाकारों में सिर्फ यशपाल थे जिन्होंने 'दादा कॉमरेड' में स्वाधीनता संग्राम को 'मेरी तेरी उसकी बात' में सन् 42 के आंदोलन को और 'झूठा सच' में विभाजन को अपना कथ्य बनाया। बड़ी घटनाओं के नाम पर अमृतलाल नागर तक 'अमृत और विष' में लखनऊ की बाढ़ को लेते हैं—जो प्राकृतिक आपदा है। कभी उन्होंने बंगाल के राज-निर्मित अकाल पर 'भूख' उपन्यास जरूर लिखा था। आश्चर्य ही है कि सौ साल के मुख्य कथा विस्तार में सिर्फ चार लेखक—प्रेमचंद, यशपाल, रांगेय राघव, किसी हद तक अमृतलाल नागर—(बलवंत सिंह को मैं नहीं गिन रहा।) वरना न कोई बड़ी घटना न व्यक्तित्व, सिर्फ कालखंड और वहाँ भी कुर्रतुलएन हैदर के 'आग का दरिया' जैसी सारे इतिहास को खंगालने की या महाश्वेता देवी जैसी हाशिए के लोगों को केंद्र में लाने या जनांदोलनों को वाणी देने की बेचैनी एक सिरे से नदारद...

वर्तमान को नकारने और समकालीन बड़ी घटनाओं का नोटिस न लेने के पीछे हिंदी लेखक का अपना तर्क है—कलात्मक दूरी...उसका कहना है कि जब हम घटित के बहुत निकट होते हैं तो स्थितियों को संपूर्णता में नहीं देख पाते। व्यक्तिगत जीवन हो या समाज-इतिहास की कोई घटना, उससे दूर होकर ही हमें पूरा परिप्रेक्ष्य नज़र आता है। यह दूरी पचास साल की भी हो सकती है और पाँच सौ साल की भी। यह दूरी हमें यथार्थ को जरूरी ढंग से तोड़ने-छोड़ने या नए कोण से समझने की दृष्टि और टैकनीक देती है। इसके बिना उपन्यास सिर्फ अखबारी-विवरण होकर रह जाएगा। सिद्धांततः बात सच हो सकती है, मगर मुझे यह हिंदी-लेखक की दूसरी बचावी दलील ज़्यादा लगती है। शायद इसका कारण यह भी है कि हममें से कोई भी न ज़िंदगी में रिस्क ले पाता है, न लेखन में। वह सुरक्षित लेखन का अभ्यस्त है।

क्या आपने हिंदी में नक्सलवाद पर कोई उपन्यास देखा है ? (गोविन्द निहलानी, मृणाल सेन और ख्वाजा अहमद अब्बास) यह 'खतरा' फिल्मों तक ने उठाया है—संजीव को छोड़कर किसी हिंदी कथाकार ने नहीं। वस्तुतः जो जहाँ है यह वहीं बैठा सुख से लेखन कर रहा है—पुरानी यादों के सहारे। अपने जिए पर कभी तल्ख़ होता है कभी मुग्ध। यशपाल, अमृतलाल नागर, भगवतीचरण वर्मा, रांगेय राघव, रेणु अंतिम मसिजीव लेखक थे। इधर तीन-चार दशकों का सारा 'महत्त्वपूर्ण' लेखन सिर्फ प्राध्यापकों और अफसरों द्वारा ही हुआ है। जाहिर है ये दोनों ही वर्ग बहुत दूर तक रिस्क नहीं ले सकते। यथास्थिति के संरक्षण के संस्कार उनकी पटरियाँ और गंतव्य

तय कर देते हैं। परिणामतः उनके लेखन में वह विविधता और आग नहीं है जो प्रयोगों को जन्म देती है। ज़िंदगी को किसी नए कोण से देख सकने की मौलिकता भी यहाँ दुर्लभ है जिसे मनोहर श्याम जोशी और पंकज बिष्ट के 'लेकिन दरवाजा' और 'उस चिड़िया का नाम' या मराठी के अरुण साधु जैसों के उपन्यासों में देखा जा सकता है। हिंदी का शायद ही कोई उपन्यास हो जो इधर के पचास सालों में समाज या सरकार के लिए आपत्तिजनक माना गया हो। हमारा लेखक यथास्थिति के लिए कभी चुनौती नहीं बनता। इधर इनमें भी दसवाँ दशक आते-आते तो प्रायः सभी अवकाश भोगी हो चुके हैं। ज़िंदगी भर दंद-फंद, झूठ-सच जीने और सारे मान-मूल्यों की ऐसी-तैसी करते हुए पुराने संपर्कों साधनों से बाल-बच्चों को देश-विदेशों में सही और ऊँची जगह फिट कर चुकने के बाद अब यह पुनः साहित्य में लौटे हैं। वे यथास्थिति की पैदाइश हैं। सबकी एक मात्र पूंजी अतीत और उसका बौद्धिकीकरण है, इसलिए वहाँ ज़िदगी की सफलताओं के समानांतर आध्यात्मिक मृत्युओं के इतिहास हैं। प्राध्यापक कथाकार इस अतीत-यात्रा को सांस्कृतिक खोज के हिंदुत्ववादी आध्यात्म लोकों तक ले जा रहा है। तो अफसर आदर्शवाद की असफलताओं के बहाने—आत्मशोध के प्रायश्चित्तों तक। दोनों जिस जमीन पर खड़े होकर ज़िंदगी को देख रहे हैं—वह है सत्तावृत्त। नरेंद्र कोहली और शिवप्रसाद सिंह महान् सांस्कृतिक अतीत-सत्ता या सत्ता के अतीत से चिपके हैं तो श्रीलाल शुक्ल या गोविंद मिश्र सामाजिक-राजनीतिक सत्ता की 'पतनशीलता' से। सत्ता की अपने अंतर्विरोधों सहित कहानियों को औपन्यासिक विस्तार दिए हैं गिरिराज किशोर ने—चाहे वे 'लोग', 'जुगलबंदी', 'ढाई घर के' अंग्रेज-परस्त जमींदार हों या आई.टी.आई. जैसे संस्थानों के नौकरशाह (इन्द्र सुने, तीसरी सत्ता, यथाप्रस्तावित इत्यादि)। सुना है इधर गिरिराज नैतिक और राजनीतिक सत्ता-पुरुष गाँधी पर उपन्यास लिख रहे हैं।

श्रीलाल शुक्ल बड़े कथाकार और सिद्ध कलाकार हैं। वे जानते हैं कि जिस सामाजिक पतनशीलता को वे अपना कथ्य बना रहे हैं उसकी एकमात्र जिम्मेदारी उसी वर्ग की—यानी ब्यूरोक्रैसी की है जिसके वह हिस्से रहे हैं। 'रागदरबारी' में राजनेताओं और अफसरों की मिलीभगत से किए गए कारनामे—यानी समाज के समग्र भ्रष्टीकरण पर वह हँस सकते थे। 'विश्रामपुर का संत' में वह संजीदा हैं यहाँ वे आत्मदर्शन के मूड में हैं।

स्वतंत्रता की बागडोर जिन राजनीतिक नेताओं और अफ़सरों ने सँभाली वे सभी ऊँचे वर्गों से आए थे। उनमें या तो राजा-नबाब, जमींदार व्यवसायी और बड़े वकील थे या अंग्रेजी राज्य में शक्ति-सपंत्ति भोगी आई.सी.एस. नुमा अफसर। दोनों के परिवार और समाज लगभग एक थे इसलिए एक ही था उनका वर्ग-चरित्र। स्थिति यह थी कि पाकिस्तानी असेंबली के अध्यक्ष के रूप में उधर जिन्ना ने तो इधर जवाहरलाल ने देश की जिस एकमात्र बीमारी को सबसे खतरनाक बताया था वह

था भ्रष्टाचार—घूस, बेईमानी और कालाबाजारी। इसी पृष्ठभूमि से आए हैं ठाकुर जयंती प्रसाद। बड़े-बड़े पदों पर रहने के बाद अब गवर्नर हैं और कहीं राजदूत बनने की जुगाड़ में हैं। जमींदारी ठसके और ऊँचे-अफसरी अनुशासन के साथ उन्होंने ज़िंदगी का हर सुख-वैभव भोगा है—मगर नया नेतृत्व अब उन्हें रास नहीं आ रहा। न मुख्यमंत्री उनकी बात सुनता है न प्रधानमंत्री। महत्त्वपूर्ण पदों पर उनके तिकड़मी साथियों ने कब्ज़ा जमा लिया है, वे हैं कि 'अभी तो मैं जवान हूँ' की डोर नहीं छोड़ना चाहते। हारकर शहीद की तरह भूदानी आश्रम विश्रामपुर में पहुँच जाते हैं। भूदान गाँधीवादी विनोबा का वह राजनीतिक छद्म था जो उन्होंने वामपंथियों, विशेषकर नक्सलवादियों की काट के लिए आंदोलन के रूप में चलाया। बंगाल, बिहार, आंध्रप्रदेश और उड़ीसा में बड़े जोतदारों की हत्याएँ की जा रही थीं, जमीन जबर्दस्ती छीनी जा रही थी। विनोबा ने आग्रह किया कि जोतदार और जमींदार स्वेच्छा से कुछ जमीन किसानों को दान कर दें। सारी परती और बंजर जमीनें समारोहपूर्वक दान कर दी गईं—किसानों ने रात-दिन मेहनत करके जब उन जमीनों को उपजाऊ बना लिया तो शुरू हुआ वापस छीनने का सिलसिला। अब या तो किसान फौजदारियों में बेदखल किए गए या मुकदमों में उलझा दिए गए। विश्रामपुर में जयंती प्रसाद का संपर्क हुआ गुजरात के संपन्न परिवार से आई भूदानी युवती सुंदरी से...जयश्री के जिस पुराने प्रेम-प्रसंग को जयंती प्रसाद भूल चुके थे—वह सुंदरी को देखकर फिर जाग उठा। उधर जयंती प्रसाद का बोहेमियन पुत्र विवेक भी सुंदरी के प्रति आकर्षित है। विवेक दिल्ली में प्रोफ़ेसर है और पिता के ढोंग को समझता है। वह विद्रोही है। संयोग यह है कि दोनों लगभग एक ही दिन सुंदरी से विवाह-प्रस्ताव करते हैं और वह दोनों को अस्वीकार कर देती है। गुजरात में जाकर आत्महत्या से पहले वह अपनी सहेली सुशीला को पत्र में इस घटना का उल्लेख करती है—जो जयंती प्रसाद को भेज दिया जाता है। इधर आश्रम में भी वे अपने को फालतू समझने लगे हैं। सब तरफ से हताश, निराश और मोह-भंगित जयंती प्रसाद नदी में डूबकर आत्महत्या कर लेते हैं।

जयंती प्रसाद की इस यातना-कथा को अद्भुत बारीकी, संवेदना और क्लिनिकल परीक्षण की ईमानदारी से लिखा है श्रीलाल शुक्ल ने। मुझे विश्रामपुर का संत स्वतंत्र भारत के सत्ता खेल का सार्थक रूपक लगता है—लगभग कन्फैशन की उदात्तता लिये हुए...सत्ता के ऊँचे खिलाड़ियों ने अपने नैतिक सरोकारों से आदर्श-प्रेरित कल्याण कामनाओं से जिस राष्ट्रधर्मी चेतना को जगाया उसकी प्रतीक है सुंदरी। वह देशवासियों की समस्याओं से जूझने के लिए जब घर-बार छोड़कर समाज-सेविका के रूप में खेतों-गाँवों या शहरी कार्यक्षेत्रों में गई तो खुद उसे ही उसका अपना ऊपरी वर्ग सह नहीं पाया। एक तरफ सत्ता-लोलुप विलासी बाप (ययाति ?) उसे आत्मसात करना चाहता है ...। दूसरी तरफ किताबी-विद्रोही बेटा उस पर अपना हक समझता है। मगर वह दोनों को अस्वीकार करके आत्महत्या कर लेती है। अपने ही वर्ग से उभरी वह

कौन-सी नई चेतना है जिसे बाप-बेटे (यानी पुरानी-नई पीढ़ी) अपनाना (हथियाना ?) चाहते हैं। शायद खुद श्रीलाल के लिए इस सुंदरी को सँभालना मुश्किल हो गया था—वरना आत्महत्या की जगह सुंदरी मेधा पाटेकर जैसी दिशा में भी जा सकती थी। बहरहाल, यह सुंदरी या विवेक की बजाय खुद उपन्यासकार की अपनी कोई मनोवैज्ञानिक गाँठ हो सकती है कि न उससे निम्फोमैनिक जयश्री बर्दाश्त हुई, न आदर्शजीवी सुंदरी, सुशीला को खा गया एक एन.आर.आई...तीनों ने ही लगभग आत्महत्याएँ कीं—चौथी आत्महत्या की खुद जयंती प्रसाद ने। 'विश्रामपुर का संत', मध्यवर्ग की अपनी संस्कृति की आत्महंता गाथा है जो अपने ही छद्म के बोझ तले दम तोड़ रही है...परंपरागत शिल्प में साफ-सुथरे स्तर से लिखा गया यह एक वयस्क उपन्यास है। यहाँ श्रीलाल की भाषा अपने सर्वश्रेष्ठ रूप में है।

स्वतंत्रता के तत्काल बाद ही विवेक के सांचे में ढला एक ऐसा निम्न मध्यवर्गीय युवक आया था जो आदर्शों, नैतिकता, क्रांति, सामाजिक बदलाव के सपनों से प्रेरित था—वह समाज और प्रशासन की सारी औपनिवेशिक बीमारियों से देश को मुक्त कर देना चाहता था। उस समय प्रतिरोध के सारे आंदोलन प्रायः समाजवाद और साम्यवाद की विचारधाराओं से जुड़े थे। नेहरू खुद समाजवाद के सबसे बड़े प्रवक्ता थे। साहित्य, संस्कृति, अतीत सभी में जनतांत्रिक मूल्यों पर जोर दिया जा रहा था। इन जनतांत्रिक मूल्यों को हथियार बनाकर सब कुछ पर कब्ज़ा करने वाले थे बड़े शिकारी यानी समाज में सामंतवादी पकड़ और प्रशासनिक नौकरशाही में औपनिवेशिक वर्चस्व—इन्हीं के बीच से निकले थे ये युवा क्रांतिकारी। वे उस व्यवस्था और तंत्र को तो नहीं तोड़ पाए—मगर खुद पंद्रह-बीस वर्षों में ही उसी यत्किंचित बदली यथास्थिति के अंग जरूर बन गए—यानी उम्र के पचासवें वर्ष तक आते-आते सरकारी नौकरियों, राजनीति, स्वयंसेवी सामाजिक संस्थाओं या व्यवसाय उद्योगों में पूरी तरह जम ही नहीं गए, मनमाने ढंग से उन्हें निचोड़ने खाने लगे—बाद में जाकर यही सबसे बड़े घूसखोर, जालसाज, कामचोर और ऐयाश बने। खुद ही अनेक विकास योजनाओं के नाम पर देशी-विदेशी पैसा निकालते थे और खुद ही आपस में बाँट खाते थे—जिनके नाम पर यह सब होता था उन तक रुपए में पंद्रह पैसा तक नहीं पहुँचता था। अर्धसरकारी उपक्रम और सरकारी महकमे लाखों-करोड़ों की लूट से बजबजाने लगे। दस-दस मकानों और लाखों-करोड़ों के बैंक खातों या शेयरों के मालिक, भाषा अभी भी देश, समाज, नैतिकता और संस्कृति की ही बोलते थे। देश कर्ज़ों में डूबता गया और मध्यवर्ग अश्लील रूप से संपन्न होता गया। जो इस मुख्यधारा में नहीं थे वे अपराधों और राजनीति में आकर अपना हिस्सा वसूलने लगे। बाद में यह भेद भी मिट गया। अलका सरावगी के किशोर बाबू गाँधी, सुभाष, देश की हलचलों और आंदोलनों के बीच पच्चीस-तीस साल व्यवसाय में भरपूर पैसा बनाते हैं, मगर जब एन.आर.आई. स्रोतों से ऐयाशी करते शांतनु के वैभव को देखते हैं तो दुखी होते

हैं। यह वह वर्ग है जो अपनी आत्मा के पाप को धर्म और संस्कृति के पवित्र गंगा-जल से धोना चाहता है। इस समय तो लगता है जैसे सारा देश अपराध, राजनीति और धर्म की कबड्डियों से गनगना रहा है। इस मध्यवर्ग को सबसे बड़ी चुनौती दे रही है उसकी—अपनी ही पैदा हुई मल्टीनेशनल पीढ़ी। इसने क्रूरता और पूरी गुस्ताखी से पुरानी पीढ़ी की लूट पर कब्ज़ा किया है, इनके आदर्शवादी और नैतिकता के फालतू दिखावटी वक्तव्यों को एक सिरे से कूड़ेदान में फेंककर आज कौन-सा ऐसा नेता-राजनेता-पुत्र है जो भस्मासुर की तरह इन्हीं के खिलाफ नहीं खड़ा है या अपने कारनामों के लिए संविधान सरकार या सत्ता में बैठे अपने पिताओं को अपने बचाव के लिए मजबूर नहीं कर रहा...वस्तुतः यह लड़ाई नए और पुराने मध्यवर्ग की है ...पुरानी बेईमान पीढ़ी का सिर्फ एक ही रोना है कि "हमारे पास कुछ आदर्श, कुछ नैतिकता, कुछ मूल्य तो थे—इनके पास वे भी नहीं हैं।" देश-समाज को अपनी जड़ता, घुटन, पतनशीलता में सड़ता छोड़कर न्यूयार्क-वाशिंगटन की दिशा में भागने वाली पीढ़ी पुराने लोगों को सबसे बड़ा विश्वासघात लगती है।

मैं नहीं कहता कि इनमें सभी बेईमान और लुटेरे थे कुछ थे जो सचमुच आदर्शवादी थे, स्वाधीनता संग्राम के दौरान उन्होंने जिन मूल्यों को आधार बनाया था उनके प्रति निष्ठावान भी थे। मगर बेईमानी और ईमानदार दोनों ही अपनी नई पीढ़ी के हाथों मारे गए। इधर हिंदी का अधिकांश कथा-साहित्य इसी पुरानी पीढ़ी की ओर से लिखा गया है। लगातार व्यर्थ और अप्रासंगिक होते जाने की कचोट के साथ। गनीमत है कि नई पीढ़ी इनकी शारीरिक हत्या नहीं कर रही—हाँ, उन्हें इस स्थिति में जरूर पहुँचा रही है जहाँ या तो वे खुद आत्महत्या कर लें या अपनी मौत मर जाएँ। स्वतंत्रता के बाद आने वाली इस पीढ़ी को आदर्शों और विचारधाराओं की मृत्यु के रूप में ही देखा जाना चाहिए—अंग्रेजी शब्दावली में एक लॉस्ट जेनरेशन।

जिस तरह नाग बोडस के उपन्यास 'मैनीफ़ैस्टो' में एक कयूनिस्ट मजदूर नेता अपनी ही संतान की सिद्धांतहीनता के सच को बर्दाश्त न कर पाने की मौत मरता है—उसी तरह मरते हैं रवीन्द्र वर्मा के 'निन्यानवे' के मास्टर रामदयाल—ईमानदार, नैतिक और आदर्शवादी रामदयाल के पुरखे कभी झाँसी की रानी की फौज में थे। चाचा था हरि—चंद्रशेखर आज़ाद के साथ। उसे ही पुनः पाने के लिए रामदयाल ने बेटे का नाम रखा हरि, मगर बेटे वह बने जो शायद रामदयाल कभी नहीं चाहते थे—सिर्फ़ बल्लो (कथा-वाचक) है और वही झाँसी के इस ख़स्ताहाल घर से जुड़ा है जिसकी छतें धसक रही हैं। डंडे के ज़ोर से रातों-रात देश को अगली सदी तक ले जाने के जोम में संजय गाँधी के नेतृत्व में जो गुंड़ा-तत्त्व समाज से अपनी चौथ वसूल रहा था हरि उसी का हिस्सा बन जाता है। तीनों बेटे अलग घर बना लेते हैं। एक फ्रांस में आधुनिक चित्रकार के रूप में, दूसरा लखनऊ में प्रोफ़सर बनकर और तीसरा झाँसी के पॉश इलाके में। शादियाँ भी तीनों अलग-अलग वर्ग की लड़कियों

से करते हैं। पृष्ठभूमि, देश की स्वतंत्रता, एमर्जेंसी, सांप्रदायिक दंगों और बाबरी मस्जिद ध्वंस तक फैली है। छोटी-छोटी बारीक स्थितियों और संवेदनशील विवरणों से बुना गया यह उपन्यास रवीन्द्र वर्मा ने बेहद आत्मीय सधाव, और परिनिष्ठित भाषा में लिखा है। सांप्रदायिक तनाव और घनघोर अविश्वास के माहौल में बल्लो का मुसलमान लड़की उलफत से शादी कर लेना और दोनों समुदायों द्वारा उसका अनदेखा किए रहना पाठक के गले शायद मुश्किल से ही उतरेगा—फिर भी झाँसी की ससुराल वाले पुराने घर के अनुभव, अद्‌भुत अंतर्दृष्टि से लिखे गए हैं। वातावरण का सांप्रदायिक तनाव किस तरह उलफ़त की अंतश्चेतना में भय—दूसरे शब्दों में भूत बनाकर बैठ गया है—वह प्रेमचंद के कुछ बहुत अर्थगर्भी भूतों की याद दिलाता है। निम्नमध्यवर्गीय परिवार की आंतरिकताओं से गुजरते हुए उपन्यास विशेष सावधान पाठ की माँग करता है—छोटे-छोटे प्रसंगों से गुँथी कथा, बहुत अपनी-सी मगर एकरस लगती है, लगभग उबाऊ। पट्टेदार जाँघिए, शहर के एक किनारे स्वतंत्रता-संग्राम की याद दिलाए रखता झाँसी का किला, घर का नीम का पेड़ गहरे प्रतीकार्थों में कथा को कई आयाम देता रहता है। मगर सभी कुछ स्वीकार लेने की अदा, बड़ी घटनाओं को भी सहज और पात्रों के द्वंद्व को छोटा कर देती है—जैसे बल्लो की उलफत से शादी, सिखों और मुसलमानों के सांप्रदायिक दंगे, बाबरी मस्जिद ध्वंस या ऐसे ही अन्य प्रसंग अनुद्वेग (अण्टर-टोन ?) की ठंडी भाषा में लिखे गए हैं। लगभग बौद्धिक तटस्थता से...इस सबके बावजूद 'निन्यानवै' संतोष धन में जीते हुए (पट्टेदार जाँघिए वाले) परिवार की शांत सतह से फूटती महत्त्वाकांक्षाओं की ऐसी कहानी है जो कभी स्कूटर की सावधानी से चलती है, कभी मारुति के जन्नाटे से और कभी हवाई जहाज से। पीछे छूट जाता है एक खँडहर होता घर, एक पुराना नीम का पेड़, चाँदनी रात। इस विरासत पर घड़ी भर रो लेने के बाद कहानी को अगले पड़ावों की ओर बढ़ जाना है।

सारी कोशिशों के बावजूद यहाँ मैं कामतानाथ के दुमंजिले और नए उपन्यास 'कालकथा' को अपनी ज़िरह में नहीं जोड़ पा रहा हूँ। उन्नाव फैजाबाद के एक कस्बाई कायस्थ-परिवार के ही माध्यम से कामतानाथ ने प्रथम महायुद्ध के बाद सन् 29 तक की राजनीति और समाज को ईर्ष्याजनक विस्तार से देखा है। भाषा ठेठ निखालिस अवधी (सिर्फ संवादों में), शेष विवरण और विस्तार मुझे खुद अपने उपन्यास 'उखड़े हुए लोग' की याद दिलाते रहे। यशपाल, अमृतलाल नागर के बाद स्वतंत्र भारत के हिंदी उपन्यास में कामतानाथ ने चंदनपुर गाँव के ताने-बाने में पैवस्त मुस्लिम-परिवार को लिया है। अब्दुलगनी के घर में मुस्लिम नामों और छोटे-मोटे रीति-रिवाजों के अलावा ऐसा कुछ भी नहीं है जो मुंशी रामप्रसाद से अलग हो—वही अवधी, वही संस्कृति और वही मुँह बोली रिश्तेदारियाँ। गंगा-जमुनी शीतल-पाटी। गाँव के उत्सवों के छोटे-छोटे विवरणों को मानवीय रिश्तों की अन्तःक्रियाओं में विकसित करते जाने

की कैमराई आँख। स्वाधीनता संग्राम का यह वह कालखंड है जहाँ चौरी-चौरा, जलियांवाला बाग, लाजपतराय की मृत्यु, भगतसिंह को फाँसी, साइमन कमीशन, खिलाफत आंदोलन, रावी के किनारे पूर्ण स्वतंत्रता की शपथ ही नहीं गाँधी, जिन्ना, सुभाष, नेहरू, मोहम्मद अली जैसे जीवंत पात्र भी हैं और आंदोलनों में भाग लेने वालों की सामाजिक जड़ें या मानसिक बनावटें भी हैं। मोटे रूप में यह वही युग है जिसे अलका सरावगी के 'कलिकथा' ने नेहरू सुभाष के द्वंद्व के रूप में छुआ है। उपन्यास के सबसे खूबसूरत हिस्से हैं परिवारों की भीतरी पैंतरेबाजियाँ, संबंधों और संपर्कों द्वारा स्थितियों को बचाने या बढ़ाने की मध्यवर्गीय चतुराइयाँ और कायर दुस्साहसिकताओं के उपसंहार...और सबसे नीरस हैं ऐतिहासिक घटनाओं के सूचनात्मक विवरण। सवाल यही है कि क्या इन्हीं विवरणों को जानने के लिए हमें बारह-चौदह सौ पृष्ठ पढ़ने चाहिए ? आश्चर्य यह है कि इतने बड़े राष्ट्रीय फलक को उठाने के बावजूद न कहीं कम्यूनिस्ट आंदोलन का कोई हवाला है न राष्ट्रीय स्वयंसेवक संघ जैसे उभार का। आखिर सन् 25 के अक्टूबर में ही दोनों पार्टियों का प्रारंभ हुआ था। ज़िस तरह बंगला में दो-तीन सौ सालों के बंगाली इतिहास को उपन्यासों के रूप में प्रस्तुत करने की बाढ़ आई थी कुछ उसी का हिन्दी-विस्तार मुझे 'कालकथा' लगता है। उपन्यास प्रमाणिकता से यह जरूर बताता है कि भारतीय स्वतंत्रता की जो पीढ़ी हमारे रूप में आई उसकी सामाजिक और राजनीतिक बनावट क्या थी—वह किस हद तक समर्पित थी और किस हद तक अवसरवादी...निश्चय ही 'कालकथा' चंदनपुर और मुख्यतया लखनऊ तक फैले उन खाते-पीते परिवारों की कहानी है जो न तो खेतिहर किसान हैं, न बहुत संपन्न ज़मींदार...यह वह मध्यवर्ग है जो नई राजनीति से जुड़ता तो चाहता है मगर हर जोखिम में अपनी खाल बचाता है—आगे चलकर इसी वर्ग से आए हैं चतुर राजनेता और घाघ नौकरशाह।

यानी य़ह उस सामान्य मध्यवर्ग की कहानी है जो खुद सत्ता नहीं हैं—मगर सत्ता का हिस्सा बनने की ललक-प्रक्रिया में हैं। गैर-जरूरी विवरणों और अनावश्यक सूचनात्मक विस्तार में उपन्यास कलेवर-समृद्ध है।

मेरी दिक्कत यह भी है कि मैं इसे स्वतंत्रता आंदोलन का सबाल्टर्न पक्ष भी नहीं कह पा रहा। इस लिहाज से उसी क्षेत्र और समय में बाबा रामचंद्र के नेतृत्व में किसान आंदोलन ज़्यादा सबाल्टर्न है और इस पर कमलाकांत त्रिपाठी का उल्लेखनीय उपन्यास है 'बेदखल'।

आश्चर्य की बात यह भी है कि एकाध अपवाद को छोड़कर ये सारे उपन्यास उन्नीसवीं सदी की परंपरागत शैली में लिखे गए हैं। विधा के साथ प्रयोग की वह बेचैनी यहाँ बिल्कुल नहीं है, जहाँ कथ्य को धार देने के लिए आप अपने औज़ार और एंगिल बदलते हैं ! साहित्य में प्रयोग की प्रेरणा उस मुक्त मानसिकता में भी होती है जो अभी तक यथास्थिति का हिस्सा नहीं बनी है। लंबे वक्त तक एक-सी

जीवनचर्या के दुहरावों में न ज़िंदगी में प्रयोग की गुंजाइश बचती है, न साहित्य में। शायद प्रयोग का यह पाप कवि कथाकारों के लिए छोड़ दिया गया है—जैसे 'सूरज का सातवाँ घोड़ा' से लेकर विनोद कुमार शुक्ल के 'खिलेगा तो देखेंगे' और 'उस दीवार में खिड़की रहती थी' में जब यथार्थ की गतिशीलता से सीधे जूझना होता है तो विधा में प्रयोग प्रायः कम किए जाते हैं। वे किए जाते हैं वहाँ, जहाँ यथार्थ स्थिर और गतिहीन है—आप उसकी आँच से मुक्त हो चुके हों। वहाँ एक तरफ़ स्थितियों का सामान्यीकरण होता है तो दूसरी तरफ यथार्थ प्रायः प्रतीक बनने की प्रक्रिया में होता है—न यथार्थ वह होता है जो दिखाई देता है, न पात्र वे होते हैं जो उसका हिस्सा बनकर आते हैं—वे अपने पार, वृहत्तर अर्थ के प्रतिनिधि होते हैं। आप उसे तोड़-मरोड़ सकते हैं, चुन और छाँट सकते हैं। घटित से 'कलात्मक' दूरी के बावजूद कामतानाथ ने 'कालकथा' में 'मंडेन' (रोज़मर्रापन) से ऊपर उठने की कोई कोशिश नहीं की है। दूसरे शब्दों में वहाँ इतिहास का इस्तेमाल नहीं किया गया। खुद इतिहास ने लेखक को चलाया है।

बहरहाल, इतिहास, यथार्थ, विचारधाराओं की टकराहट के बीच विनोद कुमार शुक्ल का उपन्यास 'उस दीवार में एक खिड़की रहती थी' ऐसे हरे-भरे द्वीप की तरह है जो एक मधुर-रागिनी का प्रभाव छोड़ता है। कहीं दूर गाँव में पड़े एक स्कूल मास्टर दंपती के संतुष्ट क्षणों का विलक्षण उपन्यास है 'खिड़की'—दीवार की यह खिड़की, अपने अंतरंग क्षणों में उतर जाने का चोर दरवाज़ा है और टुटहा साइकिल है, जादुई साधु के वरदान की तरह दी गई हाथी की राजसी सवारी। खिड़की के पार एक पगडंडी है, जो घने जंगल में झील तक जाती है, रास्ते में चाय देने वाली वात्सल्यमयी बुढ़िया है। कमलाकांत त्रिपाठी के 'पाही घर' और 'बेदखल' के बाद हिन्दी उपन्यास में प्रकृति के इतने लगाव-भरे रूप कहीं और देखने में नहीं आते...अद्भुत संयम और शैली में लिखा गया उपन्यास है खिड़की। पति-पत्नी के छोटे-छोटे प्रेम-प्रसंग, उनकी आकांक्षाएँ, स्वप्न, फैंटेसियाँ सचमुच लंबी कविता की तरह पढ़ी जा सकती हैं। भाषा का इतना सहज रूप जैनेन्द्र के बाद पहली बार विनोद कुमार ने ही दिया है। जैनेन्द्र की भाषागत सादगी इसलिए सायास लगती है कि पीछे दार्शनिक जटिलताएँ हैं—विनोद कुमार में वैसा कोई हस्तक्षेपीय तनाव नहीं है—न आर्थिक न दार्शनिक। वह भीतर से बेहद इत्मीनानी (रिलेक्स्ड) लेखक की पारदर्शी भाषा है। 'नौकर की कमीज' के जादू से बँधा मैं 'खिलेगा तो देखेंगे' को इसलिए नहीं समझ पाया कि वहाँ मुझे कहानी की तलाश थी। वह वहाँ नहीं थी। इसलिए पढ़ते हुए विरक्ति होती थी। 'खिड़की' में वह तलाश छोड़ दी। जीवन की आपा-धापी, संघर्ष, द्वंद्व जैसे किसी भी 'बाहरी तत्त्व' से मुक्त, 'खिड़की' को पढ़ना विरल अनुभव है। (बशर्ते कि आप अपने को समय-समाज से शुतुर्मुर्गी हद तक स्थगित कर सकें) पीछे रह जाता है सिर्फ एक चकित भाव कि क्या सचमुच कहानी इस तरह भी लिखी जा सकती है ? एक शिशु

की निष्पाप सरलता के साथ ? काश, ज़िंदगी इतनी द्वंद्वरहित द्वीप जैसी होती। व्यक्तिगत, राष्ट्रीय, अंतर्राष्ट्रीय धमाचकौड़ी के बीच 'खिड़की' को एक स्वप्निल-विश्रांति (रिसॉर्ट) का नाम दिया जा सकता है।

लेकिन 'रिसॉर्ट' या विश्रांति-शरण्य स्थायी निवास नहीं होते—दीन दुनिया से दूर इन ठहरे हुए क्षणों में आप मेहमान की तरह जाकर वापस उसी चौपड़ पर लौट आते हैं जहाँ सिर्फ स्थिति ही नहीं, गति, संघर्ष और स्वप्न हैं। स्वतंत्रता के पहले की कथाओं के अन्त प्रायः पात्रों के पलायन, गुमनामियत में होते थे 'फिर उसे किसी ने नहीं देखा' जैसी टीप के साथ या कर्मक्षेत्र में उतरने के सान्निपातिक निर्णयों में, स्वतंत्रता के बाद अंत में आशा और भविष्य के संकेत आने लगे और इसका दायित्व सौंप दिया गया आनेवाली पीढ़ी को। भाव प्रायः यही था कि 'जो कुछ हम नहीं कर पाए, वह आगे आने वाले नए लोग करेंगे'—'इस देश को बच्चो मेरे रखना सँभाल के' शताब्दी के अंत में सारे उपन्यासों का स्वर हो गया।' 'ये क्या जगह है दोस्तो, ये कौन-सा दयार है ?' एक अपरिचित दुनिया के सामने लाचार और स्तब्ध होते पुराने 'स्वतंत्रता सेनानी' उपेक्षा और अपमान की ज़िंदगी मरते 'आदर्शवादी' और निर्बंध, निरंकुश, उद्दाम वेग से सुविधाएँ, सफलताएँ भकोसती पश्चिम की ओर भागती नई पीढ़ी...यानी सड़क पर साइकिल की बगल से कीचड़ उछालती अस्सी की रफ्तार वाली मारुति...क्या यही उपलब्धि है हमारे गहरे आत्म-मंथनों और अंतःसंघर्षों की ? विचार और घटनाओं के तूफानी दौर से गुज़रकर सौ सालों में क्या हम यहीं आने को अभिशप्त थे ?

इन्हीं कुछ सवालों से बहुत गहराई में जूझता, छोटा-सा खौफ़नाक उपन्यास है वल्लभ सिद्धार्थ का 'कठघरे'। बेचैन और परेशान करने वाली लंबी कहानियों के लिए वल्लभ सिद्धार्थ पहले भी प्रसिद्ध थे और 'महापुरुषों की वापसी' ब्लैक आउट या नित्य-प्रलय उनकी यादगार कहानियाँ हैं, मगर पूरी सदी पर 'कठघरे' जैसी भयानक टिप्पणी मेरी निगाह से नहीं गुजरी। मुश्किल से सौ पन्नों का यह उपन्यास जॉर्ज ऑरवेल के 'एनीमल फार्म' की याद दिलाता है।

कहानी एक नाटक के सैट की तरह बनायी गई है—खिरखिरी ईंटों वाली चारदीवारी का अधखुला खस्ता बराम्मदा, और बिना खिड़कियों वाला कमरा...बाहर गर्मी, लू, उड़ती हुई धूल...बरामदे में अपनी बैसाखियाँ लिये बैठा अधेड़ स्वतंत्रता सेनानी जो शायद कभी सन् बयालीस के आंदोलन में था। भीतर अँधेरे में पच्चीस वाट के बल्ब के नीचे पलंग, अधेड़ की परित्यक्ता भतीजी और उसके प्रेम में पड़ा हुआ विवाहित युवक। जो प्यार और संभोग के रोमानी सिलसिलों के दौरान बाहर बैठे रखवाली करते अधेड़ के साथ देश-समाज पर संवाद बनाए हुए हैं...घनघोर गरीबी और अभाव का माहौल बीच-बीच में रोटी-आइसक्रीम, पैसे माँगने आते बच्चे, चुनावी उम्मीदवार। आटाचक्की वाला और मकान-मालिक जो बकाया किराया वसूलने और

सबको निकाल बाहर करने की धमकी देता है, मोदी पिछला पैसा मिले बिना उधार न देने की बात करता है—मुहल्ले के गुंडे आतंक की भाषा बोलते हैं। हरेक की लार टपकाती निगाह और संकेत नंदिनी के युवा शरीर और भीतर मजे मारते युवक को लेकर ही हैं; उधर नंदिनी के शरीर से खेलता युवक महँगाई के खिलाफ अनाज गोदामों का घिराव करने के जुर्म में चार दिन की सज़ा काटकर आया है और अपनी प्रेमिका के साथ मन की शांति तलाश कर रहा है। भिड़े हुए दरवाजे के बाहर बैठा अधेड़ कल्याणकारी योजना के अंतर्गत कॉपरेटिव सोसायटी का ऋण अदा न करने पर कुर्की का नोटिस लिये है—कल उसे अदालत में हाज़िर होना है। सारी कहानी कुछ घंटों में सीमित है, मगर पूरी सदी वहाँ से गुजर जाती है। बाहर बराण्डे में चौकीदार बना अधेड़ भीतर होते हुए की निगरानी करता, कबीर और दूसरे संतों की बानियाँ गाता है, टुकड़े-टुकड़ों में पूरा वह इतिहास बोलता है जो कामतानाथ ने 'कालकथा' में कहा है या रवींद्र वर्मा 'निन्यानवे' में बताते हैं—वे सारे आदर्श, नैतिक मूल्य, स्वाधीनता के त्याग, समर्पण की सूक्तियाँ उधर युवक 'वरण की स्वतंत्रता' की अस्तित्ववादी शब्दावली में अपने वहाँ होने की व्याख्याएँ कर रहा है। नंदिनी छायावादी प्रेमिका की तरह विस्मृति, विभोर, समर्पण के लच्छेदार मुहावरों में अपनी सार्थकता पाना चाहती है। ग़र्ज यह कि भारतीय वेदांत से लेकर कबीर के वैराग्य-सूत्र गाँधी, नेहरू, विवेकानंद समाजवाद के दर्शन स्वतंत्रता के बाद विकास के आँकड़े—व्यक्तिवाद से लेकर अस्तित्ववादी चिंतन सभी कुछ इस छोटे-से उपन्यास में संयत कौशल से पिरो दिया गया है। उधर वास्तविकता यह है कि बच्चों की ज़रूरत, मकान मालिक की धौंस, मोदी के दबाव और इस छायावादी प्यार की वायवीयता में बिट्टी सिर्फ वेश्या बन गई है क्योंकि हर कोई उसे बनाए रखने की कीमत वसूल करता है। अधेड़ उसकी चौकसी रखने और बाहरी हमलों को सँभालने वाला दलाल है और युवक जेल से छूटकर अपने परिवार में वापस जानेवाला सुख-भोगी...बच्चे लंपट और ब्लैक-मेलर ...देश के समग्र वर्तमान का अजीब दहला देने वाला रूपक है। 'कठघरे'...सौ सालों तक हम जिन महान् सिद्धांतों, दर्शनों, सांस्कृतिक आदर्शों और नैतिक मूल्यों के झूठ में जीते रहे, संघर्षों और बलिदानों में अपने को झोंकते रहे—क्या उस सबकी असलियत यही थी कि हम यों असुरक्षा, दलाली, वेश्यावृत्ति और कर्जों के कठघरों में डाल दिए गए...सिर्फ बाहरी हमलों और हस्तक्षेपों से अपने आपको बचाए रखने की तिकड़मों में कैद...अस्तित्व की जिन पाशविक सच्चाइयों और जीवन की जिन आदिम गहराइयों में हमें पहुँचा दिया गया है क्या इसके लिए वे सारी 'सत्यम् शिवम् सुंदरम्' महानताएँ ही तो जिम्मेदार नहीं हैं जो सिर्फ सौ साल हवाई बौद्धिकता में हमें चकरघिन्नी की तरह घुमाती रहीं ?

सदी के अंत में 'कठघरे' लगभग वैसे ही दैत्याकार सवालों से हमारा साक्षात्कार कराता है जैसे शुरू में कभी 'गोरा' ने कराया था—सारे औपनिषिदक घटाटोप और

सांस्कृतिक राष्ट्रवाद को झटके से रिजैक्ट करके कि असलियत ये विकट बौद्धिक अड्डेबाजियाँ नहीं—गाँव खेतों में प्लेग-महामारी गरीबी से जूझते लोग हैं—और ब्रह्मर्षि जैसा तेजस्वी आर्य-पुरुष गोरा 'मेरा नगपति मेरा विशाल' देवों की संतान नहीं, एक अंग्रेज है। हमारी सारी बौद्धिक दार्शनिक और सांस्कृतिक महानताएँ जिस औपनिवेशिक उपलब्धियों—ओरियेण्टलिज़्म की जिस भुरभुरी मिट्टी के पैरों पर खड़ी हैं क्या उन्हीं धसकनी परिणामों और निष्कर्षों के लिए याद की जाएगी यह सदी...तो क्या सचमुच हम पश्चिमी हवाओं में झूमते, अपने कठघरों से बेखबर बिज़ूके ही थे और पूरी बीसवीं सदी सिर्फ एक मूर्च्छा (कोमा) में पड़े हुए राष्ट्र का दुःस्वप्न ही थी ? जागकर अब हम पाते हैं कि हम तो वहीं हैं जहाँ उन्नीसवीं सदी के अंत में थे।

मेरी तेरी उसकी बात, 'हंस', अगस्त 98

कुछ मध्यवर्गीय 'अकाल-कथा' के बारे में

बी-1/1 कल्याण विहार
अलीगंज, लखनऊ
10.9.98

प्रिय भाई यादव जी,

'हंस' के अगस्त अंक के संपादकीय में अपने उपन्यास 'कालकथा' पर आपकी टिप्पणी देखी। इस बात का एहसास मुझे था कि आप बहुत व्यस्त आदमी हैं। मेरा उपन्यास पढ़ने की फुर्सत आपको कहाँ मिलेगी। लेकिन जिस व्यक्ति ने भी आपके लिए ब्रीफ तैयार किया, लगता है, उसने भी उपन्यास ठीक से नहीं पढ़ा जिसके कारण पुस्तक के बारे में कई गलतियाँ चली गयी हैं। उदाहरण के लिए दोनों खंड मिलकर लगभग नौ सौ पृष्ठ बनते हैं जबकि आपके संपादकीय में पृष्ठों की संख्या बारह-चौदह सौ बताई गई है। जो कायस्थ परिवार उपन्यास के केंद्र में है उसे आपने उन्नाव-फ़ैज़ाबाद का बताया है जबकि उस परिवार के किसी भी सदस्य ने सपने में भी फ़ैज़ाबाद की शक्ल नहीं देखी। भौगोलिक दृष्टि से भी उन्नाव की सीमा फ़ैज़ाबाद को नहीं छूती। इसी तरह उपन्यास में आए मुस्लिम परिवार को आपने चंदनपुर का बताया है जबकि यह परिवार एक अन्य गाँव गाजीखेड़ा का रहने वाला है। उपन्यास में आए काल की मुख्य घटनाओं को गिनाते हुए आपने भगतसिंह की फाँसी का जिक्र भी किया है जबकि जिस मुकदमे में उसे फाँसी की सजा मिली थी उसकी विधिवत सुनवाई भी तब तक शुरू नहीं हुई थी। अपनी टिप्पणी में आपने आश्चर्य व्यक्त किया है कि "इतने बड़े राष्ट्रीय फलक को उठाने के बावजूद न कहीं कम्यूनिस्ट आंदोलन का कोई हवाला है न राष्ट्रीय स्वयंसेवक संघ जैसे उभार का जबकि सन् 1925 के अक्तूबर में ही दोनों पार्टियों का प्रारंभ हुआ था।" इस संबंध में निवेदन है कि कम्यूनिस्ट पार्टी का स्थापना सम्मेलन अक्तूबर 1925 में न होकर दिसंबर 1925 के अंत में हुआ था और उसकी स्थापना का ही नहीं बल्कि मेरठ कांस्पिरेसी केस का हवाला

भी उपन्यास में मौजूद है। निश्चय ही आपकी दृष्टि में आने से वह रह गया तभी आपने ऐसी बात कही। जहाँ तक राष्ट्रीय स्वयं सेवक संघ की बात है सो उसकी स्थापना नागपुर में 1925 के अक्तूबर में (विजयादशमी के दिन) अवश्य हुई थी लेकिन अप्रैल 1926 तक वह एक अनाम संगठन था। 1928 तक नागपुर के बाहर उसकी एक भी शाखा नहीं थी और 1932 तक मध्य-प्रांत के बाहर उसका प्रादुर्भाव नहीं हुआ था। जिस उभार की बात आप कर रहे हैं वह 1940 के आस-पास की बात है। ऐसी स्थिति में इस उपन्यास में उसके हवाले का कोई औचित्य नहीं बनता। बाबा रामचंद्र के किसान आंदोलन का जिक्र भी आपने किया है, सो उस बारे में भी निवेदन कर दूँ कि उनका कार्यक्षेत्र रायबरेली, प्रतापगढ़, फ़ैज़ाबाद तक सीमित था जबकि मेरे उपन्यास का लोकेल उत्तर-पश्चिमी उन्नाव का है जो उससे लगे जिले हरदोई के साथ मदारी पासी का कार्यक्षेत्र था और मदारी पासी के 'एका' आंदोलन का विस्तृत चित्रण मेरे उपन्यास में हुआ है।

दो एक अन्य बातों की ओर भी आपका ध्यान आकर्षित करना चाहूँगा। आपने लिखा है कि यह उपन्यास उस मध्यवर्ग की कहानी है जो खुद सत्ता में नहीं हैं, मगर सत्ता का हिस्सा बनने की ललक प्रक्रिया में है। यानी आजादी की लड़ाई के उस दौर में जो मध्यवर्ग शामिल था, रामप्रसाद बिस्मिल, अशफाक उल्लाह, भगतसिंह, आज़ाद, राजगुरू, सुखदेव जैसे क्रांतिकारियों समेत, जो सभी मध्यवर्ग या निम्न मध्यवर्ग से आए थे और जिन्होंने जेल में लंबी-लंबी यातनाएँ भोगीं अथवा हँसते-हँसते फाँसी के फंदे को चूमा, वे सब देश को आज़ाद कराने की भावना से प्रेरित न होकर सत्ता का हिस्सा बनने के उद्देश्य से ऐसा कर रहे थे ! गाँधी जी के आह्वान पर जो लोग असहयोग आंदोलन से जुड़े, आपकी यह टिप्पणी उन लोगों पर भी लागू नहीं होती। वास्तविकता तो यह है कि उस समय सत्ता में भागीदार बनने जैसी कोई बात नहीं थी। 1935 का गवर्नमेंट ऑफ इंडिया एक्ट भी तब तक लागू नहीं हुआ था।

आपने आगे लिखा हैं कि "कामतानाथ ने कालकथा में 'मंडेन' (रोजमर्रापन) से ऊपर उठने की कोई कोशिश नहीं की।" इस संबंध में कहना चाहूँगा कि सरकारी कर्मचारियों का नौकरियों से त्याग-पत्र देकर तथा विद्यार्थियों का स्कूल-कॉलेज छोड़कर असहयोग आंदोलन में कूदना, जगह-जगह विदेशी वस्त्रों की होली जलाना, सभाएँ करना, पुलिस के डंडे खाना, जेल जाना, क्रांतिकारियों द्वारा अपनी जान पर खेलकर अंग्रेज़ सरकार के खिलाफ जेहाद छेड़ना, बबउनू बाबा का कचहरी की छत से यूनियन जैक फाड़कर नीचे फेंक देना, पुलिस द्वारा घिर जाने पर 'वंदेमातरम्' का नारा देते हुए वहाँ से नीचे फाँदकर अपने प्राण दे देना, बच्चन का इंस्पेक्टर ऑफ स्कूल्स के दौरे के समय स्कूल की इमारत पर तिरंगा फहराना, पकड़े जाने पर बेंतों से पीटा जाना, हेमंत का पुलिस गवाह बने सज्जन को भरे कोर्ट में गोली मारकर स्वयं अपने

गोली मार लेना, वाहिद का अशफाक उल्लाह के पत्र गणेश शंकर विद्यार्थी को भेजने का राज खुल जाने पर असिस्टेंट जेलर के पद से हटाया जाना या फिर शारदा का सास द्वारा बार-बार बेटी को जन्म देने पर ताने मारने पर अफीम खाकर प्राण दे देना, सिल्लो का अपने-पिता से भी अधिक उम्र के व्यक्ति से ब्याह दिया जाना, वह भी ऐसे व्यक्ति से जिसके बेटे से उसका विवाह होना निश्चित था, अंततः परिस्थिति-वश कुएँ में फांद कर जान दे देना, नेहरू और पंत का साइमन कमीशन के खिलाफ प्रदर्शन के दौरान लाठियों से घायल होना, नागरिक अभिनंदन के समय कमीशन के सदस्यों का काली पतंगों से स्वागत किया जाना, लाला लाजपत राय का पुलिस के डंडे खाने के पश्चात दिवंगत होना, 31 दिसंबर 1929 की मध्य रात्रि को रावी तट पर राष्ट्र द्वारा पूर्ण स्वराज की शपथ लेना निश्चय ही मंडेन या रोजमर्रा की स्थितियाँ नहीं हैं।

स्वस्थ-सानंद होंगे।

आपका
कामतानाथ

कामतानाथ का यह लंबा पत्र उपन्यास और इतिहास के संदर्भ में कुछ बेहद महत्त्वपूर्ण सवाल उठाता है।

अपने ही एक निहायत कमज़ोर तर्क से बात शुरू करूँगा : कामता ने मेरी उन भूलों और गलतियों की लंबी फेहरिस्त दी है और सही बात है कि वे वहाँ हैं। उनके बचाव की मेरे पास कोई दलील नहीं है। चाहूँ तो उन भयानक तनावों, दवाबों और प्राकृतिक या प्रशासनिक मुसीबतों का रोना भी रो सकता हूँ जिनके बीच जुलाई-अगस्त-सितंबर के अंक निकले हैं। जून-जुलाई भर दिल्ली के कुछ भागों में बिजली-पानी का अकाल, सदी की सबसे भयंकर गर्मी, मुझे मिलाकर स्टाफ के सभी दो-चार लोगों का वायरल की चपेट में आना, 'हंस' के वार्षिक आयोजन की छाती पर चढ़ी आती तूफ़ानी रेल (काश, मेरे पास भी ज्ञानरंजन जैसा प्रशंसनीय व्यवस्था-कौशल होता) और सबसे बड़ी बात कि अंक निकलने के ठीक पाँच दिन पहले किसी ग़लत बटन के दब जाने से सारे अंक के मैटर का कंप्यूटर से गायब हो जाना—यानी दिन-रात युद्ध-स्तर पर जुटकर साधन-संकोचों के बीच सारे अंक की पुनःकम्पोज़िंग, प्रूफ-रीडिंग, छपाई इत्यादि। दूसरे शब्दों में महीने-भर के काम को वार्षिक आयोजन के साथ-साथ पाँच दिनों में समेटने की असंभव-सी कोशिश। फिर भयानक बाढ़ों के कारण दर्जनों स्टेशनों के लिए पत्रिका के बंडल लेने से इनकार, तैयार बंडलों के ढेर—परिणामस्वरूप महीने-भर से ऑल इंडिया मैडीकल इंस्टीट्यूट में 'आराम' (यह टिप्पणी वहीं से लिखी जा रही है) इसलिए गलतियाँ तो संपादकीय में ही नहीं, दोनों अंकों में हैं और भयानक हैं।

मगर जैसा कि मैंने कहा ये सारे तर्क निहायत व्यक्तिगत, लचर और भावुक करुणा जगाने की दयनीय कोशिशों से ज़्यादा कुछ भी नहीं हैं। इतना ही नहीं, यह सब कारण उस रचनाकार की तकलीफ को कोई राहत नहीं देते जिसने आठ-दस साल के घनघोर परिश्रम से 'कालकथा' जैसे उपन्यास की रचना की हो और उस पर ऐसी चलताऊ टिप्पणी कर दी जाए। वह भी ऐसे व्यक्ति द्वारा जो लेखक और सम्पादक दोनों होने का मुग़ालता पाले बैठा हो...

मगर जैसा कि मैंने शुरू में कहा कामतानाथ की यह टिप्पणी उत्तर-भारत की हिंदी-पट्टी के संदर्भ में, इतिहास, इतिवृत्त, यथातथ्यता और औपन्यासिक ट्रीटमेंट या कल्पनाशीलता के उन सवालों को उठाती है जिन पर विचार किया जाना चाहिए। इतिहास वृत्तांत और उपन्यास की जटिल द्वंद्वात्मकता पर सोचने की यह अनिवार्यता भी है।

मूल-प्रश्नों पर आने से पहले कुछ व्यक्तिगत पूर्वग्रहों पर बात ज़रूरी है। मुख्य बात यह कि उपन्यासों के ब्रीफ मैं किसी से नहीं लेता, स्वयं पढ़ता हूँ। हाँ, चूँकि चौकन्ने समीक्षकों की तरह नोट्स नहीं लेता और जनरल इंप्रेशन (या समग्र प्रभाव) पर निर्भर करता हूँ। (कोढ़ में खाज यह कि याद्दाश्त के मामले में नामवरी 'पुष्टई' से नितांत वंचित और प्रवंचित) इसलिए अक्सर पात्रों, स्थानों के नामों, तिथि-तारीखों में गड़बड़ी हो जाती है। विडंबना यह भी है कि बहुत अधिक यथातथ्यता, सटीक आंकड़ाप्रियता, यानी बाहरी परिवेशगत यथातथ्य एक्युरेसी और औपन्यासिक कल्पनाशीलता के अंतर्विरोध के बीच संगति नहीं बैठा पाता या कहें उन्हें रिज़ॉल्व भी नहीं कर पाता। मगर क्या उपन्यास या कथा-लेखन यथातथ्यता के बीच बँधे होने के बावजूद उससे मुक्त होने का ही दूसरा प्रयास नहीं है ? क्या एक उपन्यासकार इतिहास और समय की अपनी तार्किक यथातथ्यता को बार-बार तोड़कर उनके पार जाने की कोशिश नहीं करता ? या उन्हें इस्तेमाल नहीं कर पाता। अगर कथाकार तिथि-तारीखों की वास्तविकताओं और पूर्वापर प्रामाणिकताओं में ही बँधा रहेगा तो उपन्यास कब लिखेगा ? यथार्थवादी क्लासिकल उपन्यास यानी डिकेन्स, तॉल्सतोय, ज़ोला अपनी जगह हैं, मगर फिर क्या दोस्तोयव्स्की और काफ्का उपन्यास-बदर कर दिए जाएँगे ? माना कि बोर्ख़ेज की प्रचंड बौद्धिकता मेरी समझ से बाहर है, मगर कुंडेरा और मार्ख़ेज क्या अपने 'समय' और यथार्थ से नहीं जूझ रहे ? क्या उन्होंने समय और समाज की यथातथ्यता को रचनात्मक छलाँगें लगाकर नहीं तोड़ा ? मेरी समझ का खोट ही माना जाएगा कि मुझे भीष्म साहनी के 'मैयादास की माड़ी' के मुकाबले 'तमस' दूसरे-तीसरे दर्जे की रचना लगती है क्योंकि वहाँ वह दबाव हमेशा बना रहा है कि जो जैसा घटित हुआ है, वैसा ही दिया जाए। या दूसरी तरफ़ 'कलिकथा वाया बाई पास' (अलका सरावगी) अपनी सारी ख़ामियों के बावजूद 'कालकथा' से ज़्यादा महत्त्वपूर्ण रचनात्मक कृति की तरह आकर्षित करती है। हालाँकि तिथि-तारीखों का

हिसाब-किताब वहाँ भी कम नहीं है। मैं सचमुच आभार मानूँगा अगर कामतानाथ किसी ऐसे बड़े इतिहासकार का नाम बता दें जो प्रथम श्रेणी का उपन्यासकार भी रहा हो। शक यह भी होता है कि राखालदास और के.एम. मुंशी अपने तात्कालिक परिवेश की उबाऊ यथातथ्यता से भागकर ही इतिहास और पुराणों की मिथकीय दुनिया में पहुँचे होंगे। गलत-सलत सोचने और पढ़ने के दौरान मुझे तो यही लगने लगा है कि कथाकार के लिए विषय-वस्तु से ज़्यादा महत्त्वपूर्ण उसका 'विज़न' होता है—क्योंकि वही वस्तु के स्वरूप, कोण और ट्रीटमेंट को निर्धारित करता है। यथार्थ के साथ कथाकार दो ही सलूक कर सकता है (हो सकता है तीसरा चौथा भी हो) यानी कभी वह खांटी मिट्टी को तोड़-कूट, गूँथकर विभिन्न आकारों और कृतियों में बदलता है तो कभी पेड़ की डाली या तने को काँट-छाँटकर उसमें नर्तकी, माँ, चीता या ऐसी ही कोई आकृति निकाल लेता है। वहाँ मिट्टी और डाल ठीक वही नहीं होती जो वास्तव में दिखाई देती थीं; मगर मिट्टी और 'डालपन' दोनों के बने होने के अहसास वहाँ अपनी प्रामाणिकता में मौजूद होते हैं। वहाँ प्रायः रचना-समीक्षा का प्रस्थान-बिंदु उस 'विज़न' या विज़नहीनता और समय के द्वंद्व या विमर्श को लेकर होता है (होना चाहिए) विषय-वस्तु को दूसरे-तीसरे स्थान पर रखकर। वृत्तांत और इतिवृत्त में अंतर करते हुए। मुझे मार्क्विस द साद के उपन्यासों के लोमहर्षक विवरणों और अमानवीय व्यवहारों से भी ज़्यादा खतरनाक और दहशतनाक लगता है वह हिंस्र विज़न जो अपनी विषय-वस्तु को चुनता और विस्तार देता है। अब भले ही सिमोन द बोउवा यह कहकर उसका बचाव करती रहें कि द साद फ्रांसीसी-क्रांति के समय के हिंस्र-परिवेश (मील्यू) को व्यक्तिगत वाणी दे रहा था। हालाँकि वहाँ क्रांति के बारे में वह कुछ भी नहीं है जो डिकेन्स इत्यादि के उपन्यासों में है। 'उमराव जान' गदर की पृष्ठभूमि में एक संस्कृति के टूटने-बनने की वह कहानी है जो व्यक्तियों और आपसी रिश्तों को बदल रही थी। 'गदर' वहाँ सभ्यता-संस्कृति के स्तर पर घटित हो रहा था।

इसलिए कामतानाथ द्वारा रेखांकित अपनी सारी भूलों, गलतियों और प्रमादों की स्वीकृति के बावजूद उनका तिथि-तारीखों, स्थानों या शहर क़स्बों के नामों का आग्रह कन्विन्स कम करता है—कहूँ कि गैर-उपन्यासकाराना लगता है। मेरे दिमाग में भौगोलिक सरहदों से ज़्यादा अवध का वह सांस्कृतिक इलाका छाया रहा है जिसे इसी दशक के कुछ उपन्यासकारों ने अपना केंद्र बनाया है जैसे कमलाकांत त्रिपाठी, कामतानाथ, असगर वजाहत, अब्दुल बिस्मिल्लाह, बल्कि मैं तो श्रीलाल शुक्ल और रवींद्र वर्मा को भी उसी सामंती मध्यवर्गीय व्यापक परिवेश का हिस्सा मानता हूँ—कोई फर्क नहीं पड़ता कि गाँव का नाम चंदनपुर है या रामगंज। क्या कामतानाथ बताएँगे कि उनकी बेहद खूबसूरत अवधी, किस गाँव या नदी के आस-पास की है ? उन्नाव की या फैज़ाबाद की ? मैत्रेयी पुष्पा के 'चाक' की भाषा चाहे अलीगढ़ के आस-पास की बतायी गयी हो, मगर मेरे अनुभव से वह आगरा-मथुरा, हाथरस, इटावा यहाँ

तक कि धौलपुर, ग्वालियर की भाषा भी है—सौ दो सौ किलोमीटर की 'दूरियों' के बावजूद यों तो हर बीस कोस पर भाषा बदलती है—मगर सब मिलाकर वह अवधी और ब्रज है—यहाँ भी मेरा आशय उसी अवध से था—गाँव-शहर के नामों से नहीं। मैंने सिर्फ जानना यह चाहा था कि वह साम्प्रदायिक माहौल कैसे क्रमशः गहराता गया जिसका विस्फोट गणेशशंकर विद्यार्थी जैसों की हत्या में हुआ और वह क्या औद्योगिक असंतोष था जिसकी परिणति भारत की पहली मजदूर हड़ताल के रूप में कानपुर में ही हुई ? यह सब अचानक ही हुआ या इसकी जमीनें तैयार हो रही थीं ? और वे क्या कारण थे कि कानपुर के आस-पास सौ-पचास मील का कोई प्रभाव 'कालकथा' में मुश्किल से ही मिलता है—वहाँ सिर्फ गाँधीवादी आंदोलन ही तो नहीं था—रामराज्य परिषद्, हिंदू महासभा, आर्यवीर दल या दूसरी तरफ किसान मजदूर संघर्ष भी तो रहे होंगे जिसकी एक बानगी बाबा रामचंद्र के आंदोलन और मदारीपासी में मिलती है। आश्चर्य की ही बात है कि 1857 का विद्रोह लगभग एक साथ ही सारी हिंदी-पट्टी को अपनी लपेट में ले लेता है और उधर कामता कहते हैं कि उन्नाव के आदमी को पता नहीं कि कानपुर या लखनऊ, फ़ैज़ाबाद में क्या हो रहा है। राष्ट्रीय स्वयं सेवक संघ और कम्यूनिस्ट पार्टी की स्थापना किन तिथि-तारीखों में हुई इससे ज़्यादा उपन्यासकार के लिए जरूरी यह बताना है कि वह कौन-सी सक्रिय मानसिक और सामाजिक कैमिस्ट्री थी जो इन्हें तिथि-तारीखों में बदल रही थी। वरना कांग्रेस का इतिहास तो मैं पट्टाभिरमैया और तेंदुलकर के दस्तावेज़ों में ज़्यादा प्रामाणिक रूप से पढ़ लूँगा। मुझे सचमुच धक्का लगा कि कामतानाथ के अनुसार 'कालकथा' के दोनों खंडों की पृष्ठ-संख्या सिर्फ नौ सौ है वरना वहाँ विवरण इतने सारे प्रामाणिक ब्योरे इतने विस्तार से दिए गए हैं कि आश्चर्य होता है विक्रम सेठ के 'सूटेबुल ब्वॉय' की तरह सोलह-सत्रह सौ पृष्ठ क्यों नहीं हैं ? डेढ़-दो सौ पन्ने (कम ज़्यादा भी हो सकते हैं) तो शादी-ब्याहों जैसे उत्सवों को ही समर्पित हैं। यहाँ 'काल की सापेक्षता' शायद मेरे ऊपर हावी रही है। बहरहाल, पृष्ठ संख्या की भूल के लिए भी क्षमा।

मैं समझता हूँ कि अब मूल-बिन्दु पर बात की जा सकती है। 'सदी का औपन्यासिक अंत' के इस विश्लेषण में मेरा उद्देश्य पिछले दस सालों के उपन्यासों के गुण-निर्धारण से अलग वह थीमैटिक थ्रस्ट (कथ्य के साथ सलूक ?) रहा है जिसका कार्यक्षेत्र हिंदी-पट्टी है। समाप्त होती सदी हम सभी को सामान्य पूर्वालोकन के लिए प्रेरित करती है—ठीक वैसे ही जैसे मृत्यु व्यक्ति के सारे जीवन के समाकलन-विश्लेषण को परिभाषित करती है। हम सबके सोच, विश्लेषण, रचनाएँ, राजनीति इत्यादि सभी कुछ तथाकथित 'प्रबुद्ध मध्यवर्ग' की देन है। बहुत बार दुहराया हुआ मुहावरा है कि "समाज में सारा नया चिंतन और परिवर्तन मध्यवर्ग ही करता है" यहाँ हमारा सहारा और तर्क दोनों बन जाता है। यही प्रबुद्ध मध्यवर्ग पिछले दस-पंद्रह सालों से मेरे चिंतन पर भी हावी रहा है। दूसरे शब्दों में अपनी क्षमता-भर ईमानदारी के साथ

लगभग बीस-पच्चीस साल परम आश्वस्त भाव से कथा-लेखन कर चुकने और उसी मध्यवर्ग के मूल्यों को संशयहीन भाव से टूटते-बनते देखने के दौरान मुझे लगा कि इस मध्यवर्ग की भूमिका में ही कहीं कुछ गड़बड़ है और जिस राष्ट्र, भविष्य-वर्तमान के निर्माण की बड़बोली स्वप्निल शेखियों में यह जीता रहा है, वह सब कुछ खोखला-सतही और अवास्तविक है। वह उधार के या दूसरों के दिए हुए झूठ को समर्पित होता है और फिर इन्हीं झूठे मिथकों को अपनी बौद्धिक सचाई बना लेता है—जो कुछ उसका अपना है, उसका सामना करने से डरता है। पिछले दिनों 'न लिखने के कारण' या हिंदी-प्रदेश के वैचारिक संकट या सांस्कृतिक वर्चस्ववाद, स्वतंत्रता की अवधारणा जैसे विषयों पर खुलकर लिखने-बोलने को लेकर मेरी जो लानत-मलामत चारों तरफ से की जाती रही है उसने मेरा यह विश्वास पक्का कर दिया है कि हमारे समय का पुराना मध्यवर्ग अपनी मौत मर जाएगा, मगर भयावह सचाइयों का सामना नहीं करेगा। बल्कि नया सफलताबद्ध उपभोक्ता युवा मध्यवर्ग ही उसे मारेगा। पुराना 'आदर्शवाची' (मैं जानबूझकर 'आदर्शवादी' शब्द से बचना चाहता हूँ) मध्यवर्ग यह मानने से भी इनकार करता है कि यह नया वर्ग उसी का अपना उत्पादन है। सवाल यह पूछने चाहिए थे कि हमारे अपने जीवन में वे झूठ कहाँ घुसे बैठे थे कि ऐसी निरादर्शी, निरंकुश पीढ़ी के रूप में सारे वर्तमान और भविष्य पटल पर छा गए ? इन लोगों ने क्यों सारे आदर्शों, मूल्यों, मर्यादाओं को झाड़ फेंका ? वह बौद्धिक खोखलापन कहाँ था कि अचानक ही चालाक और खूँखार राजनेताओं ने सारे समाज के दिमाग़ में पाँच हज़ार सालों की मनगढ़ंत महानताओं के भुस भरकर आग की तीलियाँ लगा दीं और खुद राहत बाड़े (रिलीफ-कैंप) लगाकर बैठ गए कि बचोगे तभी जब हमारी शरण में आओगे ?

सबसे पहले तो मुझे इसी प्रश्न ने परेशान किया कि क्यों सौ-डेढ़ सौ सालों में हमने किसी भी क्षेत्र में दो-चार नामों को छोड़कर कोई भी ऐसी प्रतिभा पैदा नहीं की जो विश्व क्या, अखिल भारतीय स्तर पर भी अलग खड़ी दिखाई दे। जैसे बंगाल, महाराष्ट्र या गुजरात में है। राजनीति के क्षेत्र में भी दोनों दिग्गज नेता—गाँधी और नेहरू हिंदी पट्टी की अपनी उपज नहीं हैं—'बाहर' से आकर जुड़े हुए लोग हैं। हमने उन्हें श्रद्धा, पूजा, अनुयायियों की फ़ौजें सभी कुछ दिए, मगर जीवन का हिस्सा कभी नहीं बनाया यानी उन्हें हमने अपने घर-परिवार के भीतरी चूल्हे-चौके में प्रवेश ही नहीं करने दिया। सिर्फ ड्राइंग रूमों, सड़कों और बैठकों में तस्वीर बनाकर पूजते रहे। वे हमारे नायक थे, परिवारी नहीं। परिवारों में तो छठ-पूजा, करवा चौथ और सत्यनारायण की कथाएँ भरी थीं। वहाँ शादी-श्राद्ध, दहेज और वधू-वध सभी कुछ सहज और स्वाभाविक अनिवार्यता बनकर अजगर की तरह पसरा था। यहाँ मुझे ब्रेष्ट के नाटक गैलिलियो का वह प्रसिद्ध संवाद याद आ रहा है जहाँ आंद्रिया कहता है : "अभागा है वह देश (समाज) जहाँ नायक नहीं होते" गैलिलियो का जवाब

है "गलत, अभागा है वह देश जिसे नायकों की जरूरत पड़ती है।" बहरहाल, हमने अंतर्राष्ट्रीय स्तर के जो भी 'भारतीय' नायक पैदा किए वे लगभग सभी बौद्धिक, रचनात्मक स्तर पर नहीं—धूत-अवधूत, आचार्य-शंकराचार्य और भगवान होकर रह गए जिनका होल-टाइम काम यह बताना था कि भारतीय दर्शन-संस्कृति कितनी महान् है और कैसे स्नायविक, तनाव-पीड़ित विश्व को भौतिक भव-बाधाओं से दूर रख सकती है। घर-घर में घुसे थे वे और पत्थर के गणेशों को दूध पिलाने के चमत्कार कर रहे थे।

तथाकथित भारतीय संस्कृति जो अपनी सारी गरिमामय शब्दावली की आड़ में शुद्ध सामंती व्यवस्था थी—यानी वर्ण-वर्चस्व, जातिगत गैर-बराबरी, शोषण-दमन की अमानवीयताओं को ही पुनःस्थापित कर रही थी—वही हमारी जीवन-प्रणाली बनी रही, उधर औपनिवेशिक-प्रशासनिक व्यवस्था सामाजिक व्यवहारों को निर्धारित कर रही थी। वहीं से हमें साम्राज्यवादी दमन शोषण मिला तो वहीं से मानववाद, स्वतंत्रता, समता, संघर्ष की ऊर्जस्वी विचारधाराएँ...मगर दोनों के ही मूल नायक या तो पाँच हजार साल पहले थे या पाँच-दस हजार मील दूर...हम अतीत और पश्चिम दोनों के ही उपनिवेश बने रहे—पहले भी और आज भी। इधर दुर्भाग्य से ओरियेण्टलिज्म के पुरोधाओं ने यह भयानक प्रश्न भी उठा डाला कि क्या हमारा वह महान् अतीत सचमुच हमारा था या साम्राज्यवादी षड्यंत्रों ने उसे गढ़कर हमें इस तरह पकड़ा दिया कि हम अपनी ही महानताओं पर मुग्ध हो उठे...और आज हास्यास्पद विडंबना यह है कि जरूरत और मजबूरी हमारी नवीनतम पश्चिमी उपभोक्ता-सामग्री, प्रक्षेपास्त्रों, एटम बमों और कंप्यूटरों की है—मगर भीतर गहरा विश्वास है कि एक दिन हम अपनी तीर-कमानी मंत्र संस्कृति से सबको ध्वस्त कर देंगे—बूढ़ा अतीत हमारे कंधों पर सवार होकर हमारा वर्तमान और भविष्य सँवार रहा है।

घर-परिवारों में स्त्री, दलित, अल्पसंख्यकों के लिए विद्वेषी मानसिकता और हिंदू सहिष्णुता या बहुलतावाद के प्रशस्तिगान के बीच ऊँच-नीच छूत-अछूत की सांस्कृतिक गाँठ—यानी कुछ वर्गों को इस 'उदारवाद' से बाहर बनाए रखने और सामाजिक निर्णयों के अधिकार न देने का सामंती अहंकार और उधर दूसरी तरफ समाज-सरकार से हर सुविधा-साधन-सुरक्षा भकोसते रहने की मक्कार तिकड़में, समाज-विरोधी स्वार्थपरताएँ और सरकार-सत्ता के आगे दुम-हिलाते, जूते चाटते, मगर हर मौके पर उन्हें या आपस में चूना लगाते नौकरशाह हिजड़े—औपनिवेशिक साम्राज्यवाद की यही तो विरासत हमारे विराट-प्रबुद्ध मध्यवर्ग की मूल बनावट रही है। क्या कामता मुझे बताएँगे कि शिक्षकों से लेकर क्लर्कों-अफसरों तक कौन ऐसा व्यक्ति है जो ईमानदारी से वही काम कर रहा था जिसके नाम पर नियमित वेतन लेता था ? कामचोरी, दलाली, घूस, अंग्रेजों को धोखा देने की चालाक 'राष्ट्र-भावना' हो सकती थी—मगर आज तो वह दिन दूनी रात चौगुनी होकर जीवन-पद्धति बन गई है। 'कालकथा'

भी क्या ऐसे ही लोगों से नहीं भरी पड़ी है। यह सही है कि इसी वर्ग में बौद्धिक-विमर्श हैं, दुनिया-भर के ज्ञान-विज्ञान हैं, एकेडेमिक शास्त्रार्थ हैं और नए-नए दर्शनों-विचारधाराओं के सेमिनारी आतंक हैं—मगर सचमुच मैं जानना चाहता हूँ कि किसी भी क्षेत्र में—ज्ञान-विज्ञान, साहित्य-संस्कृति, समाजशास्त्र में ऐसा क्या दिया गया जिसके मूल ग्रंथ और प्रवर्तक कहीं बाहर पश्चिम में न बैठे हों—या हमारी बातचीतों में उन्हें ही अंतिम प्रमाण न माना जाता हो ? इस पश्चिमवाद के विरोध में जब हम अपने और भारतीय की तरफ दौड़ते हैं और वहाँ जो कुछ पाते हैं वह क्या ईमानदारी से निहायत आदिम, प्रागैतिहासिक, बर्बर, अनुपयोगी, अप्रासंगिक और फालतू नहीं लगता ? अगर ऐसा नहीं है तो क्यों हम, न इन दोनों के बीच रचनात्मक सामंजस्य कर पाते हैं, न किसी एक से पूरी तरह पल्ला झाड़ पाते हैं ? अपने प्रस्तरीकृत अतीत और गतिशील पश्चिम के औपनिवेशिक कठपुतलों के सिवा हमारी हैसियत क्या है ? मानता हूँ कि विचारों और ज्ञान-विज्ञान के क्षेत्र में भौगोलिक या सांस्कृतिक सरहदें नहीं होतीं—मगर क्या हमारी नियति सिर्फ इन सबके लिए निष्क्रिय उपभोक्ता की ही बनी रहेगी, पश्चिमी संपन्न देशों की प्रचंड बौद्धिक भौतिक उपलब्धियों के अनुसार ही अपने समाज को बदलने की नकल-परस्ती के सिवा क्या हमारे पास कोई और विकल्प ही नहीं है—ऐसा क्यों नहीं हुआ कि हम उतना और वैसा ही बाहर से लें जिसकी हमारे समाज को सचमुच जरूरत है। कहते हैं चीन में ऐसा ही हुआ है। सुना है अभी-अभी नोबेल पुरस्कार प्राप्त अमर्त्यसेन ने इन प्रयोगों पर विस्तार से लिखा है कि कैसे चीन ने अपनी जनता को देसी ढंग से शिक्षित और साक्षर नागरिकों के रूप में ढाला और फिर विश्व-संपर्क के दरवाज़े खोले।

मैं स्वीकार करता हूँ कि अपने कालखंड, भूगोल और समाज की बेजोड़ जानकारियाँ 'कालकथा' को एक विशेष विश्वसनीयता देती हैं। मगर मैं समझ नहीं पाया कि इन ब्यौरों, विस्तारों और जानकारियों (खासतौर पर पहले खंड में) से वे कहना क्या चाहते हैं। उस समय का समाज मूलतः कैसा था और किन बाहरी और भीतरी परिवर्तनों से गुजर रहा था। यही बताना शायद कामता का ईमानदार लक्ष्य था। मगर आज सदी के दसवें दशक में उस बीते युग के लिए उन्नीसवीं सदी के पश्चिमी वृत्तांतमूलक पुराने औपन्यासिक शिल्प को ही स्वीकार करने की मजबूरी क्यों है ? पुराना टूटता सामंती समाज गिरिराज किशोर के 'जुगलबंदी' और असगर के 'सात आसमान' में भी है—मगर उन सारे विस्तारों को 'आज' के संदर्भों में देखा गया है इसलिए वहाँ कथा विवरणों और प्रसंगों में 'चुनाव' भी है और अनकहे ही अतीत के अप्रासंगिक हो जाने की तकलीफ-भरी दृष्टि भी। उधर कामता इतिवृत्त के बोझ से बाहर आकर उसे देख पाए हों—ऐसा लगता नहीं है। उपन्यास हमें यह छूट तो देता ही है कि हम इतिवृत्त और इतिहास की सारी प्रामाणिकता के बावजूद उनसे मुक्त होकर उन्हें देख सकें। विमल मित्र, ताराशंकर, समरेश बसु या सुनील

गांगुली ने दो सौ, तीन सौ सालों के बंगाली समाज को परम पौराणिक विस्तार से यानी पोथा-छाप विवरणों से भर डाला है और यह भी सही है कि अक्सर वे औपनिवेशिक बंगाली महिमा-गान में ही उलझे रहे हैं—मगर इन्हीं में कुछ के पास वह आलोचना दृष्टि है जहाँ वे यथातथ्यता से बाहर आकर उस सबकी प्रासंगिकता को अस्वीकार कर सकें—'जलसाघर', 'साहब बीबी गुलाम' इत्यादि में अतीत अपनी पूरी समग्रता में है, मगर उपन्यासकार उस सबको रिजैक्ट भी करता है। निगाह इस पर भी है कि वह समाज कितना क्रूर, अमानवीय और नृशंस है और अंधविश्वासी धर्म का वर्चस्व स्त्रियों, दलितों के साथ किस नीचता और असंवेदनशीलता तक जाता है—विशेषकर विधवाओं की दुर्दशा, सती इत्यादि प्रायः हर उपन्यास में हैं। वैसे चित्र-विचित्र आदर्श नारी-पात्रों के प्रीतिकर चरित्र इन उपन्यासों की केन्द्रीय धुरी हैं।

'कालकथा' को एक और दृष्टि से भी देखा जा सकता है। यानी उपन्यास के इस कालखंड के पहले और बाद में यानी दूसरे महायुद्धों और स्वतंत्रता तक के परिप्रेक्ष्य में उत्तरी-भारतीय समाज की बनावट की मोटी रूपरेखा का जायजा लेते हुए। मैं न समाजशास्त्री हूँ, न राज्य-तंत्र का विशेष जानकार, मगर मैकाले के समय से ही जो मध्यवर्गीय तबके अपने-अपने स्वरूप तय करने लगे थे उन्हें समझना चाहता हूँ। इनमें एक तरफ बड़े-छोटे राजा-नवाबों, जमींदारों की रियासतें, ताल्लुके और रजवाड़े थे। दो-चारों को छोड़कर उन्हें देश समाज से कोई मतलब नहीं था। वे अपनी महफिलों, शिकार पार्टियों, ऐयाशियों और अंग्रेज-परस्ती में ही शराबी-कबाबी तथा धर्म-धुरीण थे। हर कोई अपने त्रिलोक का स्वामी था और पंडितों-पुरोहितों के माध्यम से ईश्वरीय आदेश पालन करता था। प्रजा या रैयत का काम सिर्फ लगान देना, उनके खज़ानों को भरना और बेगार-बलात्कारों को बर्दाश्त करना था—इनके पास जो अमला या लठैतों की फौजें थीं वे रियासत की सुरक्षा और रैयत को दबाने-कुचलने के लिए तैयार की जाती थीं—मेहनत करने वाले उत्पादक वर्ग पर जो जिस हद तक क्रूरता, दमन, हत्याओं के पराक्रम दिखा सकता था, वह उतना ही वफ़ादार होता था। नीचे वालों को शायद ही कभी न्याय या अधिकार मिलते हों। उधर अपने ही प्रचंड अहंकार में डूबे मालिकों का एक मात्र डर था अंग्रेज—उन्हें बुलाकर शाही खातिरें करना, मनोरंजन कराना, बड़ी-बड़ी भेंटें, उपहारों से लादना और उनकी अनुकंपा पाना ही उनके उत्सवों का रूप निर्धारित करते थे। 'वारेन हेस्टिंग्स का साँड' का बंगाली परिवार यहाँ याद आता है।

मगर यह द्वीप थे—इन्हीं के बीच और आस-पास जो मध्यवर्ग तैयार हो रहे थे—वे दूसरे थे। वहाँ शीर्ष पर थे पढ़े-लिखे जमींदार, वकील, डॉक्टर, प्राध्यापक या प्रशासनिक अफ़सर—जिनकी आमदनियों के मुख्य स्रोत उन्हीं राजा-नवाबों, ज़मींदारों से जुड़े थे। ये प्रबुद्ध और मुखर (आर्टिकुलेट) लोग थे और देशी-विदेशी विचारों की दुनिया से अपरिचित नहीं थे। अपनी अंग्रेज-परस्ती के साथ-साथ इन्हें अपने देश-समाज

की भी चिंताएँ थीं। वे अपने अधिकारों और उपनिवेशी शासन की 'न्यायप्रियता' के प्रति सचेत थे। इसी नेशनल बोर्जुआज़ी से उभरी थी कांग्रेस जैसी संस्था। वे राज्य और प्रजा (अपनी आय के स्रोतों) दोनों के प्रतिनिधि थे और क्लबों-पार्टियों या अन्य सामाजिक आयोजनों के माध्यमों से अंग्रेजों की नकल में अपने को आधुनिक बना रहे थे। आगे चलकर ये ही राष्ट्रीय भावना और सामाजिक जागरूकता के स्रोत बने—बंगाल से शुरू होकर अंग्रेजी राज्य की छत्र-छाया में ये काले अंग्रेज़ (या अंग्रेजी क्लोन) कलकत्ता से पेशावर तक छा गए। हर छोटे-बड़े शहरों में इस बंगाली उपनिवेश के क्लब और अपने समाज थे। इनमें होते थे—वकील, प्रोफेसर, डॉक्टर और डिप्टी कलेक्टर या मजिस्ट्रेट तक की हैसियत तक पहुँचे भद्रलोक। या उनके मेहमान मुख्य-रूप से हिन्दी-पट्टी के मूल 'प्रशिक्षक' ये ही थे। बंगाली संस्कृति के अहंकार और (ऐक्सक्लूसिविज़्म) एकमात्र बुद्धिजीवी होने के दंभ के बावजूद वे अपने ही लोग थे और उनसे संवाद हो सकता था। उन्हीं की प्रेरणा से हिन्दी-क्षेत्र में तैयार होने लगा राजनीतिक रूप से जागरूक तबका—विशेष रूप से शिक्षण-संस्थानों में साहित्य-संस्कृति, राजनीति के क्षेत्रों में जो भी कुछ हम सीख रहे वह सब इसी बंगाली भद्रलोक की देन है। क्रांतिकारी और बलिदानी युवाओं की अनेक पीढ़ियाँ मुख्यतः यहीं से आईं—दूसरा प्रेरणा स्रोत था महाराष्ट्र। बंबई-पुणे का पुनर्जागरण, मगर वह बंगाली जागरण से प्रकृतितः अलग है। तीसरा हिंदी-व्यापी प्रभाव गुजरात का था—जहाँ से पहले स्वामी दयानंद और बाद में गाँधी जी आए थे—वह व्यापक जनता से भी जुड़ा था। मगर हिंदी-पट्टी पर बंगाली साहित्यिक, सांस्कृतिक और बौद्धिक वर्चस्व का कुछ ऐसा आतंक था कि आज भी रमेश उपाध्याय जैसे कथाकारों के सबसे अधिक कर्मठ, मेधावी, डायनैमिक रूमानी पात्र—या तो स्वयं बंगाली हैं या उनसे जुड़े हैं। बहरहाल, यही वह वर्ग है जो परिवर्तन की बेचैनी में आंदोलनों, क्रांतिकारी संगठनों, समाज-सुधार में अपने आपको झोंक रहा था। यहाँ यह भी नहीं भूलना चाहिए कि देश के सबसे बड़े घपले, घोटाले, घूस, स्कैम सत्ता के सभी स्तंभों का भीषण दुरुपयोग उन्हीं महान् व्यक्तित्वों ने किया है जो गाँधी-नेहरू-जयप्रकाश के साथ होने या उनके आदर्शों पर चलने का दम भरते थे।

तीसरा बाबू-वर्ग का एक अलग ही तबका था जो मँझोले और निम्न-मध्य-वर्ग के रूप में अपनी शक्ल ले रहा था। इनमें बेहद कम साधनों या बिल्कुल ही साधनहीनता के बीच स्कूलों-कॉलेजों तक पहुँचे वे अधिसंख्यक छात्र थे जो नौकरियों में क्लर्की या मास्टरी से आगे नहीं पहुँच पाए। ये खेती-किसानी या परंपरागत पेशों में लौटना नहीं चाहते थे, या कहें श्रम और हाथ के कामों को नीची निगाहों से देखते थे, इसलिए छोटी-मोटी नौकरी पाना ही इनके जीवन का लक्ष्य था। अशिक्षित रूढ़िवादी संयुक्त परिवार में एकमात्र सपना साँस लेता था—'बबुआ कहीं सरकारी नौकारी में चिपक जाएँ'। सरकारी नौकरी में जो सुविधाएँ सुरक्षाएँ थीं उसी के लिए घर-परिवारों के

स्वरूप निर्धारित होते थे। इस महान् लक्ष्य को पाने के लिए जातिवाद, रिश्तेदारी, संबंध, संपर्क और घूसों, दलालियों का भयानक बोलबाला था। एक बार बबुआ थर्ड क्लास की इस खचाखच भर बोगी में घुस-भर जाएँ। फिर देखना कैसे घर की हुलिया बदल जाती है। वेतन से अधिक ऊपरी आमदनी और लूट-खसोट से मकानों, शादी-ब्याहों, दहेजों, श्राद्धों या ब्रह्मभोजों, धार्मिक कर्मकांडों या और छोटी-मोटी ऐयाशियों की सुविधा वहीं से मिलती है। मानसिक बनावट में यह वर्ग आदर्शों, नैतिक मूल्यों या सांस्कृतिक गरिमाओं की बातें चाहे जितनी करता रहा हो, जीवन व्यवहार में परम यथास्थितिवादी, दब्बू, कायर, बेईमानी की दुनिया में जीता था। आज जो लोग मंडल को जातिवादी राजनीति का नाम दे रहे हैं वे इस सचाई को स्वीकार नहीं कर पाते कि नौकरियों के सारे स्थान और अवसर कुछ जातियों के बीच ही सीमित थे। विशेषकर ब्राह्मणों और कायस्थों के इस वर्चस्व के टूटने का डर ही दूसरों को जातिवादी घोषित कर अपने सर्वाधिक (डिज़र्विंग) होने की बौद्धिक दलीलों का रूप लेता है।

हमारे यहाँ इस मध्यवर्ग को सबसे अधिक गहराई से समझा है प्रेमचंद और अमरकांत ने। लगभग सौ साल निरंतर आकार बढ़ाता यह मध्यवर्ग सिर्फ क्लर्कों, पुलिस, रेलवे या लगानों की नौकरियों और स्कूल मास्टरों की सीमाओं में ही बँधा रहा। इसे नए विचार देने के स्रोत थे विद्यालय, विश्वविद्यालय, जातियों की अपनी 'सभाएँ' या अन्य समाज सुधार और नागरिक अधिकार माँगते राजनीतिक-धार्मिक आंदोलन।

सन्-संवत् या तिथियों-तारीखों में न बँधकर मैं समझता हूँ कामतानाथ ने 'कालकथा' में इसी वर्ग की विकसित होती 'चेतना' को लिया है—जिसकी अगली कड़ी में विकृतियों और विद्रूपताओं से भरा 'रागदरबारी' है या रवींद्र वर्मा का 'निन्यानवे'। इस वर्ग का एक बँधा बँधाया पैटर्न था—विकल्पहीन जीविका के स्रोत थे—यानी सरकारी नौकरी—दूसरे महायुद्ध के दौरान विकल्प तो बहुत नहीं खुले, मगर सरकारी नौकरियों के अवसर अचानक दुगुने-चौगुने हो गए। शारीरिक श्रम से घृणा और अधिक से अधिक 'बनाने' के लिए कामचोरी इस वर्ग का मूल-चरित्र था। स्वतंत्रता के बाद इस वर्ग का रूपांतरण किन-किन रूपों में हुआ इसकी कहानी दूसरी है। मेरी समझ में दूसरे महायुद्ध से पहले की 'कालकथा' ही कामतानाथ का कथ्य है, जो सन् बीस से सन् चालीस तक फैला है।

बहरहाल, कामतानाथ ने ऐसे कुछ बड़े नाम बताए हैं जिन्होंने देश-समाज के लिए अपने को बलिदान कर दिया और वे भी इसी मध्यवर्गीय समाज की उपज हैं जिसे मैं समझौता-परस्त, कायर, पिलपिला और सुविधा-सुरक्षा का गुलाम बता रहा हूँ। यह सही है कि सामंती बनावट के या अंग्रेजी प्रशासन के पढ़े-लिखे खाऊ-भकोसू काले-अंग्रेजों के रूप में फलने-फूलने वालों के बीच ही ऐसा युवा-विद्रोही वर्ग रहा

है जो या तो इस सबसे छूट भागना चाहता था या बदल डालना चाहता था, और कुछ नहीं तो इस सबको तोड़-फोड़ डालने के लिए पागल था—'कवि कुछ ऐसी तान सुनाओ, जिससे उथल-पुथल मच जाए।' दुनियाभर के ज्ञान-विज्ञानों, विचारधाराओं, आंदोलनों से इलैक्ट्रिफाइड (ऊर्जस्वित) यह युवा-वर्ग न तो घर-परिवार की सामंती भारतीयता की घुटन में साँस ले पाता था न बाहर के दमन, लूट, अत्याचारों, शोषण और आतंक पर आधारित अंग्रेजी-गुलामी को सह पाता था। बड़ी संख्या में यह उनसे छूटकर कहीं भाग जाना चाहता था—ये शिक्षित युवा अपनों के बीच ही निवार्सित, निष्कासित, अजनबी, आउट-साइडर थे—यानी रोमांटिक रिबैल। इनमें कोई धर्म-आध्यात्म की दुनिया में भागा तो कोई समाज-सेवा, सुधारवादी संगठनों और हिंस्र राजनीति में—कोई दूसरे शहरों में जाकर अपनी जिन्दगी अपने ढंग से जीने के संघर्षों से जुटा तो कोई देवदास की तरह अपनी पारो को मन में छिपाए चंद्रमुखियों और मधुशालाओं में शहीद हुआ। गाँधी जी के मूल कार्यकर्त्ता भी इसी वर्ग से आये और वे साम्यवादी-कार्यकर्त्ता भी, जिन्होंने किसान-मजदूरों को क्रांति के लिए प्रशिक्षित संगठित द[illegible] में अपना जीवन समर्पित कर दिया। जो ऐसा नहीं कर पाए वे उसी सबका हिस्सा हो गए। ज़्यादातर असामान्य (एबनॉर्मल) खंडित मनोविज्ञान के शिकार होकर अपने ही समाज में हास्यास्पद बन गए—पागलपन और आत्महत्याओं के अंत के साथ...

कहने की जरूरत नहीं कि इसी व्यक्ति-स्वातंत्र्य की विद्रोही चेतना और सामाजिक-जकड़न के द्वंद्वों ने ही सारे भारतीय कथा-साहित्य की रचना की है। इन्हीं में थे वे नायक और महानायक जिनका ज़िक्र गर्वपूर्वक कामतानाथ ने भी किया है। यह भी सही है कि इन विद्रोहियों और क्रांतिकारियों के लिए प्रबुद्ध मध्यवर्ग में व्यापक सम्मान और इनके बलिदानों के लिए व्यक्ति पूजा का आदर्श श्रद्धाभाव था—समाज के जागरूक लोग जो कुछ चाहते थे वही तो यह बलिदानी युवक कर रहे थे। मगर यहाँ यह भी नहीं भूलना चाहिए कि इसी कायर मध्यवर्ग ने उन्हें अपनी गद्दारियों, विश्वासघातों, लालच और अपनी खाल बचाने की मक्कारियों से ही मार डाला—सुखी संतुष्ट परिवार न इन्हें अपने यहाँ बर्दाश्त कर पाते थे—न इनके किसी संपर्क को स्वीकार कर पाते थे। इसी मध्यवर्ग ने उन्हें खदेड़, मारकर डाकुओं और बाग़ियों की फ़रार ज़िंदगी जीने की मजबूरियों में धकेल दिया। राज्य या पुलिस की निगाहों में संदिग्ध बनने के डर से न कोई उन्हें शरण देता था न अपने घरों में अशांति के लिए तैयार था। सबको अपनी नौकरियाँ और मालिकों के प्रति वफ़ादारियाँ निभानी थीं। वे तेजस्वी युवा अपनों के ही हाथों उसी तरह मारे गए जैसे बाद में नक्सलियों के साथ हुआ। हाँ, शहीदों के नाम पर मेले जरूर हर बरस लगते रहे। ऊपरी सतह पर ये हीरो, आदर्श और बलिदानों के श्रद्धास्पद प्रतीक थे—मगर मूल-समाज प्रायः या तो इनसे उदासीन था या इनसे अपने जुड़ाव से बचता था। यही वर्ग कभी इन्हें शरण तो देता था, मगर ज़्यादातर गद्दारी में इन्हें खत्म करने में जुटे थे। अरविंद

जैन ने राष्ट्रीय अभिलेखागारों से जिन गुप्त दस्तावेज़ों को खोज निकाला है—वह सचमुच धक्का देने वाला है कि इन नायकों में कौन मुखबिर था और कौन सज़ा पाने पर माफ़ी की अपीलें कर रहा था। शायद हाल में ही इग्लैंड से 'सीक्रेट डॉकुमेंट्स ऑफ ब्रिटिश राज' के नाम से किताब भी आई है।

कामतानाथ ने 'कालकथा' में एकाध जगह इस पक्ष को छुआ जरूर है, मगर युवा-वर्ग के विद्रोह के विभिन्न स्वरूपों की पहचान प्रायः नदारद है। इस दृष्टि से असगर वजाहत के 'सात आसमान' में ज़्यादा गहरी समझ और अंतर्दृष्टि है। हर बड़े परिवार या कस्बे में प्रायः ऐसे चरित्र होते थे जिन्हें अंग्रेजी में 'बिज़ारे' या 'क्रेंक' कहते हैं—यानी असामान्य, सैक्स कुंठित, विकृत, खंडित, नीम पागल, हास्य, भय या घृणा के केंद्र...(माना कि सभी दोस्तोयव्स्की के ईडियट नहीं होते) ये वे स्वप्नजीवी छोटे-छोटे असफल विद्रोही थे या परिवार के 'निकम्मे' बेटे थे जो अपने ही स्नायविक तनावों में टूटकर आउट 'साइडर' हो गए। मुझे कहने दीजिए कि नौ सौ पृष्ठों के 'कालकथा' के गहन गुंथे मध्यवर्गीय समाज में एक भी ऐसा चरित्र नहीं है जो इस तरह के भटकावों की समझ देता हो। जबकि लगभग इसी भौगोलिक क्षेत्र के 'सात आसमान' में कारुणिक स्तर पर कॉमिक रिलीफ़ देने वाले अनेक चरित्रों से हमारा परिचय होता है—पहले के 'परती परिकथा' के भिम्मल मामा या 'मैला आँचल' के बालचन्नर और 'रागदरबारी' के 'लंगड़' की याद दिलाते हुए। शायद हिन्दी उपन्यास की गहन गंभीरता न अपने पर हँसने की इजाज़त देती है न दूसरों पर—ये भी तो आखिर सामाजिक दबावों में तड़ककर धुरी से उतरे हुए लोग हैं जो कभी स्वप्नजीवी परिवर्तनकामी थे, मगर निरंतर अकेले पड़ गए स्वतंत्रता-संग्रामी आदर्शजीवी रहे हैं। आज हास्यास्पद और दयनीय हैं।

बहरहाल, 'कालकथा' से मेरी निराशा इसी मध्यवर्गीय समझ को लेकर है। मुझे खुशी है कि पिछले पंद्रह-बीस वर्षों से इस मध्यवर्ग को लेकर जैसा आत्महंता क्षोभ महसूस करता रहा हूँ—वही कुछ पुस्तक रूप में पवन के. वर्मा ने इसी वर्ष प्रकाशित 'ग्रेट इंडियन मिडिल क्लास' में ज़्यादा विस्तार से कहा है। पवन वर्मा ने अपने आपको स्वतंत्रता के बाद के मध्यवर्ग को समझने तक ही सीमित रखा है। पुस्तक पत्रकारिता से आगे नहीं जाती। हालाँकि उसमें बहुत कुछ छोड़ दिया गया है या निष्कर्ष भी सही नहीं है—मगर पुस्तक अंग्रेजी में है और बौद्धिक-वर्ग में व्यापक चर्चा का केंद्र है—अंग्रेजी मीडिया को एक नया स्टार मिल गया है। फिर भी यह पुस्तक उत्तर-औपनिवेशिक गुलाम, कायर, समझौता परस्त-भकोसू दलाल-मध्यवर्ग को समझने की तार्किक दृष्टि देती है कि किस तरह यह नया मध्यवर्ग पिछले मध्यवर्ग की नौकरी—संतोषी ज़िंदगी से बाहर निकल आया है। अब उसके सामने अनंत अवसर हैं। स्व-रोजगार, उद्योग-धंधे, देशी-विदेशी व्यापारिक संस्थान—आज सभी कुछ उसके सामने खुला है।

आज इस युवा वर्ग ने पिछले गाँधी युग के आदर्शों, विचारों, विचारधाराओं को झटककर फेंक दिया है और अपनी हड़बड़ी में अधिक अंधविश्वासी हिंदू होने के द्वारा उस बौद्धिक-सांस्कृतिक शून्य को भर रहा है। मगर इस वर्ग का सच यह भी है कि व्यापक राजनीतिक आंदोलनों के न रहने के बावजूद क्षेत्रीय सामाजिक हलचलों के संचालक वे युवा हैं जो सुख-सुविधाएँ छोड़कर जंगलों, आदिवासियों, दलितों और महिलाओं के अधिकारों के लिए संगठित आवाज़ उठा रहे हैं।

चूँकि 'कालकथा' जैसे महत्त्वाकांक्षी उपन्यास से आशाएँ बहुत थीं—इसलिए निराशा भी बढ़ी है।

मेरी तेरी उसकी बात, 'हंस', नवंबर 98

मटियानी बनाम मटियानी

(मूल पत्र का संशोधित रूप)
दिनांक 26.8.98

प्रिय श्याम सुंदर जी,

'निमित्त' का मटियानी जी पर केंद्रित अंक कल मिला और सुबह मैंने उसे पढ़ डाला। आपने जिस निष्ठा, परिश्रम और प्रतिभा-स्वीकृति के रूप में इसे निकाला है उसके लिए सचमुच मेरे हार्दिक धन्यवाद लें। अतिशयोक्ति नहीं होगी कि इतने परिश्रम से शायद ही कोई विशेषांक पिछले दिनों देखने में आया हो। बीच-बीच के मौजूं उद्धरण, मटियानी जी से बातें करते हुए आस-पास का पारिवारिक परिवेश—सभी कुछ संग्रहणीय है। मैं समझता हूँ कि मटियानी जी इसे डिज़र्व करते हैं।

यह सही है कि पिछले 25-30 वर्ष बेहद आत्मीय, घनिष्ठ और एक-दूसरे के प्रति परम सम्मान का भाव रखते हुए मेरे और मटियानी के बीच साहित्यिक संवाद हुए हैं—कभी पत्रों में और कभी व्यक्तिगत रूप से। हमारे पत्रों की एक पुस्तक भी आई है। उनके लिए मेरे मन में कितनी गहरी इज्ज़त है इसे मटियानी या तो खुद जानते हैं या गिरिराज किशोर। मगर पिछले वर्षों में लगातार अपने आपको उनसे दूर पाता गया हूँ। इस दूरी के कारण अनेक हैं : जिस व्यक्ति को मैं संघर्षशील, अनंत जिजीविषा से ऊर्जस्वित (पहाड़ी कैंडे के) लेखक के रूप में देखता रहा हूँ, उसका क्रमशः डगमगाते जाना मुझे तकलीफ देता रहा है। यह सही है कि जब मैं उनके लिए कुछ कर सकने की स्थिति में ही नहीं रहा हूँ तो मुझे उनके विचलन या अशोभनीय समझौतों पर टिप्पणी करने का कोई अधिकार नहीं है। अपनी इस तकलीफ को मैंने गिरिराज से निरंतर शेयर किया है और उससे गिरिराज को भी लगभग उतना ही उद्वेलित पाया है। हो सकता है गिरिराज शायस्तगी में उनसे न कहते हों, मगर मेरी भीषण और बेबाक बहसें उनसे होती रही हैं—ख़ासतौर से उनके बी.जे.पी में चले जाने, टुच्चे अनपढ़ नेताओं की खुशामदें करने और 'पांचजन्य' जैसे

पत्रों में निरंतर लिखने को लेकर। इधर उनकी बढ़ती हुई सांस्कृतिक धार्मिकता भी मेरी विरक्ति का कारण रही है। आध्यात्मिक दुनिया के वे रहस्य लोक मुझे कभी आकर्षित नहीं कर पाए जिनमें पनाह लेने के लिए हर 'हारा हुआ' हिंदू अभिशप्त है और वह वहाँ से लौटकर कभी नहीं आता—मटियानी भी नहीं आएँगे। तय नहीं कर पा रहा हूँ कि घटना का जिक्र करना चाहिए कि नहीं। लेकिन लगता है वह मेरी और मटियानी जी की मानसिकता समझने में शायद मदद करें। एक परिवार से हम लोगों की पारिवारिक मित्रता लगभग सन् 70 से इतनी आत्मीय और घनिष्ठ थी कि शायद घर बाहर का कोई भी प्रोग्राम अलग से नहीं बनाते थे। पति-पत्नी दोनों को साहित्य से घनघोर लगाव था और साहित्यिक मित्रों से मिलने में दिलचस्पी भी। मटियानी उन दिनों कठिन संघर्षों से गुजर रहे थे। मैंने उनका परिचय इस परिवार से ही नहीं कराया बल्कि आग्रह किया कि इनकी यथासंभव मदद करें। उन्होंने अपनी सीमाओं से बाहर जाकर यह कार्य किया भी। पीछे एक संतोष यह भी था कि वे एक महान् प्रतिभा को प्रोत्साहित-संवर्धित करने में मदद कर रहे हैं। पति महोदय आर्य समाजी संस्कारों में पले-बढ़े थे और हिंदू कर्मकांडों के परम विश्वासी थे। पता नहीं मटियानी के भीतर शुरू से इस तरह की अभिरुचि थी या संरक्षक महोदय का विश्वास जीतने के लिए कर्मकांडी आध्यात्मिकता में रुचि दिखाने लगे। उन दिनों मटियानी जी प्रायः रोज 'अक्षर' आते थे और साहित्य से अधिक अपने आध्यात्मिक अनुभवों का गद्गद वर्णन करते थे। तभी उन्होंने 'योग वाशिष्ठ' का जिक्र किया था। हर हिंदू की तरह मेरा प्रारंभिक-प्रशिक्षण भी रामायण, महाभारत, गीता इत्यादि से ही हुआ था। फिर विशारद की परीक्षा में मैंने धर्मशास्त्र भी एक विषय के रूप में ले लिया, शायद वहाँ 'योग वाशिष्ठ' भी था, दो ढाई सौ पन्नों का संक्षिप्त। निश्चय ही अठारह-बीस वर्ष की उम्र में मैं क्या समझता जबकि कहा यह जाता है कि वह हिंदू धर्म और दर्शन का निचोड़ है। उन दिनों 'हंस' का संघर्ष काल था और उसके लिए मैं जहाँ तहाँ से साधन जमा कर रहा था, तभी एक दिन मेरे उन मित्र के साथ मटियानी जी घर आए। दोनों ही मेरी हिंदू धर्म के प्रति अनास्था और नास्तिकता से खिन्न थे, मगर शायद मेरे संघर्ष के लिए उनके मन में प्यार और सम्मान था। उनकी शिकायत थी मैं बिना गंभीर अध्ययन किए धर्म पर अपने विचार प्रगट करता फिरता हूँ। अब मेरे सामने प्रस्ताव यह था कि अगर मैं योग वाशिष्ठ को पूरा पढ़कर उनके साथ बहस कर सकूँ तो वे साल भर के लिए एक लाख के विज्ञापन की व्यवस्था करनें का आश्वासन दे सकते हैं। प्रलोभन बड़ा था, उधर धर्म की सात्विक मिशनरी भावना। सोचा चलो इस बहाने पता तो चल जाएगा कि आखिर इस जटिल ग्रंथ में ऐसा क्या है जो मेरे सामने चुनौती की तरह पेश किया जा रहा है। मेरी स्वीकृति के बाद बाज़ीगर के थैले से निकाले गए कबूतर की तरह वृहदाकार योग वाशिष्ठ मेरी मेज पर था। 'हंस' के आकार के लगभग 1800 पन्ने। पहले लंबी-चौड़ी भूमिकाएँ

फिर संस्कृत के श्लोक और उनके अर्थ। मैंने मन ही मन माथा ठोंका कि लो हो गया साल भर का कबाड़ा। व्यस्त समय में से दस-पंद्रह पन्ने भी पढ़ूँगा तो जिंदगी बीत जाएगी। मैं शर्त स्वीकार करके पुस्तक ले तो आया, लेकिन दस दिनों बाद ही मेरी सारी हिम्मत टूट गई। तरह-तरह की शंकाएँ सिर उठाने लगीं। पहली बात तो यह कि पुस्तक के ऊपर ही मोटे-मोटे अक्षरों में लिखा था 'महर्षि वाल्मीकि कृत योग वाशिष्ठ'। अब मेरी सारी सूचनाओं और जानकारियों के हिसाब से वाल्मीकि के नाम से रामायण के सिवा शायद की कोई ग्रंथ उपलब्ध हो। मुझे लगा कि यह ग्रंथ बाद के पंडितों ने वाल्मीकि के नाम से ठोक दिया है। दूसरी शंका स्वयं विषय वस्तु को लेकर थी। लंका विजय, सीता वनवास के बाद एकछत्र चक्रवर्ती सम्राट बनकर अपने भोग विलासी जीवन में राम के मन में यह प्रश्न उठता है कि आखिर इतना सब उपलब्ध करके क्या फायदा। परिवार जनों और मित्रों से निकटता भी खो दी क्योंकि सम्राट बनकर नितांत अकेला पड़ गया हूँ। क्यों न वैराग्य लेकर हिमालय में तपस्या करने चला जाऊँ। वे अपनी शंका को मुख्यमंत्री और मुनि वशिष्ठ से कहते हैं और यहाँ से शुरू होता है विवादों और संवादों का अनंत सिलसिला। राम वैराग्य के पक्ष में रोज नयी-नयी समस्याएँ लाते हैं और परम ज्ञानी वशिष्ठ उन्हें अपनी तर्क मेधा से शमित करते हैं। कहने की जरूरत नहीं कि धर्म, दर्शन, पुराण, उपनिषद वहाँ अपने सर्वश्रेष्ठ रूप में हैं। निश्चय ही इस ग्रंथ को मैंने पूरा पढ़ लिया होता तो हिंदू धर्म और दर्शन का प्रकांड विद्वान हो चुका होता, मगर मेरी संशयात्मा में सवाल उठा कि इसे वाल्मीकि ने तो लिखा ही नहीं है। यह सारी पुस्तक गीता की नकल है। अर्जुन के वैराग्य को कृष्ण जिस तरह स्तर-स्तर पर खंडित करते हैं उसी तरह वशिष्ठ राम के वैराग्य का नाश करते हैं और उन्हें पुनः राज्यकर्म में लगाते हैं। (भगवान सिंह के उपन्यास 'अपने अपने राम' के अनुसार राम को राज्य में लिप्त रखकर ही वशिष्ठ अपना वर्चस्व कायम रख सकते थे) संभावना यह भी है कि कृष्ण के ऊपर वशिष्ठ की श्रेष्ठता स्थापित करने का भी वर्णाश्रमी प्रयास हो। बहरहाल, मैंने हार कर कहा मैं इस ग्रंथ को नहीं पढ़ पाऊँगा। आप 'हंस' की मदद करें या न करें। यह वह समय था जब मंडल और कमंडल देश को मथ रहे थे और चाणक्य के रूप में चंद्रप्रकाश द्विवेदी भारत के नियंता बने चंद्रगुप्त नाम की कठपुतली के बहाने राज्यों का पुनर्गठन करते हुए दूरदर्शन पर घनघना रहे थे। जाहिर है मटियानी जी विश्वास के रूप में रणनीति की तरह मुझे मंडल का पर्याय मानकर अपने को एलीट वर्ग के साथ एकाकार कर रहे थे। कहानी तो यहीं समाप्त हो गई, लेकिन इसने हम दोनों की दिशाएँ तय कर दीं।

मटियानी को मैं भारत के उन सर्वश्रेष्ठ कथाकारों के रूप में देखता हूँ जिन्हें विश्व-साहित्य में सिर्फ इसलिए चर्चा नहीं मिली कि वे अंग्रेजी में नहीं आ पाए। उनकी एक-एक कहानी जिस तन्मयता, लयात्मकता और इन्वॉल्वमेंट के साथ लिखी

गई हैं, दूसरे कथाकार वह काम अपने उपन्यासों में भी नहीं कर पाते। उनके पास हम सबके मुकाबले अधिक संख्या में उत्कृष्ट कहानियाँ हैं। वे भयानक आस्थावान लेखक हैं और यही आस्था उन्हें तॉलस्तोय, चेखव और तुर्गनेव जैसी गरिमा देती है। अपने पात्रों को उन्होंने जैसी आत्मीय-ऊष्मा दी है, वह प्रायः प्रेमचंद भी नहीं कर पाते। हाँ, उनके उपन्यास जितने बिखरे हुए और कमज़ोर हैं, कहानियाँ उतनी ही कसी और गठी हुई। शायद इसके पीछे साधनों की वह सुलभता न रही हो जहाँ लम्बी चीज़ों को निश्चित और सुगठित ढंग से लिखा जाता है। मैंने अभी कहा, आस्था मटियानी के कथाकर की शक्ति है और विचारक की शत्रु। उनके वैचारिक लेख मुझे असंगत, तर्कहीन और बड़बोले लगते हैं—लगभग एकालापी। रचना तो अपने भीतर से आती है। विचार को बाहर भी जूझना पड़ता है। वहाँ सिर्फ स्वतः स्फूर्तता से काम नहीं चलता क्योंकि विचार से जूझना एक जिरह से गुज़रना है। जिरह में दूसरे पक्ष को संपूर्णता में सुनकर ही खंडन या मंडन किया जाता है। उड़ता-उड़ता-सा कोई वाक्य लेकर फ़ैसला दे डालना जिरह नहीं, फ़तवा है। भाषा और संस्कृति या दूसरे ऐसे मुद्दों पर उनके लेख विश्व के सारे चिंतन का नकार हैं। आखिर संस्कृति और भाषा सिर्फ कला या आस्था का मामला नहीं है, वह शास्त्र भी हैं। शास्त्र का ही दूसरा नाम विज्ञान है और न जाने कितने भाषाविदों, समाजशास्त्रियों, संस्कृतिकर्मियों, नृतत्व वैज्ञानिकों ने इन पर घनघोर विचार-मंथन किए हैं। उन सबको नकार कर या परिचित ही न होने के कारण जब हम उन पर अपनी राय देंगे तो कम-से-कम उन्हें जानना भी उतना ही जरूरी है, वरना वह सब प्रवचन या फ़तवे का रूप लेने लगेंगे। मटियानी जी कानून, संविधान, मार्क्सवाद, इस्लाम, क्रिश्चियेनिटी सब पर जिस अधिकार से या किसी का आधा-अधूरा वाक्य उद्धृत करते हुए फतवे देते रहे हैं उस पर चकित ही हुआ जा सकता है। प्रवचन में अपने भीतर उगा हुआ आप जो चाहे कहते रहें, किसी को प्रश्न करने का अधिकार नहीं है। वहाँ या तो आप कीर्तन करते हैं या अपनी आस्था के बिंदुओं को काव्योक्तियों, भावोच्छ्वासों, विशेषणों और अंतिम सत्य कहने वाले गुरु की तरह खींचते चले जाते हैं। इस संदर्भ में जब परम् आत्मविश्वास के साथ मटियानी जी घोषणा करते हैं कि विश्व में पहली बार ऐसा भारत में ही हुआ है तो संशय होता है कि इस क्षेत्र के विश्व के बारे में वे कितना जानते हैं ? मैं समझता हूँ कि एक विचारक या बुद्धिजीवी के लिए न ईश्वर पवित्र है, न संस्कृति, न इतिहास और न राष्ट्र। उसे हर चीज़ को बार-बार जाँचना पड़ता है। उनकी चीर-फाड़ करनी पड़ती है और निष्कर्षों पर तुलनात्मक ढंग से पुनर्विचार करना होता है (यह बात मैं नहीं, आचार्य हजारी प्रसाद द्विवेदी 'बाणभट्ट की आत्मकथा' में कह चुके हैं)। अभी पिछले दिनों मैंने हटिंग्टन की पुस्तक 'क्लैश ऑफ सिविलाइजेशंस' पढ़ी है। कितने-कितने स्रोतों से उसने क्रिश्चियेनिटी, इस्लाम, चीनी संस्कृतियों का विश्लेषण और अध्ययन किया है। यह सही है कि अपने तथाकथित तर्कों से उसने

बाकी सारी सभ्यताओं को पिछड़ा, दकियानूसी बताकर क्रिश्चियेनिटी को ही सबसे गतिशील (डायनैमिक) और भविष्य की सभ्यता के रूप में स्थापित किया है—मगर उस स्तर पर दुर्भाग्य से एक घनघोर श्रद्धा के सिवाय मटियानी जी में मुझे कुछ नहीं मिलता जबकि अपेक्षा विचार और विश्लेषण की है और यहीं मेरा उनसे भयंकर मतभेद है। शास्त्र और विज्ञान के सवालों को भी वे आस्था और विश्वास से ही निपटा देना चाहते हैं। मूलतः आस्था या श्रद्धा विवेक और विश्लेषण की शत्रु है क्योंकि अपने या अपने परिवेश से निरपेक्ष परीक्षण (ऑब्जेक्टिव टेस्टिंग) को सहन नहीं कर पाती। उदाहरण के लिए जब वे गद्‌गद होकर कहते थे कि भारत ने विश्व को 'शून्य' दिया जिसने दुनिया के सारे विज्ञान और चिंतन को बदल दिया। आज बिना 'शून्य' के हम किसी बात की कल्पना भी नहीं कर सकते। मेरा सीना भी गर्व से फूल जाता है। मगर इसके अगले सवाल पर वे भड़क जाते हैं कि ऐसी उपलब्धियाँ भूगोल नहीं संस्कृतियाँ देती हैं। 'शून्य' ब्राह्मणी सांस्कृतिक राष्ट्रवाद या किसी शंकराचार्य ने नहीं, नागार्जुन ने दिया और वह बौद्ध था—यानी वेदांतियों का शत्रु। यही नहीं, चिंतन-ज्ञान-विज्ञान की सारी उपलब्धियाँ बौद्ध विद्वानों और बौद्ध युग की देन है। हम वेदांतियों ने यह किया कि बौद्ध-संस्कृति और धर्म को खदेड़ कर अपनी भौगोलिक सीमाओं से बाहर कर दिया। उनके मठों, चैत्यों पर 'अपने लोग' बैठा दिए और आज की स्थिति में बौद्ध होने को 'अवर्ण' या अछूत का दर्जा दे दिया।

यह अचानक ही नहीं हुआ कि वे समाज-समय के सरोकारों की आस्थामूलक बातें करते हुए 'योगवाशिष्ठ' और 'दुर्गा-सप्तशती' में चले गए। बहुत लोग जाते हैं। मगर फिर वे लौटकर नहीं आते। अपनी कथा-रचनाओं में वे जिन लोगों, परिवेश और मानवीय संबंधों की बातें करते हैं, इस वैचारिक स्तर पर उन्हीं से बच निकलना चाहते हैं। वे उनकी चेतनावृत्ति में उस समय नहीं होते। यही नहीं वे उस दुनिया से घृणा ही नहीं करते बल्कि उस दुनिया से छूट भागना चाहते हैं। अंग्रेजी-में कहूँ तो 'ही हेट्स द वर्ल्ड ऑफ हिज़ ओन क्रियेशन' (कहानियों, उपन्यासों में उन्होंने जिस संसार की रचना की है, उसी से उन्हें नफरत है)। उनकी सबसे सशक्त वे कथा रचनाएँ ही हैं जहाँ उन्होंने शोषितों, दलितों, नारियों की पीड़ा को वाणी दी है। यह सही है कि उनके यहाँ प्रतिरोध और विद्रोह नहीं है, मगर सच्ची यातना, पीड़ा, सुख-दुख तो बेजोड़ हैं। मगर जब वे चिंतन की मुद्रा में जाते हैं तो उन्हीं के सोच को लेकर गद्‌गद होते हैं जो स्त्रियों-वंचितों की इस स्थिति के लिए ज़िम्मेदार हैं। उनकी संस्कृति, उनका राष्ट्रवाद, उनका अतीतवाद, वर्ण-व्यवस्था और सामंती श्रेणीबद्धता (हेयरार्की) के स्थायित्व या शास्त्रीय जायज़ीकरण के सिवा क्या है ? हवाई महानताओं और व्यावहारिक विषमताओं को वे आदर्श यथास्थिति मानते हैं। आश्चर्य होता है कि जो व्यक्ति खुद इन विषमताओं का शिकार रहा हो—वह कैसे पाला बदलकर शिकारियों की भाषा बोलने लगता है। उस बकरे को आप क्या कहेंगे जो अपने

ही ज़िबह करने वाले छुरे की खूबसूरती, नक्काशी, चमक और लोहे की अद्वितीयता पर मुग्ध गद्गद जय-जयकार करे ? निश्चय ही वे भूले नहीं होंगे और उन्होंने अनेक जगह लिखकर स्वीकार किया है कि अपनी किशोरावस्था में, गरीबी के अलावा इसी वर्ण-व्यवस्था ने उनका अलमोड़ा में जीना मुहाल कर दिया था और उन्हें दर-दर की ठोकरें खाने के लिए बंबई भागना पड़ा था। उस समय समाज के अत्याचारों के खिलाफ गुस्से और चीत्कारों से भरी अनबंधी किताब के फर्मे आज भी मेरे पास हैं। शायद नाम है 'मैं सूर्य धर्मा हूँ'। आश्चर्य की ही बात है कि उन जैसे तत्त्वदर्शी के दिमाग में यह प्रश्न कभी नहीं उठा कि जिस ब्राह्मण-दर्शन के साथ वे अपने को जोड़ रहे हैं वह उसी वर्ण-व्यवस्था के स्थायीकरण की बौद्धिक रणनीति हो सकती है। वह सारा दर्शन अमूर्त भाषा में नीचे वालों पर दया करता है, उनकी प्रशस्ति गाता है। मगर उन्हें सामाजिक शक्ति या हिस्सेदारी कभी नहीं देता।

उनकी ये ऊर्ध्वगामी यात्राएँ कभी भी दुनियावी लोगों की तकलीफ़ों, द्वंद्वों और संघर्षों की ओर नहीं मुड़तीं ! 'आत्म' की खोज सैकड़ों-हज़ारों वर्षों से लाखों लोगों ने की है, मगर वे सब अपनी-अपनी भीतरी यात्राओं में जाकर खो गए—न समाज को उनसे कुछ मिला और न विचार को, क्योंकि वहाँ बाहर से संवाद टूट जाता है। मटियानी जी ने भी अपने आध्यात्मिक रहस्य परीक्षणों के लिए अपने आपको जानबूझकर 'गिनी-पिग' बनाया। इस प्रक्रिया में उनका अंतर्मन भले ही 'रवाब' की तरह बजने लगा हो, और सहस्रार कमल से झरती अमृत बूँदों का स्वाद उन्होंने चख लिया हो—मगर व्यक्तित्व निरंतर खंड-खंडों में टूटता-बिखरता चला गया। यहाँ तक कि इन खंडों का आपसी कॉर्डिनेशन (समन्वय) भी नहीं रहा। वे स्कीज़ोफ्रेनिक होते चले गए। मेरी जानकारी में आचार्य रजनीश ही ऐसे व्यक्ति हैं जिन्होंने संस्कृति, समाज, धर्म और आध्यात्म के प्रश्नों को विश्व के दूसरे दर्शनों के संदर्भों में अपनी छुरे जैसी तर्क बुद्धि से डाईसेक्ट (शल्यक्रिया) किया है। मुझे मटियानी जी में वह बौद्धिक थ्रिल और गहरे उतरने का संतोष कभी नहीं मिला। हाँ, यह जरूर लगता रहा कि यह व्यक्ति आस्था, विश्वास और श्रद्धा से ही हर समस्या का अंतिम हल कर डालना चाहता है। यह अंधविश्वास ही अंततः जादू-टोनों और यहाँ तक कि 'सती' और 'नर बलि' की शास्त्रीयता तक ले जाता है।

यही वे बिंदु थे जहाँ हम हमेशा अलग होते रहे—भयंकर बहसों और लड़ाइयों के बाद। हो सकता है इसे वे अपना अपमान और उपेक्षा मानते हों। यह असहिष्णुता उनकी आत्मग्रस्तता से ही उपजी थी और उसी को विकसित करती रही। कुलीन और अभिजात किस्म की एकांतिक दार्शनिकताओं के साथ उनका निरंतर एकाकार होते जाना मुझे एक दूसरे धरातल पर सत्ता-मोह जैसा लगता है। वे सत्ता से सम्मान चाहते हैं और इसके लिए वे उन्हीं से उन्हीं के धरातल पर संवाद करके सिद्ध करना चाहते हैं कि वे उन्हीं में से एक हैं ! सत्ता-मोह, धर्म सत्ता और सरकार सत्ता तक

जाता है। हो सकता है सम्मान की चाह के पीछे जीवन की व्यक्तिगत त्रासदियाँ, अवमानना और अपमाजनक अनुभव रहे हों। मुझे लगता है साहित्य से न सत्ता प्राप्त की जा सकती है, न मोक्ष। साहित्य सिर्फ मुक्ति देता है—अपनी भीतरी वर्जनाओं और अवरोधों से अपने आप को और सामाजिक विषमताओं से दूसरों को। इस प्रकार मैं मानता हूँ कि कहानीकार शैलेश मटियानी और विचारक शैलेश दो बिल्कुल अलग दुनियाओं के लोग हैं। यहाँ शिवप्रसाद सिंह और निर्मल वर्मा के उदाहरण सामने हैं। शिवप्रसाद अस्तित्ववाद इत्यादि से होते हुए भारतीय ऐतिहासिक-सांस्कृतिक अनर्गल महानताओं के शिकार हुए। उनके आदर्श-पुरुष (रोल मॉडेल) बने आचार्य हजारी प्रसाद द्विवेदी। नतीजे में जिंदगी भर सांस्थानिक, प्राध्यापक यानी स्थापित विचारों के आस-पास उन्हीं का विरोध या समर्थन करते रहे। द्विवेदी जी जैसा न तो उनमें खुलापन रहा, न उदारता। राहुल, रांगेय राघव जैसी मार्क्सवादी विराटता का तो कोई सवाल ही नहीं है।

निर्मल वर्मा का मामला दूसरा है—उनकी 'भारतीयता अपनी यूरोपियन मानसिकता के प्रायश्चित्त स्वरूप विकसित हुई है। उनकी पश्चिमी विचारकों जैसी सिस्टैमैटिक दार्शनिकता और अध्ययनपरक तार्किकता कुछ दूर अपने साथ ले चलने के बाद अचानक ही अमूर्तनों और वायवीयता में फिसलकर सारे संदर्भों और आसंगों से कट जाती है। वे उपनिषद् के उन सुंदर वाक्यों की तरह हैं जो कि बौद्धिकता के कारण आकर्षित तो करते हैं मगर जीवन या समाज को न समझने की दिशा देते हैं, न बदलने की प्रेरणा। उन्हें आप गूंगे के गुड़ की तरह चुभलाते रहिए। यह ऐसे चिंतक के तार्किक लगने वाले भावोच्छ्वास हैं जो (फुल ऑफ साउंड एंड फ्यूरी) कहते कुछ नहीं हैं, वे तत्त्व तक भी कहीं नहीं ले जाते। निर्मल के निबंधों को देखकर मेरे मन में हमेशा गाँव, कस्बों में बिकते रंग-बिरंगे बुढ़िया के उन चमकदार बालों की याद आती है जो देखने में इन्द्रधनुष की तरह सुंदर लगते हैं, मीठे भी।

पिछले दिनों निर्मल का 'चुनी हुई चुप्पियाँ' शीर्षक से एक लेख आया था। जाहिर है वह लेख अकेला नहीं था और निर्मल ने उसमें वही सब दोहराया था जो दर्जनों लेखों में कहते रहे हैं कि कम्यूनिस्टों और बुद्धिजीवियों की दुष्टता और धूर्तता किस हद तक अमानवीय है कि वे कभी न तो स्तालिन के और न स्तालिन के लेबर कैंपों के विरोध में बोल पाए, न सन् 68 में जिस तरह टैंकों से हंगरी के विद्यार्थी आंदोलन का रूसी फौजों द्वारा दमन किया गया। न उसका कोई विरोध किया—यहाँ तक कि टायनामान स्क्वायर के नरसंहार पर भी चुप रहे। निर्मल के अनुसार ये चुप्पियाँ निश्चय ही अत्याचार करने वालों का अप्रत्यक्ष समर्थन थीं। मैं इस बात से असहमत नहीं हूँ मगर उनसे यह जरूर पूछना चाहता हूँ कि चुनी हुई चुप्पियाँ विदेशों के संदर्भ में ही नहीं होतीं, अपने देश-काल के भीतर भी उन जैसे बुद्धिजीवी द्रोणाचार्य की तरह द्रोपदियों पर बलात्कार होते देखते रह सकते हैं। पाँच हजार मील दूर होनेवाले

अत्याचारों पर पेशेवर मर्सियाख्वानी बुद्धिजीवी को क्रांतिकारी बना सकती है, मगर जब अपने यहाँ हज़ारों सालों से पूरे ढोल-ढमाके के साथ शास्त्रोक्त-विधि से 'नर बलि' होती है या एक खूबसूरत युवा औरत सती कर दी जाती, सारे गाँव के आगे औरतें नंगी घुमाई जाती हैं या बथानी टोला और बेलछियों में पूरे गाँव दिन-दहाड़े फूँक दिए जाते हैं तो अंतर्राष्ट्रीय बुद्धिजीवी न उस सांस्कृतिक राष्ट्रवाद के खिलाफ बोल पाते हैं जिसके बजरंगी ध्वजों के नीचे यह सब होता है, न उस वर्ण व्यवस्था को अस्वीकार कर पाते हैं जो इन नृशंसताओं को स्थानी बनाए हुए हैं और मूलतः स्त्री और दलित विरोधी हैं। हजारों सालों से चले आते शास्त्रोक्त नर संहारों और यातनागारों को लेकर चुनी हुई चुप्पियाँ यहाँ हैं क्योंकि यहाँ बोलना खतरनाक है।

शैलेश जी ने मुझ पर आरोप लगाया था कि मैंने उनके लेख के जवाब में किसी दूसरे से लिखवाया था। यहाँ यह सूचना देना जरूरी है कि 12 साल के संपादकीय जीवन में मैंने विरोध तो स्वयं अपने नाम से ही किया है, किसी से लिखवाने का काम नहीं करवाया। हाँ, यह हो सकता है कि कभी कोई व्यक्ति मौखिक रूप से किसी लेख या बात के विरोध में कुछ कह रहा हो और मैंने आग्रह किया हो कि अगर वह इतनी शिद्दत से महसूस करता है तो लिखकर दे। केवल एक घटना मैं आपको बताना चाहता हूँ—निर्मल वर्मा की कहानी 'सूखा' छपी तो उस पर अनेक प्रतिक्रियाएँ आईं। कहानी मुझे बहुत पसंद थी और लगा कि ये प्रतिक्रियाएँ एकांगी हैं और 'सूखा' के साथ न्याय नहीं करतीं इसलिए मैंने गिरिराज से आग्रह किया कि अगर ठीक समझें तो वे इस सारी बहस को एक संतुलन दे दें। ऐसी एकाध घटना के अलावा मैं पत्रों तक में बहुत छेड़छाड़ नहीं करता। हाँ, यह हो सकता है कि एक विशेष डेमोक्रेटिक दृष्टि के आग्रह के कारण मैं विरोधी बात को भी खुलकर सामने आने देता हूँ—जिसका हिंदी वालों को अभ्यास नहीं है। जो कुछ उनके पक्ष में है वह ईमानदार प्रतिक्रिया है और जो विरोध में है वह संपादक लिखवाता है (इस आरोप से आप खुद भी वंचित नहीं हैं)। हमारे सहायक गौरीनाथ से पिछले दिनों कोई शिकायत कर रहा था कि 'हंस' में अमरकांत की एक कहानी छपी और उस पर मैंने कोई प्रक्रिया नहीं आने दी। उन्होंने आकर देखा तो पाया कि उस अंक के तत्काल बाद वाले अंक में कोई प्रतिक्रिया नहीं है, मगर उसके बाद कई प्रतिक्रियाएँ हैं। डाक और दूसरे तकनीकी कारणों से प्रतिक्रियाएँ तत्काल बाद वाले अंक में नहीं आ पातीं, मगर जो आती हैं उन्हें प्रायः छोड़ा नहीं जाता। हाँ, स्थानाभाव के कारण सभी पत्रों को ले सकना संभव नहीं है। इस बात की गवाही तो शायद आप भी देंगे कि 'हंस' के माध्यम से न मैंने अपने आपको प्रमोट करने की कोशिश की और न कोई दूसरे उद्देश्य साधे हैं। वैचारिक स्थापनाओं से समझौते ज़रूर नहीं किए। इसलिए मटियानी जी का यह आरोप मैं उनके दूसरे हैल्यूसिनेशन का परिणाम मानता हूँ जहाँ वे पिछले 8-10 वर्षों से सेल्फ-पर्सिक्यूशन (आत्म-पीड़न) के शिकार रहे हैं

यानी सारी दुनिया उनके विरुद्ध षड्यंत्र किए बैठी है और उन्हें सामने नहीं आने देती !

हाँ, यह बात सही है कि उनके कुछ प्रतिक्रिया-पत्रों को (एक-दो को छोड़कर) मैंने नहीं छापा क्योंकि वहाँ तर्क नहीं सिर्फ गुस्सा था और मेरे लेखन को वे मेरे व्यक्तित्व के उन कुछ हिस्सों को केंद्र बनाकर बोल रहे थे जिनमें मेरा कोई चुनाव नहीं है। यह उस अनपढ़ मानसिकता की अभिव्यक्ति है जहाँ मेरा नाम सुनते ही मुझे लालू या मुलायम के साथ जोड़ दिया जाता है क्योंकि हम सबके सर-नेम कॉमन हैं। यही उन्होंने भी किया है। सच पूछिए तो मुझे अभी तक शायद ही कोई लिखने-पढ़ने वाला मिला हो जिसे मेरे यादव नाम के साथ दूसरे लोग (बदनाम) न याद आते हों ! विष्णु खरे से तो मुझे लगभग बदतमीज़ी से कहना पड़ा कि जिस जातिवाद के पायदान पर खड़े होकर तुम मुझ पर यादव होने का लांछन लगा रहे हो वहाँ तुम्हारी स्थिति मनु के अनुसार सिर्फ एक शूद्र की है। और ऐसे ही लोगों के हिसाब से जातिवादी वे नहीं, मैं हूँ। किसी मिश्रा, श्रीवास्तव, पांडेय, गुप्ता या सिंह को देखकर मुझे तो उस क्षेत्र के बदनाम लोग याद नहीं आते ! और मैंने न कभी किसी के व्यवहार को उसकी जाति के साथ जोड़कर देखा। इस तरह के ओछे वक्तव्यों को मटियानी जी अगर अपना तार्किक जवाब मानते हों तो निश्चय ही मैं उनके पत्रों को न छापने का अपराधी हूँ। वे पत्र आज भी मेरे पास हैं और किसी भी तटस्थ व्यक्ति को दिखाने के लिए तैयार हूँ (गिरिराज को मैंने दिखाए भी हैं) कि क्या वे मटियानी जी के लेखकीय और बौद्धिक स्तर के अनुरूप हैं ? गाली तर्क नहीं होती और मुझे मटियानी जी को एक गालीबाज़ के रूप में प्रस्तुत करने में संकोच होता है। बहरहाल, इन सब बातों के साथ भी मैं कहूँगा कि मटियानी जी जैसे महत्त्वपूर्ण व्यक्तित्व पर 'निमित्त' (7) का यह अंक निकालकर संपादन के क्षेत्र में एक नया मानक स्थापित किया है और इसके लिए आपको धन्यवाद दिया ही जाना चाहिए।

आपका
राजेंद्र यादव

श्री श्यामसुंदर निगम, संपादक-निमित्त
1415, पूर्णिमा, रतनलाल नगर, कानपुर, पिन-208022

पुनश्च :

एक ट्यूमर की हवाई यात्रा

संपादक बेईमान और बदनीयत तो नहीं, मगर बेबाक और लगभग गुस्ताख तो था ही।

एक दिन झटका लगा और ऑल इंडिया मेडीकल के प्राइवेट वार्ड नंबर 207 में जा पहुँचा। हमला डायबिटीज़ (जो उसे कभी नहीं थी) का था और लीवर में छोटा-सा जख़्म था। इसके कारण भूख न लगना, कमजोरी, वजन घटना, थकान इत्यादि-इत्यादि का प्रकोप बढ़ता गया। हफ्ते भर तरह-तरह के टेस्ट हुए और लगा कि ऐसा कुछ भी नहीं है जिसे लेकर परेशान हुआ जाए। लीवर का जख़्म भी दवा-गोलियों से ठीक कर दिया गया। अब सिर्फ खोई हुई ऊर्जा और ताकत लाने के उपचार करने थे। मगर लीवर का वह जख़्म इतनी आसानी से पीछा कैसे छोड़ता ! 207 कमरे से निकलकर वह गाँठ, जख़्म या घाव सारी दिल्ली में फैल गया और उसका नाम दिया गया—खतरनाक ट्यूमर। अब यह ट्यूमर जिस भी ज़बान पर जाता है वहाँ उसका आकार ही बड़ा नहीं होता बल्कि जहरवाद के तरह-तरह के रूप भी उसमें शामिल हो जाते हैं। मित्रों की ज़बानों का रस इस ट्यूमर के फलने-फूलने और दूर-दराज़ की यात्राएँ कराने में काफी मददगार है।

कुछ तो शायद इस ट्यूमर के लिए श्रद्धांजलि तक लिखकर बैठ गए हैं।

मेरी तेरी उसकी बात, 'हंस', अक्टूबर 98

राजेन्द्र यादव बनाम राजेन्द्र यादव

आदरणीय राजेन्द्र भाई, अक्टूबर 98 के 'हंस' में आपका सम्पादकीय 'मटियानी बनाम मटियानी' पढ़ गया हूँ। मेरठ से दीक्षित जी ने फोन पर सूचना दी थी और कहा था कि इसे अवश्य पढ़ लूँ। यहाँ हलद्वानी में 'हंस' मिल जाता है। पिछले दो वर्षों से लिखना-पढ़ना लगभग पूरी तरह बंद हो चुका है, क्योंकि सिर के भीतर गहरी उमड़न, घुमड़न और ऐंठन की व्याधि असाध्य हो चुकी है और अभी कुछ ही महीने पहले लखनऊ किंग जॉर्ज मेडीकल कॉलेज के मनोरोग विभाग में लगभग ढाई महीने भर्ती रहकर, आखिर पुनः हलद्वानी चला आया हूँ; क्योंकि अब दिल्ली के किसी बड़े अस्पताल में भर्ती होकर इलाज कराना असंभव है मेरे लिए। अब सब कुछ नियति के हवाले मान लिया है और इन वर्षों लंबी असाध्य व्याधि के चलते 'पटाक्षेप' कब होगा, कुछ पता नहीं, लेकिन इतना स्पष्ट अनुभव होने लगा कि अधिक समय नहीं लगना।

दिन-भर में एकाध चिट्ठी लिखना भी कठिन हो चला है और ऐसे में 'मटियानी

बनाम मटियानी' पर प्रतिक्रिया देनी पड़ रही है। सिर के भीतर लगातार उमड़न-घुमड़न होने से लिखने में एकाग्रता संभव नहीं रह गयी। फिर भी लिख रहा हूँ; क्योंकि आपके साथ आत्मीयता और बहस के लगभग बीस-पच्चीस वर्ष स्मृति में हैं। आपके साथ की वैचारिक बहसों के सकारात्मक पक्ष भी स्मरण हैं और नकारात्मक भी। विस्तार में जाऊँगा, तो भटक जाऊँगा, इसलिए—और इस समय—केवल आपके सम्पादकीय पर प्रतिक्रिया दे रहा हूँ। इसमें आपने मेरे निमित्त से स्वयं की उदात्तता का प्रदर्शन किया है। बीच में यह भी प्रतिपादित कर दिया है कि बौद्ध युग से पहले भारतवर्ष ज्ञान-विज्ञान से शून्य था।

रूस के विख्यात आलोचक श्री फेदिन ने भाषा पर एक लेख लिखा है और उसका पहला ही वाक्य है—'सच्चाई भाषा की पहली शर्त है !' जबकि आपने केवल इस एक टिप्पणीं में कितने सफेद झूठों को आत्मीयता का पलोथन लगाकर प्रस्तुत किया है। लिखने में अब वह पहले वाली बात नहीं रही, इसलिए बहुत निष्णात ढंग से कुछ लिख पाना सम्भव नहीं होगा, इसलिए सिलसिलेवार कुछ बातें आपके सफेद झूठों पर, जिनमें कहीं-कहीं आंशिक सच्चाई भी मौजूद है, लेकिन झूठ से ढँकी हुई।

आपने मेरे भारतीय जनता पार्टी में चले गए होने की घोषणा की है, लेकिन यह नहीं बताया है कि किस पद पर या किस हैसियत से मैं भारतीय जनता पार्टी के लिए महत्त्वपूर्ण होता, तो आज रोटी और दवाओं के लिए मोहताज नहीं होता और वह भी बड़ी बेटी का, जिसे कुल लगभग साढ़े तीन हजार वेतन मिलता है और परिवार में यहाँ आजकल पाँच व्यक्ति हैं। हाँ, यह सत्य है कि भाजपा ने मेरी कुछ सहायता की अवश्य है। मुझे उत्तर प्रदेश सरकार से एक हजार रुपयों की मासिक सहायता मिलनी शुरू हो चुकी है और इस अनुदान को प्राप्त करने वालों में लेखक के रूप में केवल एक मेरा नाम है, बाकी सब नौटंकियों तब लोककलाओं के कुछ अन्य क्षेत्रों में काम करने वाले लोग हैं। उत्तर प्रदेश सरकार की ओर से मेरे लिए एक आवास बनवाने की कार्यवाही भी शुरू की गई, लेकिन मकान अभी आधा-अधूरा ही बना था कि आर्थिक सहायता रोक दी गई और अब पंजीकृत चिट्ठियों का भी कोई उत्तर नहीं आता। अब मैं भारतीय जनता पार्टी वालों को कैसे और किन शब्दों में समझाऊँ कि अधूरी कृपा से कोई पार नहीं उतर पाता।

हाँ, पिछले वर्ष जो मुझे दो लाख रुपयों का लोहिया पुरस्कार उ. प्र. सरकार से मिला था, हो सकता है उसमें भाजपा के किसी शीर्ष नेता की प्रेरणा रही हो, लेकिन मैं नहीं जानता। बाकी स्थिति यह है कि भाजपा के किसी भी नेता द्वारा मेरी किसी भी चिट्ठी का कोई उत्तर तक मुझे मिलता नहीं। आपने पहले 'हंस' के एक अंक में तीन-तीन लेख मुझ पर लिखवाए थे और एक में मुझे श्री लालकृष्ण आडवाणी जी का पिछलग्गू सिद्ध करवाया था, तथा बताया था यह भी कि मैं आजकल लेखक के रूप में भाजपा के पुराने सिक्कों पर कलई करने का काम कर रहा हूँ।

दूसरे लेख में मुझे डॉ. मुरली मनोहर जोशी का बौद्धिक दलाल सिद्ध किया गया था और तीसरे में भारतीय जनता पार्टी का।

जब स्वस्थ था, दिल्ली जाया करता था और संभव होने पर भाजपा के तीनों शिखर नेताओं से और लगभग याचक के तौर पर बेटी को कहीं अच्छी जगह नौकरी दिलवाने स्वयं प्रकाशित पुस्तकों की बिक्री में कुछ सहायता करने को कहा करता था और इनमें से कोई काम आज तक नहीं हुआ। आर्थिक सहायता के लिए भी याचनाएँ किया करता था और इस दिशा में वही अधूरी कृपा केवल डॉ. मुरली मनोहर जोशी जी किया करते थे। वर्षों के अंतराल पर और अब भाजपा केंद्र में सरकार चला रही है, लेकिन कांग्रेस के प्रधानमंत्री ने तो कुछ प्रधानमंत्री कोष से आर्थिक सहायता की थी, किंतु प्रधानमंत्री अटल बिहारी वाजपेयी ने मेरे याचना-पत्रों का कोई उत्तर तक नहीं दिया। आडवाणी जी से तो पहले ही दूर हो चुका था, इसलिए उन्हें कोई पत्र लिखा नहीं, लेकिन डॉ. मुरली मनोहर जोशी जी ने भी मेरे कई-कई पंजीकृत पत्रों का उत्तर कदापि नहीं दिया। भाजपा की केंद्रीय सरकार से इतने कठिन समय में कोई छोटी-सी आर्थिक सहायता भी सुलभ नहीं हुई...और आपने इस मुद्रा में मुझे भारतीय जनता पार्टी में शामिल हो चुका लेखक घोषित किया है। जैसे भाजपा में मेरी गहरी पहुँच हो चुकी हो।

रह गया मानापमान का प्रश्न, जितनी दारुण परिस्थितियों से मैं गुजर रहा, आप एक महीना भी टिक नहीं पाते। रह गया चापलूसियों का सवाल, तो जरा खुलकर बताएँ कि भाजपा में किन-किन नेताओं से मेरे गहरे संबंध रहे हैं, एक चाटुकार लेखक के रूप में। राष्ट्र और राष्ट्रीयता के सवालों को उठाना चापलूसी करना नहीं होता। जब तक मनोविक्षिप्ति (पागलपन) के दौरे पड़ने शुरू नहीं हुए थे, मैंने जाने कितने लेखों में लिखा था कि भाजपा एक आधी-अधूरी राजनीतिक पार्टी है। राष्ट्र और राष्ट्रीयता की दृष्टि का जहाँ तक सवाल है जाने कितने लेखों में लिखा था कि राष्ट्रीय स्वयं सेवक संघ में किसी को भी राष्ट्र के आधारभूत सवालों का कोई ज्ञान नहीं है। और, आपकी जानकारी के लिए, 'पांचजन्य' में भी मेरे भाजपा की आलोचनाओं वाले लेख छपे थे। कुछ लेख भाजपा और संघ के पक्ष में भी लिखे थे, यह सच है। मैं हिंदुत्व वाला स्वयं के चिंतन और स्वभाव से हूँ, भाजपा या संघ के कारण नहीं। हाँ, संघ को मैं एक विशाल राष्ट्रीय संगठन मानता हूँ।

हाँ, तमाम कथित गैर-भाजपा राजनीतिक पार्टियों को मैं राष्ट्रविरोधी पाता रहा हूँ और इस निष्कर्ष पर मैं भाजपा के 'थिंक टैंक' की प्रेरणा से नहीं, बल्कि स्वयं के विचार और विश्लेषणों से पहुँचा हूँ। राष्ट्र हिंदुओं को भी चाहिए। एक जगह आपने राहुल सांकृत्यायन तथा रांगेय राघव की 'मार्क्सवादी विराटता' की बात की है और आप स्वयं 'मंडलवादी विराटता' के प्रवक्ता हैं। तब मुझे 'हिंदुत्व की विराटता' की बातें करने का हक क्यों नहीं ? मैं कथित पिछड़े वर्ग, दलित वर्ग और भारतीय

मुसलमानों को भी हिंदुत्व की परिधि से पृथक् नहीं पाता। आप ऐसी बातों को फासीवादी मानते हैं। आप अपने विचारों को स्वतंत्र हैं, तो मैं क्यों नहीं ?

आगे आपने एक घनिष्ठ मित्र परिवार का विस्तृत उल्लेख किया है, लेकिन उनके नाम छिपा लिए हैं। जब मेरे बारे में आप इतने बेलाग और खुले ढंग से लिख रहे थे, तो आपको शर्मा जी और सरयू जी के नाम भी लिखने चाहिए थे, लेकिन ऐसी निष्पक्षता और पारदर्शिता चालाक लोगों में नहीं होती। आर्यसमाजी, धार्मिक या आध्यात्मिक मामलों में भी मैंने स्वयं को शर्मा जी के अनुरूप ढाला, आपका यह आरोप भी बहुत चालाकी भरा है। शर्मा जी आर्यसमाजी हैं, यह पहली बार आपकी इस टिप्पणी से ज्ञात हो पाया है मुझे। शर्मा जी के यहाँ आर्यसमाजी हवन होते या शर्मा जी को आर्यसमाज की बातें करते मैंने कभी नहीं देखा।

शर्मा जी के साथ 'योगवाशिष्ठ' लेकर मैं आपके घर या दफ्तर कभी नहीं गया। बाजीगर के थैले में से कबूतर निकालने की भाँति, आपने यह शुद्ध सफेद झूठ 'हंस' के संपादकीय पृष्ठ पर निकाला है। 'योगवाशिष्ठ' की प्रति शर्मा जी ने आपके घर पहुँचाई या चुनौती के बाद, आप इसे स्वयं शर्मा जी के यहाँ से ले गए, यह भी मैं नहीं जानता। हाँ, 'योगवाशिष्ठ' पढ़कर उस पर 'हंस' में समीक्षा छापने पर—चाहे वह फिर कितनी ही निंदात्मक हो—आपको पचास हजार रुपए के विज्ञापन दिलवाए जाने की बात मैंने सुनी थी। बहस की शर्त उस संदर्भ में कहीं नहीं थी।

मैंने यह जरूर कहा था कि राजेन्द्र भाई इसे पूरा नहीं पढ़ पाएँगे। विचार या साहित्य के संदर्भ में वह थर्रा देने वाला ग्रंथ है और मैं चकित था कि ऐसा लिख पाना सम्भव कैसे हुआ होगा।

बेपढ़ा और अल्पशिक्षित मैं हूँ, यह एक सच्चाई है, लेकिन थोड़ा-बहुत जो भागमभाग के बीच पढ़ा था, उसमें 'योगवाशिष्ठ' सर्वश्रेष्ठ और लगभग अलौकिकता की कोटि का अनुभव हुआ था। मैंने भी उसके कुल चालीस-पचास पृष्ठ ही पढ़े थे और उनमें जो गगनचुंबी वैचारिक और साहित्यिक ऊँचाई दिखी, उसका पासंग भी मेरे या आपके साहित्य में नहीं। आदिकवि वाल्मीकि ने कोई और ग्रंथ भी लिखा है, यह मुझे भी मालूम नहीं था, लेकिन अब कहना चाहूँगा कि केवल 'रामायण' रचने में समर्थ व्यक्ति ही 'योगवाशिष्ठ' भी रच सकता था। आप तो दिल्ली रहते हैं और बहुत खोजी स्वभाव है आपका, आपको तो पता कर लेना चाहिए था कि आपकी बात सच है या नहीं।

समझना कठिन यह भी है कि 'योगवाशिष्ठ' पर आगे चलकर, क्यों ब्राह्मणों ने वाल्मीकि का नाम ठोंक दिया था, अपना क्यों नहीं। जो लेखक 'योगवाशिष्ठ' का मखौल उड़ा सकता है, वह पारदर्शी कदापि नहीं हो सकता। आप भी पारदर्शी नहीं हैं और इसीलिए झूठ को सच साबित करने में आप कबूतर के बाजीगर से कम कुशल नहीं हैं। आप यह भी नहीं बताते कि पहले 'योगवाशिष्ठ' की रचना

हुई या 'महाभारत' की; जबकि इनमें से एक त्रेता में रचा गया और दूसरा द्वापर में। द्वापर युग की नकल त्रेता में कैसे संभव हो गई ? 'योगवाशिष्ठ' 'गीता' की नकल नहीं।

एक जगह आप लिखते हैं—'जिरह में दूसरे को संपूर्णता में सुनकर ही खण्डन या मण्डन किया जाता है। उड़ता-उड़ता-सा कोई वाक्य लेकर फैसला दे डालना, जिरह नहीं, फ़तवा है।' 'योगवाशिष्ठ' के संदर्भ में फ़तवाबाजी करने के सिवा और क्या है ? आप खुद मियां फजीहत, गैरों को नसीहत हैं।

केवल संशयात्मा होने से बात बनती नहीं और 'गीता' में संशयात्मा के लिए क्या कहा गया है, इतना तो आपको पता ही होगा। चिंतन और विचार के संदर्भ में 'योगवाशिष्ठ' 'गीता' से कहीं श्रेष्ठ ग्रंथ है और उसमें श्रीकृष्ण के अर्जुन के प्रश्नों को शमित करने की भाँति महर्षि वशिष्ठ ने श्रीराम के प्रश्नों का शमन नहीं किया है। राम अर्जुन नहीं थे। न ही श्रीराम ने अंतिम समय में हिमालय की दिशा में प्रयाण किया। 'योगवाशिष्ठ' में श्रीराम के प्रश्न लगभग समतोल हैं, वहाँ घुटने टेककर, हाथ जोड़े अर्जुन की कोटि के प्रश्न नहीं हैं। किंतु इसमें संशय कतई नहीं कि 'गीता' एक महान् कृति है...दूसरी बात, महर्षि वशिष्ठ ने जब श्रीराम के प्रश्नों का समाधान किया था तब महाराज दशरथ जीवित थे और राम राजभोग लगाकर थक चुके राम नहीं थे। सवाल यह भी है कि महर्षि वशिष्ठ यदि राम के कुलगुरु नहीं, बल्कि 'मुख्यमंत्री' थे, तो बताना जरूरी होगा यह भी कि वो 'रामराज्य' के किस प्रदेश के 'मुख्यमंत्री' थे।

आज अपना अस्वस्थ होना बहुत व्याकुल कर रहा है। अन्यथा 'मटियानी बनाम मटियानी' वाली सुनियोजित तथा पूरा गणित लगाकर लिखी गई सम्पादकीय टिप्पणी में के सभी झूठों को अनावृत कर सकता था।

आपकी दृष्टि में अपना इलाज करवा सकने में भी असमर्थ, हलद्वानी की व्यापारिक मण्डी वाले कस्बे में असहाय पड़ा शैलेश मटियानी तो भाजपा के 'एलीट' वर्ग में शामिल व्यक्ति है और आप कार, हवाई जहाज या ए.सी. में विचरण करने वाले सर्वहारा हैं और 'हंस' कुत्सित कहानियों को छापने में अग्रणी नहीं, बल्कि जनवादी प्रगतिशील पत्रिका है।

मेरे और निर्मल वर्मा के अब कभी वापस नहीं हो पाने का आपको गहरा दुख है। लेकिन अपनी वापसी की चिंता नहीं।

अंत में सिर्फ इतना और कि सच्चाई और करुणा को गँवाने के बाद सच्चाई भाषा की पहली शर्त नहीं रह जाती।

आप सत्ता से सम्मान पाने के भूखे नहीं, आप पुरस्कारों के भी भूखे नहीं। मैं सम्मान पाने का भूखा इसलिए हूँ कि कुछ आर्थिक सहायता मिल जाए। मैंने बहुत पहले ही आपसे कहा था कि आप स्वयं को केंद्र में रखकर चलते हैं। इसीलिए मेरा मखौल उड़ाने में आपको आज भी झिझक नहीं हुई। रह गया 'गाली-गलौज' का

सवाल। मैंने आज तक कभी भी किसी लेखक को कोई गाली नहीं दी है। तर्क गाली नहीं होते और किसी विचारहीन, पोंगापंथी, मौकापरस्त, चापलूस, चाटुकार तथा गालीबाज लेखक का नाम तॉलस्तोय, चेखव, तुर्गनेव या प्रेमचंद की कतार में शामिल करना ठीक नहीं।

आप मेरी रक्षा की चिंता छोड़ें और आपके पास जो मेरी दो गालीबाजी वाली गलीज टिप्पणियाँ मौजूद हैं, उन्हें—या उनमें से किसी एक को—'हंस' में छाप दें, तब आपको अपनी पीड़ा न गिरिराज जी के समक्ष व्यक्त करने की विवशता होगी और न यह कहने की जरूरत होगी कि कुछ लोग देखना चाहें, तो आज भी उन्हें वे टिप्पणियाँ दिखाई जा सकती हैं, लेकिन मेरा लिहाज करके आपने उन्हें छापा नहीं।

अगर उन टिप्पणियों में सचमुच कुछ गालियाँ होतीं, तो आप उन्हें प्रसन्नतापूर्वक छाप देते, क्योंकि तब अपने वाग्जाल में मुझे फँसाने में आपको बहुत मदद मिलती। चूँकि ऐसा नहीं है, इसलिए उन्हें किन्हीं जिज्ञासुओं के लिए सुरक्षित रख छोड़ा है आपने। आपको स्मरण होगा कि 'हंस' की एक सम्पादकीय टिप्पणी में मुझे ऐंग्लोवैदिक उत्पत्ति और अपनी पूँछ में पटाखे बाँधकर, दूसरों को परेशान करने वाला कुत्ता बताया था...समर्थ की गाली गाली नहीं होती। अन्यथा तुर्गनेव, तॉलस्तोय, चेखव की सी गरिमा वाला लेखक घोषित कर चुकने के बाद मैं आपको कुत्ता नहीं दिखता। मुझको लेकर आप सदैव द्विविधाग्रस्त रहे हैं। 'मटियानी बनाम मटियानी' में भी स्थिति यही है।

'निमित्त' के सम्पादक श्री निगम तथा 'निमित्त' के विशेषांक के बारे में आपने जो कुछ लिखा है, उसके लिए धन्यवाद देता हूँ आपको। मेरी ओर से कोई बात नहीं थी, लेकिन निगम जी ने मुझ जैसे अस्त हो चुके लेखक को लेकर 'निमित्त' के दो विशेषांक लगातार क्यों निकाले, इसे केवल वो ही जान सकते हैं।

मैं धार्मिक नहीं, आध्यात्मिक हूँ और 'अर्द्धांगिनी' कहानी भी एक आध्यात्मिक भूमिका लिये हुए है...और फिर कहना चाहता हूँ कि विचार कहानी को चौपट नहीं करते, अगर कि उनमें पारदर्शिता हो।

शैलेश मटियानी

बीच बहस में, 'हंस', दिसंबर 98

बैताल सुनते नहीं हैं...

श्री शैलेश मटियानी के आग्रह पर उनका पत्र 'हंस' के 'बीच बहस' में अविकल प्रकाशित किया जा रहा है, वरना मेरे लिहाज़ से इसे संपादित किए जाने की जरूरत है। मगर ऐसा कोई भी संकेत उन्हें भड़का सकता है, तब वे मेरी बदनीयती, चालाकी और बेईमानी पर दो-चार पन्ने की टिप्पणी भी कर सकते हैं। उनकी इस तरह की प्रतिक्रियाओं पर मुझे हमेशा यही उलझन होती रही है कि वे मूल तर्क या मुद्दों से भटक कर गैर-जरूरी विस्तारों में चले जाते हैं और अपने निष्कर्ष निकालकर 'सिद्ध' कर देते हैं कि सामने वाला कितना चालाक, शातिर या बदनीयत है। जैसे अगर मैं कहूँ कि मटियानीजी ने जो पत्र लिखा था वह लाइनदार नीले कागज़ पर था; वे कहेंगे कि नहीं वह सफ़ेद कागज़ पर था और यह मेरी चालाकी है कि मैं एक सत्य को जानबूझकर विकृत कर रहा हूँ और फिर होगी लम्बी टिप्पणी कि लेखक को किस तरह ईमानदार होना चाहिए इत्यादि। पता नहीं वह कौन-सी 'षड्यंत्र-ग्रंथि' है जो उन्हें अक्सर अवांतर बनाती है। वे अगर खुलकर 'मेरी समझ' की सीमा या अज्ञानी होने का आरोप लगाते तो शायद मेरे लिए उन्हें स्वीकार करने में कोई दिक्कत नहीं होती। मगर 'मारूँ घुटना, फूटे आँख' का तर्क मेरी समझ में नहीं आता।

मैंने कभी नहीं कहा कि मटियानी भाजपा में शामिल हो गए हैं या पार्टी मेम्बर हो गए हैं। कहा सिर्फ इतना है कि इधर वे भाजपा संघ या विश्व हिंदू परिषद् की भाषा बोलने लगे हैं। वहाँ से उन्होंने क्या पद पाए या लाभ उठाए—यह मेरे लिए अप्रासंगिक है। हाँ, उन जैसे दबंग और ऊर्जस्वी लेखक को छुटभैये नेताओं की 'जी-हजूरी' करते देखकर दुख तो होता ही रहा है। मैंने यह भी स्वीकार किया है कि जब मैं उनके लिए कुछ भी नहीं कर सकता तो नैतिक रूप से उनके आचरण पर कुछ भी कहना अनुचित है। इसलिए इस बहस में उन व्यक्तिगत विस्तारों की जरूरत शायद नहीं थी। पत्र के अन्त में उन्होंने 'कुत्ते' इत्यादि की बात की है। यह मेरा प्रमाद या गुस्ताखी हो सकती है। मगर मैं एक प्रश्न जरूर करूँगा : हिंदी

के अधिकांश मुहावरे और लोकोक्तियाँ कृषि-संस्कृति से आए हैं और वहाँ पशु-पक्षियों के माध्यम से ही अभिव्यक्ति को धार दी गयी है। अगर मैं कोल्हू का बैल, धोबी का कुत्ता, सांप-छछूंदर या ऐसे ही किसी मुहावरे का प्रयोग करूँ और आप नाराज़ हो जाएँ कि मुझे कुत्ता, बैल, साँप इत्यादि कहा गया है तो इसे कौन-सा भाषा ज्ञान कहेंगे ? मुहावरे मंतव्य या प्रयोजन संप्रेषित करते हैं—वहाँ न कोई बैल होता है न साँप। पंचतंत्र की सारी कहानियाँ इन्हीं पशु-पक्षियों को केंद्र बनाकर कही गई हैं।

अब आएँ कुछ मूल मुद्दों पर। मुझे अभी भी लगता है कि मटियानी जी चिंतन और आध्यात्म की जिस दुनिया में पहुँच रहे हैं वहाँ से लौटना संभव नहीं है। कोई नहीं लौटा और प्रायः सभी संत-योगी अपनी कुंडलिनी जगाए त्रिलोक के दर्शन करते आत्म-हिप्रोटिज़्म में विचरण करते रहे। मेरी जानकारी में बुद्ध, शंकराचार्य, कबीर, विवेकानंद, निराला और किसी हद तक रजनीश ही ऐसे साधक रहे हैं जिन्होंने आध्यात्मिक ऊँचाइयों और लोकोत्तर अनुभूतियों की गहराइयाँ भी छुई हैं और वापस समाज में भी लौटे हैं। उनका आध्यात्म उन्हें किसी गगन-गुफा के अंधेरों में, काव्योक्तियों के मोहक सौन्दर्य लोक या सहस्रों सूर्यों के दैवी प्रकाश में बाँधकर ही समाप्त नहीं होता—वह वापस समाज की विषमताओं, अन्यायों और शोषण के खिलाफ आवाज़ उठाने का 'दर्शन' देता है। वहाँ पलायन और आत्म-समर्पण नहीं, यथास्थिति को बदलने की क्रांतिकारी चेतना है—दूसरे शब्दों में निष्क्रिय आध्यात्म का अस्वीकार है।

यही मेरे अपने संकट का दूसरा पक्ष है। अगर मैं 'योगवाशिष्ठ' की गहराइयों या काव्यात्मकता तक ही अपने को सीमित न रखकर उसके दूसरे संदर्भों में जाता हूँ तो यह मटियानी जी को मेरी बदनीयती या कुतर्क लगता है। हम जिस युग में रह रहे हैं उसमें इससे कोई फर्क नहीं पड़ता कि कोई ग्रंथ या पुराण अपने को द्वापर का बताता है या त्रेता का—उसे ब्रह्मा ने सुनाया था या शिव ने (हजारी प्रसाद द्विवेदी 'बाणभट्ट की आत्मकथा' और 'चारुचन्द्र लेख' को पुरातात्त्विक अवशेषों से प्राप्त ग्रंथ बताते हैं।) वहाँ भाषा-वैज्ञानिक और ऐतिहासिक स्रोतों से यह निर्धारित करना पड़ता है कि वह लिखा किस समय गया। रॉयल एशियाटिक सोसायटी या बाद में भण्डारकर शोध-संस्थानों जैसे केंद्रों ने इस विषय में गहन शोध और अनुसंधान किए हैं। उनके अनुसार हमारे अधिकांश धर्म-ग्रंथों को बारहवीं से पंद्रहवीं शताब्दी में लिपि-बद्ध किया गया। जाहिर है कि वहाँ तत्कालीन मानसिकता और संदर्भ भरे पड़े हैं। अगर मटियानी जी देख सकें तो मैंने 'हंस' के पिछले अंकों में 'ओरियंटलिज़्म' पर एक बहस शुरू की थी। आधार था, मटियानी जी की शर्तों के अनुसार 'परम भारतीय' डॉ. ओमप्रकाश केजरीवाल की पुस्तक 'भारत के अतीत की खोज'। इसके अनुसार पश्चिमी विद्वानों, शोधकर्ताओं का निष्कर्ष है कि 'भारत के पास अतीत है, इतिहास नहीं' और सबसे धक्का देने वाली बात यह कि मध्य-अठारहवीं शताब्दी से पहले यहाँ किसी को न समुद्रगुप्त-चंद्रगुप्त-पाटलिपुत्र का पता था न कालिदास,

कौटिल्य या अशोक का। हमारे इन सभी ग्रंथों का पुनराविष्कार या पाठ-निर्धारण पश्चिमी शोधकर्ताओं ने 'हमारे लिए' किया। सांस्कृतिक राष्ट्रवाद की लगभग सारी आधार सामग्री औपनिवेशिक साम्राज्यवाद की छाया में दो सौ सालों के दौरान तैयार हुई—वारेन हेस्टिंग्स और सर विलियम जोन्स की रायल एशियाटिक सोसाइटी के तत्त्वावधान में। उनका उद्देश्य था कि भारत की आध्यात्मिक विराटता और दार्शनिक ऊँचाइयों के रहते, भौतिकतावाद बहुत निचली और तिरस्करणीय चीज़ है—भारतवासियों को चाहिए कि अपनी इन महानताओं से नीचे न गिरें और राज-काज या संपत्ति की भौतिक व्यवस्था की जिम्मेदारी हमारे ऊपर छोड़ दें।

बहरहाल, मैं कह रहा था कि पुराण या अन्य प्राचीन ग्रंथ अपने आपको किस युग का या कितने हज़ार साल पुराना बताते हैं इसके बरअक्स यह जानना जरूरी है कि उन्हें लिपि-बद्ध या व्यवस्थित किस काल में किया गया। 'हंस' में ही पिछले दिनों एक लेख आया था 'क्या रावण बौद्ध था' काफ़ी बावेला मचा कि क्या बुद्ध रावण से पहले थे जिनका वह अनुयायी बना ? (सर विलियम जोन्स ने रामायण के लिए एक अलग शोध-विभाग बनाया था) यहाँ देखना जरूरी होता है कि कोई कथा लोक वाचिक परंपरा में किस तरह लगातार बदलती है और उसे लिखते समय तत्कालीनता कैसे वहाँ प्रवेश करती है। अगर आज मैं कहूँ कि तुगलक, हिटलर से ज्यादा नृशंस था तो इसका यह मतलब कभी नहीं होता कि हिटलर तुगलक से पहले हुआ। मैथिलीशरण गुप्त की सीता गाँधी जी का चर्खा चलाती है और 'महाभारत' सीरियल में इराक-अमेरिका युद्ध के मिसाइल और स्कडें चलती दिखाई जाती हैं।

रामायण या (इसी अंक में प्रकाशित भवदेव पांडेय के अनुसार) 'योगवाशिष्ठ' में की कई बुद्ध-भर्त्सना यही सिद्ध करती है कि उनकी रचना किसी द्वापर-त्रेता में नहीं, बहुत बाद में हुई है। अब इस भोले तर्क का क्या जवाब दिया जाए कि 'रामायण' लिखने वाले वाल्मीकि ही 'योगवाशिष्ठ' लिख सकते थे।

मुझे तो अभी भी लगता है कि योगवाशिष्ठ की रचना 'गीता' के जवाब में की गई। 'गीता' स्वयं स्वतंत्र रचना के रूप में बहुत बाद में अस्तित्व में आयी। कुछ विद्वान मानते हैं कि गीता के पीछे इस्लामी एकेश्वरवाद का दबाव है—जहाँ सारे देवी-देवताओं को अस्वीकार करके एक ही विश्वात्मा की प्रतिष्ठा की गई है। डॉ. कोसांबी और भगवतशरण उपाध्याय जैसे लोग यह भी मानते हैं कि महाभारत का युद्ध अनेक गणों के विलयन के बाद एक साम्राज्य स्थापना का पहला चरण है। गीता इस एकात्मकता को दार्शनिक आधार देती है। इसी तर्क से कुछ गवेषकों की मान्यता है कि ब्राह्मणी पुराणवाद और करोड़ों देवी-देवताओं के खिलाफ गीता 'एक ईश्वर' (मामेकं शरणं व्रज) की स्थापना करती है। बहरहाल, यह सब कहकर मैं किसी भी ग्रंथ के काव्यात्मक सौंदर्य को अस्वीकार नहीं कर रहा। अगर मटियानी जी 'दुर्गा सप्तशती' या 'योगवाशिष्ठ' के काव्य सौंदर्य पर अभिभूत हैं तो वे कहीं भी गलत

नहीं हैं। वहाँ कविता भी है और बौद्धिक तेजस्विता भी।

मगर जैसा कि मैंने कहा, पुराणों के अपने कथ्य को हम लेखन-समय से काटकर समझ ही नहीं सकते। यानी कोई भी 'टैक्स्ट' बिना 'कटैक्स्ट' के अधूरा है। कानून में भी 'अपराधी' का अपना बयान, दूसरी गवाहियों या परिस्थितियों के साक्ष्य के बिना अधूरे और गलत नतीजों पर पहुँचा सकता है। 'टैक्स्ट' को समझने के लिए यह देखना जरूरी है कि उससे जुड़े दूसरे संदर्भ क्या हैं ? यानी वह किन स्थितियों में लिखा गया। लिखने वाले की सामाजिक हैसियत क्या थी और सबसे बड़ी बात कि उसके श्रोता या पाठक कौन थे ? रीतिकाल का विश्लेषण करते हुए आचार्य रामचंद्र शुक्ल ने इसी विवेचना-पद्धति का अनुसरण किया है—वे मानते हैं कि अपने सारे काव्य-सौंदर्य और शाब्दिक विचक्षणता के बावजूद वह दरबारियों के अपने मनोरंजन का साहित्य है, इसलिए वह इकहरा है और पतनशील संस्कृति की मानसिक विकृतियों को ही अभिव्यक्ति देता है। भाषा शास्त्री भी मानते हैं कि कोई 'शब्द' अपने आप में स्वायत्त संपूर्ण नहीं है, वह देश काल के संदर्भों से ही अर्थ ग्रहण करता है—यानी कहने और सुनने वालों की मनःस्थितियाँ ही शब्दों के अर्थ तय करती है। 'हरामी' एक जगह गाली है, तो दूसरी जगह अंतरंग प्यार का आत्मीय संबोधन।

अब अगर मैं इन पूज्य-पवित्र ग्रंथों के काव्य-सौंदर्य को अनदेखा किए बिना दूसरे संदर्भों के साथ देखता हूँ तो कहाँ गलत हूँ ? मेरे निष्कर्ष गलत हो सकते हैं, मगर पद्धति को मैं वैज्ञानिक ही मानता हूँ। कालिदास की महानता और काव्य-प्रतिभा से कौन इनकार कर सकता है, मगर मैं वहीं तक न रहकर यह प्रश्न भी उठाता हूँ कि वह दरबार तक सीमित काव्य है, अपने रसिकों की मानसिक बनावट या सीमाओं का अतिक्रमण नहीं करता, बल्कि उन्हीं से निर्धारित होता है, और यह कि दरबारी मर्यादाओं में बँधे कालिदास समाज की उन सचाइयों को लिख ही नहीं सकते थे जो शूद्रक ने 'मृच्छिकटिकम्' में लिखी हैं—या सिंहासन बत्तीसी, शुक-सारिका संवाद की कहानियों वाली लोक-कथाओं में प्रचलित हैं।

इस पृष्ठभूमि के साथ आज मेरा यह प्रश्न कुफ्र क्यों है कि हमारे पुराण और धर्म-ग्रंथ अपने-आप में जो भी कुछ और जैसे भी महान् क्यों न हों, वस्तुतः वे किन लोगों की मानसिक जरूरत को पूरा करते हैं, उनमें आए संवाद और प्रश्न किस व्यवस्था के वैधीकरण (जस्टिफ़िकेशन) की स्थापना करते हैं ? उस वर्णवादी व्यवस्था में वह मेहनतकश और उत्पादक वर्ग—यानी दलित और स्त्रियाँ कहाँ हैं जो समाज के अधिसंख्यकों के रूप में वहाँ रहे होंगे ? एक बहुत बड़े वर्ग को अपने मनोजगत से बहिष्कृत क्यों रखा गया है ? सत्ता से जुड़े कुलीन-वर्ग और शासित वर्ग के धर्म और कर्तव्य अलग-अलग क्यों हैं और क्यों उनकी सामाजिक नीचता को शास्त्रीय या धार्मिक वैधता देकर उनके दासत्व को अपरिवर्तनीय नियति बना दिया गया है ? सचाई क्या यह भी नहीं है कि ये सारे धर्म-ग्रंथ उस सामंती व्यवस्था

के जायज़ीकरण और स्थायीकरण के दर्शन हैं जहाँ गैर-बराबरी और दुहरे मूल्यों को दैवी या प्राकृतिक विधान के रूप में प्रतिष्ठित कर दिया गया है। जहाँ निचला हमेशा सेवा करता है और ऊँचा कृपा। वर्ण-व्यवस्था के समर्थक अक्सर तर्क देते हैं कि वर्ण जन्म से नहीं, कर्म और गुणों से निर्धारित होते हैं—इस बात की पुष्टि के लिए श्लोक भी उद्धृत किए जाते हैं। मगर यहाँ प्रश्न यह भी है कि ये सारे पुण्य, कर्म और गुण प्रभु वर्ग के पक्ष में ही क्यों हैं ? कर्ण और एकलव्य कम धनुर्धर थे या शंबूक कम शास्त्रज्ञ था ऐसा तो नहीं है। मगर उन्हें सज़ा उनके जन्मना अवर्ण होने के कारण मिलती है और सारे पराक्रम के स्वामी विश्वामित्र, वसिष्ठों के द्वारा कभी मान्यता नहीं पाते। सारे नैतिक, धार्मिक अमानवीय परीक्षणों से बेदाग़ निकल आने वाली सीता साम्राज्ञी का नहीं, गृह-निष्कासिता का जीवन बिताती है। बराबरी की सारी मोहक लफ़्फ़ाजी के बावजूद उमा भारती जैसे लोग कभी किसी मठ या पीठ के शंकराचार्य नहीं बनेंगे। उन्हें बाहरी परिधियों पर ही रखा जाएगा। दलित हों या स्त्री, सवर्ण समाज में वे अनकिए अपराधों की सजा भोगने के लिए अभिशप्त हैं।

यहाँ मटियानी जी पूछ सकते हैं कि समाज-समीक्षा की इस सारी बकवास का उन महान्, दार्शनिक ग्रंथों और उत्कृष्ट काव्य से क्या संबंध ? उन्हें उनकी अपनी गुणवत्ता के आधार पर ही देखा जाना चाहिए। जैसा कि मैंने कहा, सारी सामाजिक गंदगियों से ऊपर उठे हुए या प्रांजल निथरी हुई 'निश्छल' मानसिकता के पाठकों के लिए शायद यह संभव हो कि वे परम आस्था के साथ वही देखें जो उन्हें दिखाया जा रहा है—मगर मेरे जैसे संशयात्मा उनके सामाजिक-ऐतिहासिक और राजनीतिक संदर्भों की बात जरूर उठाएँगे, क्योंकि यहाँ एक दूसरा नैतिक प्रश्न उलझा हुआ है। अनेक बार कहने के बावजूद यानी दुहराव का खतरा उठाते हुए भी मैं यहाँ उसी प्रश्न की तरफ़ ध्यान दिलाना चाहूँगा।

पिछले दिनों 'टाइम' जैसी पत्रिकाओं और इधर कुछ दिन पहले 'हिंदू' में पश्चिमी वैज्ञानिकों और चिकित्सा-शास्त्रियों के बीच एक बहस ने काफ़ी जोर पकड़ा था। हिटलर ने लाखों यहूदियों को गैस-चैंबरों में समाप्त किया था। उसी समय 'मृत्युदंड' पाए हुए सैकड़ों (या हज़ारों) स्वस्थ यहूदियों को जर्मन वैज्ञानिकों या शोध-कर्त्ताओं को यह कहकर सौंप दिया गया कि जब इन्हें मरना ही है तो क्यों न कुछ घातक परीक्षण करके वैज्ञानिक अनुसंधान किए जाएँ। जाहिर है उन पर ये नृशंस परीक्षण किए गए और कुछ महत्त्वपूर्ण वैज्ञानिक या मेडिकल क्षेत्रों में अनखोजी उपलब्धियों के द्वार खुले। आज पश्चिमी वैज्ञानिकों और डाक्टरों के बीच यही बहस का विकट मुद्दा है कि इन खोजों और उपलब्धियों को सिर्फ़ वैज्ञानिक अनुसंधानों के आधार पर ही स्वीकार किया जाए या वहाँ यह नैतिक और मानवीय प्रश्नों पर भी विचार हो कि वे परीक्षण किन लोगों की कीमत पर हुए हैं। कहा जाता है कि अपने यहाँ का भोपाल गैस-कांड भी ज़हरीली गैस का एक परीक्षण था। इस संदर्भ में क्या सिर्फ़

इतना काफ़ी है कि वैज्ञानिक जगत् गैस की उत्कृष्टता और मारक क्षमता पर ही मुग्ध होता रहे—वहाँ तीन-चार हज़ार लोगों के मरने या हज़ारों के अपंग हो जाने का कोई ज़िक्र ही न हो... हो सकता है 'उनके' लिए यह सवाल कुतर्क और गैर-जरूरी हो, मगर हम जो 'रिसीविंग एण्ड' (भुक्तभोगी) हैं, कैसे इस सवाल से कतरा सकते हैं ? क्या आज भी करोड़ों लोगों को, वर्ण-व्यवस्था के पक्षधर बौद्धिक और भौतिक एलीट वर्ग का आभारी होना चाहिए कि उन्होंने कृपापूर्वक उनका शोषण-दमन किया और उन्हें कुत्तों की जिन्दगी का 'स्वर्ग' दिया ? नहीं, हिंदू उदारतावाद का गला फाड़-फाड़कर गुणगान करने वाले कुत्तों, बंदरों, गाय, बैल, चूहों और चींटियों को बचाने के लिए तो सब कुछ करेंगे—मगर शूद्रों और दलितों को घर और गाँव से बाहर ही रखेंगे...बेशर्मी से कहेंगे कि हमारे यहाँ जैसा पारिवारिक प्रजातंत्र दुनिया में और कहाँ है ?

भव्य और दिव्य प्राकृतिक वातावरण में हवन-यज्ञ करते ऋषि-मुनियों के साम-गान, उपनिषद और बौद्धिक-विमर्श हम हज़ारों सालों से सुनते-गुनते रहे हैं, अब अगर उस सबको उन असुरों, राक्षसों और यातुधानों की तरफ़ से भी देखने का आग्रह है जिन्हें अपनी जमीनों से अपदस्थ कर दिया गया, जिनके वध और संहार को ही शौर्य का उत्सवीकरण माना गया—तो यह सब अपराध क्यों है ?

शायद ही कोई होगा जो बाख़ और मोत्सार्ट के लोकोत्तर संगीत की गरिमा से इनकार कर सके। लाखों-करोड़ों ने उस संगीत के सागर में गोते लगाकर आत्मा की उदात्त भावभूमियों का स्पर्श किया है। मगर सुनकर कैसा लगता है जब बताया जाता है कि गोयेबल्स और हिटलर जैसों के आदेशों पर जब लाखों यहूदी गैस-चैंबरों या फ़ायरिंग स्कैवड के सामने तड़प-तड़पकर मर रहे होते थे तो वे खुद बाख़ और मोत्सार्ट के संगीत से अभिभूत होकर आनंदाश्रु बहा रहे होते थे। शंका यह भी होती है कि कहीं यह संगीत इसी वर्ग की अपराध-बोधग्रस्त आत्मा के परिष्कार के लिए ही तो नहीं रचा जाता था। यही प्रश्न गीता, दुर्गा सप्तशती या योगवाशिष्ठ के उत्कृष्ट काव्य सौंदर्य और गहन दार्शनिकताओं को लेकर भी पैदा होते हैं कि जब प्रभु-वर्ग के आदेशों पर कारिंदे, दलितों-शूद्रों की बस्तियाँ जला रहे होते हैं—औरतों पर बलात्कार, अत्याचार कर रहे होते हैं या ग़रीब मेहनतकशों को उलटा लटका कर लाठियों या हथियारों से धुनाई कर रहे होते हैं—ठीक उसी समय 'मालिक' महल या हवेली के शांत कमरों में धूप लोबान जलाए घंटियाँ बजाते देवताओं के चरणों में पूजा-साधना में डूबे होते हैं। या परम फुरसती निश्चिंतता से काव्य-संगीत की बारीकियों पर वाह-वाह कर रहे होते हैं। श्रम और उत्पादन से जुड़े वर्ग के प्रति घृणा और अत्याचारों पर पनपने वाले इस परोपजीवी (पैरेसाइट) तबके और उसके 'उदात्त चिंतन' पर डॉ. पी. सी. जोशी का अध्ययन याद आता है।

प्रभु-वर्ग द्वारा पोषित महान् संस्कृति के भव्य महलों की दीवारों और नींवों

में जिनकी हड्डियाँ और जिंदगियाँ चुनी गई हैं उनसे भी पूछा जाना चाहिए कि वे इन अद्वितीय सांस्कृतिक उपलब्धियों के बारे में क्या सोचते हैं। ब्रेश्ट के शब्दों में लोहे का स्वाद सिर्फ़ घुड़सवार ही नहीं जानता, वह घोड़ा भी (ही) जानता है जिसके मुँह में लगाम बनाकर लोहा स्थायी कर दिया गया है। 'संस्कृति के चार अध्याय' के लेखक दिनकर की पंक्ति है : ''मानव शोषण के प्रतीक ये राजमहल ये ताजमहल...''

खैर, इतने सब कुतर्कों में न जाएँ तो भी मैं मटियानी जी की उस व्यवस्था के प्रति कृतज्ञता को जरूर समझना चाहता हूँ जो उन्हें कलियुगी भव-बाधाओं से मुक्त करके गहन-गंभीर चिंतन की बौद्धिक निश्चिंतता और प्रशस्ति देती है। वे सांस्कृतिक राष्ट्रवाद के उन असुविधाजनक (अनकंफ़र्टेबिल) सवालों में क्यों जाएँगे जहाँ यथास्थिति बनाए रखने के लिए हर परिवर्तनकामी प्रवृत्ति का विरोध है। जो कुछ भी महान् और सर्वश्रेष्ठ था वह तो हमारे ऋषि-मुनि पहले ही सोच गए हैं ...हमें तो निष्प्रश्न उनका अनुगमन ही करना है।

तो ये वे धरातल हैं जहाँ मैं अपने आपको मटियानी जी से अलग पाता हूँ और मतभेद की स्वतंत्रता को अपना अधिकार मानता हूँ। वे न तो वर्ण-व्यवस्था और प्रभु संस्कृति के बारे में कुछ कहते हैं, न इस प्रश्न पर विचार करते हैं कि परंपरा और राष्ट्रवाद, स्वतंत्र वैज्ञानिक चिंतन की सबसे बड़ी बेड़ियाँ क्यों हैं। राष्ट्रवाद हमें 'हम और वे' में बाँटता ही नहीं, उन्हें एक-दूसरे के खिलाफ़ खड़ा करता है। वह सारी परंपराओं और इतिहास को आज की राजनीतिक जरूरतों के तहत विकृत और कुत्सित परिभाषाओं से लाद देता है—राष्ट्रवाद बिना एक शत्रु की कल्पना के अपने-अपने परिभाषित ही नहीं कर सकता। वह हर असहमति को राष्ट्रद्रोह का नाम देता है और लगभग धार्मिक कठमुल्लेपन से असंतुष्टों को कुचलता है। वह लोकतंत्र का सबसे बड़ा दुश्मन है और फासीवाद लाता है। इस व्यवस्था को सुचारु रूप से चलाए रखने के लिए लंपट तालिबानों के जत्थे तैयार करता है।

नहीं, मटियानी जी इन सवालों से एक बौद्धिक की तरह नहीं जूझेंगे—वे सिर्फ प्राचीन के प्रवक्ता और पक्षधर बनकर अतीत का गुणगान करेंगे या मैंने कब उन्हें कहाँ आहत किया इस पर पन्ने-दर-पन्ने रंगेंगे। यानी शायद वे यह मानते हैं कि मेरी और उनकी दूरी वैचारिक नहीं, व्यक्तिगत है और इसका कारण मेरा 'नीच' आचरण है।

शायद यही कारण है कि उन्होंने मेरे मंडल समर्थक रूप को तो देखा, मगर उसके अगले विकास की अनदेखी करते रहे। यह सही है कि मैं सैद्धान्तिक रूप से मंडल समर्थक रहा हूँ और इसके लिए न मैंने कोई सौदा किया न सुविधा चाही। आज भी मैं मानता हूँ कि पिछड़ों द्वारा सत्ता या आजीविका में हिस्सेदारी की माँग ने एक विशेष वर्ग को जिस हिंस्र ढंग से बौखला दिया था वह अवसरों और सत्ता

के वर्चस्व छिनने का ही संकट था। सारे मीडिया और बुद्धिजीवी-वर्ग ने अपनी दक्षता और योग्यता को वैसे ही हथियार की तरह इस्तेमाल किया जैसा सौ सालों से अंग्रेजी साम्राज्यवाद करता रहा था कि भारतीय अगर प्रशासन के लिए सचमुच 'योग्य और दक्ष' हो जाएँ तो हम हिंदुस्तान छोड़कर जाने को तैयार हैं। जाहिर है योग्यता-दक्षता के सभी पैमाने और फ़ैसले प्रभु-वर्ग के ही पास सुरक्षित हैं। आरक्षण के बल पर अयोग्य व्यक्ति ज़िम्मेदारी की नौकरी पाए यह उनके लिए असह्य है। हाँ, घूस, रिश्तेदारी, जातिवाद या राजनीतिक दबावों में अपने अस्सी प्रतिशत अयोग्य कहीं भी घुस जाएँ "यह तो चलता ही है, आज नहीं तो कल सीख जाएगा।" मंडल ने समाज-परिवर्तन की दिशा में सबसे जरूरी काम यही किया कि सुविधाओं और अवसरों पर सदियों से चली आती कुछ वर्णों की इज़ारेदारी, यानी वर्चस्व की केंद्रीयता तोड़कर एक गतिशीलता दी। मंडल इस बात का आश्वासन था कि सामाजिक अवसरों और सुविधा-साधनों पर सिर्फ कुछ की इज़ोरदारी 'प्राकृतिक' नहीं थी और उस वर्चस्व को तोड़ा जा सकता था।

यहाँ तक तो बात सही थी, मगर शीघ्र ही मैंने देखा कि पिछड़े वर्ग भी समाज व्यवस्था में कोई परिवर्तन नहीं चाहते, बल्कि उसे बरकरार रखते हुए सिर्फ सत्ता में हिस्सा चाहते हैं। सत्ता और सुविधाएँ पाकर वे अपने को अधिक ब्राह्मण ही नहीं बना रहे हैं, दलितों और निचलों पर भी वैसे ही अत्याचार कर रहे हैं जो पहले अपने स्वामियों के लिए करते थे। मुझे लगा कि सामाजिक परिवर्तन का सबसे बड़ा विरोधी यही नव-सत्ता प्राप्त पिछड़ा वर्ग है। इस वर्ग की दृष्टि और सोच की सीमा सिर्फ इतनी थी कि कुछ लोगों का एकाधिकार तोड़कर सत्ता में अपना हिस्सा तय कर लें। वे आज अपने प्रभु-वर्ग से ज्यादा क्रूर, अंधविश्वासी और धर्माडंबरी हैं। आज उनके पास जमीनें भी हैं और ख़तरनाक किस्म की राजनीतिक आक्रामकता भी। मैं जानता हूँ कि यहाँ मटियानी जी कहेंगे कि हम तो पहले ही मंडल के विरोधी थे कि वह खुद उनके हित में नहीं है और जातिवादी ज़हर फैलाता है। उनका यह कथन किसी के हित में हो न हो, सत्ता वर्चस्व में हिस्सा न देने वालों की वकालत जरूर है। खैर...

तब मुझे लगा : मुक्ति का अगला चरण दलितों और स्त्रियों के साथ होना है। यही वे लोग हैं जिन्हें सारे अधिकारों और सामाजिक या पारिवारिक निर्णयों से बाहर रखा गया है। उनकी अगली लड़ाइयाँ, इन्हीं पिछड़ों से होनी हैं जो सवर्ण कुलीनों से मिलकर दलितों के लिए अधिक अत्याचारी होंगे और सामाजिक यथास्थिति की रक्षा करेंगे। आश्चर्य है कि पिछले चार-पाँच वर्षों के मेरे इस बदलाव पर मटियानी जी का ध्यान नहीं गया और वे आज भी वहीं हैं जहाँ प्राचीन का महिमागान सबसे बड़ा बौद्धिक होना है। वहाँ सुविधा भी है कि अपने समय और स्थिति के हिसाब से नया कुछ सोचना नहीं है—जो कुछ धर्म ग्रंथों में लिखा है या पहले के लोग सोच

गए हैं उसे ही गद्गद होकर अपने शब्दों में दुहरा देना है।

इसी सांस्कृतिक विराटता के बारे में एक दूसरी बात कहना भी जरूरी है। यूरोप में आज जिसे हम 'रेनेसां' या पुनर्जागरण कहते हैं वह सामाजिक-राजनीतिक शक्तियों के चर्च या ईश्वरीय विधानों से मुक्ति की प्रक्रिया है। धार्मिक वर्चस्व की निरंकुश बेड़ियों से छूटकर वहाँ ज्ञान-विज्ञान के न जाने कितने क्षेत्रों में क्रांतिकारी चिंतन हुए—समाज व्यवस्थाएँ बदलीं। अंधेरी बंद दैवी कोठरियों में कैद प्रतिभाएँ जैसे स्वतंत्र और खुले आसमान का साक्षात्कार करने लगीं। हमारे यहाँ का बौद्ध-युग ठीक वैसा ही रेनेसां युग है जो सारे चिंतन को 'ब्रह्म सत्यं जगत् मिथ्या' की बेड़ियों से मुक्त करता और नया समाज दर्शन देता है। आज भारतीय-संस्कृति की जिन महान् उपलब्धियों पर राष्ट्रवादी गर्व करते हैं वे सभी प्रायः बौद्ध-युग या उसी परिवेश की उपज हैं—चाहे नागार्जुन, धर्मकीर्ति और अश्वघोष जैसे दार्शनिक रहे हों या वराहमिहिर, आर्यभट्ट, चरक, सुश्रुत, कौटिल्य, वात्स्यायन, भरत, पाणिनि-पंतजलि जैसी प्रतिभाएँ ...यहाँ राष्ट्र-गौरव से प्रेरित "बौद्ध थे या वेदांती, थे तो भारतीय" के सर्व समेटू उदारतावादियों को यह नहीं भूलना चाहिए कि उसी बौद्ध-धर्म को लेकर भयानक कत्लेआम और नृशंस विध्वंस हुए हैं—इतिहास उन्हीं क्रूर खून खराबों से भरा पड़ा है। (देखें, भगवतशरण उपाध्याय की प्रसिद्ध पुस्तक 'इतिहास के पन्नों पर खून के छींटे') मेरा कहना सिर्फ यही है कि काश 'भोले भारतीयतावादी' मटियानी जी अगर इन असुविधाजनक तथ्यों पर भी दृष्टिपात कर लेते...

मैं चिंतक मटियानी जी को सत्ता-समर्थक नहीं, हिन्दूवादी वर्ण-व्यवस्था का प्रत्यक्ष या परोक्ष समर्थक मानता हूँ। इससे कोई फ़र्क नहीं पड़ता कि वे देश के एक कोने हलद्वानी में हैं या दिल्ली में। उन्हीं की भाषा में कहूँ तो आपसी विरोधों के बावजूद वसिष्ठ और विश्वामित्र एक ही व्यवस्था के समर्थक थे—भले ही एक राजमहलों में बैठा हो या दूसरा जंगलों की ख़ाक छान रहा हो—नारद सबसे बड़े 'सर्वहारा' हैं जो घूम-घूमकर उसी व्यवस्था के बिखरे सूत्रों को गूँथते हैं। लगभग यही बात मटियानी जी के चिंतक और रचनाकार के अंतर्विरोधों को लेकर भी है। उस सारे संपादकीय में मैंने सिर्फ़ यही कहा है कि उनके रचनाकार के आगे मैं नत-मस्तक हूँ। हाँ, उनका चिंतक मेरे गले नहीं उतरता। वह राष्ट्रवादी भले ही हो, अपनी व्याप्तियों में लगभग अमानवीय है, क्योंकि एक बड़े वर्ग की स्थितियों और आकांक्षाओं को पूरी तरह अनदेखा करते हुए प्रभु-वर्ग की संस्कृति के महिमामय 'रोड रोलर' के हवाले कर देता है। नाज़ी दर्शन से सहानुभूति रखने वाले एजरापाउंड और एलियट—अपने युग की महान् प्रतिभाएँ हैं, इससे कौन इनकार करेगा। मेरी आपत्ति सिर्फ यही है नाज़ीवाद की सारी राष्ट्रीयता के बीच वे जूलियस फ़्यूचिक, एन फ्रेंक या लोर्का जैसों की नियति को कैसे अनदेखा करते रहे...यहाँ रचनाकार और सामाजिक व्यक्तित्व के जटिल अंतर्विरोधों में जाने की ज़रूरत नहीं है—हाँ, इतना मैं जरूर कहूँगा कि वे इतने सीधे

और एकरेखीय नहीं होते, चाहे एक दूसरे को कत्ल करके सिंहासन हथियाने वाले छह बादशाहों के दरबारी अमीर खुसरो हों या व्यक्तिगत जीवन में परम 'पतित' दोस्तोयव्स्की, तॉल्सतोय और मोपासां हों। रचनाकार और सामाजिक व्यक्ति कभी एक-दूसरे के पूरक होते हैं, तो कभी एक-दूसरे से पलायन...यहाँ तक कि कभी-कभी एक-दूसरे के शत्रु—और यह सब एक ही साथ एक ही शरीर में होते हैं। रचनाकार मटियानी मेरे प्रणम्य हैं और चिंतक मटियानी...ख़ैर छोड़िए...अभी भी कामना करता हूँ कि मटियानी जी अपने मूल ऊर्जा स्रोत पर लौट आएँ...और वह है उनकी रचनात्मकता।

मेरी तेरी उसकी बात, 'हंस', दिसंबर 98

अश्क बनाम राजेन्द्र यादव

राजेन्द्र यादव के नाम

इलाहाबाद : 23.4.81

प्यारे यादव,

परसों कौशल्या अपने भाई की बरसी पर बंबई चली गयी। और तुम्हारी पुस्तक 'औरों के बहाने' मेरी मेज़ पर रखती गयी। उसने जरूर पढ़ी होगी, लेकिन उसे क्या अच्छा लगा, यह जल्दी में उसने नहीं बताया। आएगी तो पूछूँगा।

सबसे पहली बात यह है कि यह पुस्तक मुझे 'प्रेमचंद की विरासत' से बेहतर लगी। वह पुस्तक मैं सारी पढ़ पाया था। 2-3 ब्रिलियंट लेखों के बाद कहानी संबंधी निबंधों से तुम्हारी ग़लत सोच और कन्फ्यूज़न और 'नयी कहानी' के संदर्भ में तुम्हारी धाँधली भरी धारणाओं ने (जिनका झूठ आज स्वतः सिद्ध है) बाधा उपस्थित कर दी थी और मैंने उसे छोड़ दिया था। इस पुस्तक के सभी लेख मैं पढ़ गया हूँ, इसलिए प्रकटतः यह मुझे अच्छी लगी।

अजीब बात है, लेकिन सबसे पहले मैंने अंतिम टिप्पणी पढ़ी। मैं तुम्हारे निम्नलिखित वाक्यों अथवा सूत्रों से सहमत हूँ।

(क) दिवंगत साहित्यकारों पर निकले अधिकांश संस्मरण किराए पर रोने वालों की श्रद्धांजलियाँ जैसे लगते हैं।

(क्या 'मंटो : मेरा दुश्मन' भी ? नहीं, तो उसका उल्लेख करना चाहिए था।)

(ख) वस्तुतः हमारे साहित्य में जीवन की तरह ढोंग अधिक है, और ईमानदार व्यवहार या ईमानदार संस्मरण-लेखन की परंपरा या तो है ही नहीं, या बहुत ही क्षीण है।

('चेहरे : अनेक' में ढोंग कहाँ है ? ईमानदार संस्मरण-लेखन वह कैसे नहीं है ? अथवा तुमने उसे 'क्षीण' की कोटि में गिन लिया है ?)

(ग) मैं समझता हूँ कि अब समय आ गया है कि हम अपने साहित्य को

मुर्दों और पंडों का ही साहित्य न बनाए रक्खें, और ईमानदारी से जो महसूस करते हैं—उसे सच्चाई से लिखें।

(समय तो बहुत पहले भी आ गया था। 1955 में मैंने 'मंटो : मेरा दुश्मन' लिखा था। पर तब तुम्हारे लिए समय नहीं आया था।)

(तुमने इसमें इस्मत चुग़ताई के संस्मरण 'दोज़खी' और साहिर लुधियानवी के संस्मरण 'देवेंद्र सत्यार्थी' का उल्लेख किया है—'मंटो : मेरा दुश्मन'—उन्हीं की परंपरा में लिखा हुआ, उनसे बेहतर हिंदी का संस्मरण है। जो गत 20 वर्षों से इस उपमहाद्वीप के हिंदी-उर्दू हलकों में लगातार चर्चा का विषय रहा है। उसका उल्लेख करने में तुम्हें क्यों संकोच हुआ ? अथवा यह तुम्हारी बददयानती-भरी ज़िद का फल है कि कहानी अथवा संस्मरण अथवा उपन्यास के क्षेत्र में आगे के लिए 'अश्क' के नाम को तुम हमेशा गोल कर जाओगे—सिर्फ़ उसके व्यक्ति का ही उल्लेख करोगे, उसकी कृतियों का नहीं ? मत भूलो कि अश्क ने 'संकेत' (उर्दू में) 'दोज़खी' और 'देवेंद्र सत्यार्थी' स्वयं हिंदी में करके न छापे होते और 'मंटो : मेरा दुश्मन' न लिखा होता तो अपने जिन बेबाक, ढोंग-रहित संस्मरणों की दाद तुम चाहते हो, वे संभव न होते।)

अंतिम टिप्पणी के बाद मैंने तुम्हारी भूमिका पढ़ी। भूमिका से भी पहले शेक्सपियर और सार्त्र के सूत्र वाक्य। मैं इनसे भी सहमत हूँ और तुम्हारी भूमिका की पहली तीन पंक्तियों से भी—"एक तरह से देखा जाए तो सारा ईमानदार लेखन औरों के बहाने अपनी ही बात कहता है।"

(इस संदर्भ में मैं सिर्फ इतना ही पूछना चाहता हूँ कि सार्त्र अथवा यादव यह करते हैं तो सही है, और अश्क अगर यह करता है तो कैसे ग़लत है ? 'चेहरे : अनेक' अंततः दूसरों के बहाने अपनी बात नहीं कहता और दूसरों के दोषों को उजागर करते हुए अपने दोष उजागर नहीं करता तो और क्या करता है। क्या वह ग़लत इसीलिए है कि ऐसा करने का अधिकार सिर्फ़ राजेन्द्र यादव को ही है और अन्य किसी को नहीं। अथवा 'दोज़खी', 'देवेन्द्र सत्यार्थी' और 'मंटो : मेरा दुश्मन' के बाद राजेन्द्र यादव अभी मानसिक रूप से उतना ही बढ़ पाया है और 'चेहरे : अनेक' की दयानतदारी और सच्चाई तक पहुँचने के लिए उसे अभी और आत्म-मंथन की जरूरत है। अथवा यह कि मृत लोगों के बारे में तो वह पूरी दयानतदारी बरत सकता है, लेकिन जिंदा लोगों के बारे में वैसी दयानतदारी बरतने का वैसा साहस उसमें नहीं है। अथवा यह है कि अभी तक अपने एक झूठे इमेज का मोह उसे अश्क़ की तरह बेबाक और निस्संग और अपनी हर बुराई को उघाड़ देने वाला बना पाया। बहरहाल !)

मुझे पुस्तक में सबसे अच्छा संस्मरण 'सहज और पारदर्शी मन्नू भंडारी' लगा। जब यह 'नयी कहानियों' में छपा था तब भी मुझे अच्छा लगा था। अब पढ़ा है

तो पुनः अच्छा लगा। सच और झूठ तो तुम और मन्नू जानो। लेकिन संस्मरण इतना सशक्त, पुरअसर और हृदयग्राही और प्रवहमान है और मन्नू का ऐसा जीवंत चित्र उपस्थित करता है कि उसे लिखने के लिए मैं जितनी भी तुम्हारी प्रशंसा करूँ कम है। अगर इसमें जो कुछ लिखा गया है, सब सच है तो यह हिंदी साहित्य का एक बहुत ही अच्छा और सफल और सशक्त संस्मरण है। पढ़ते समय कहीं मन न अटकता है, न उलझता है, न रुकता है। भाषा की रवानी और किरदार के विश्लेषण का चमत्कार मन को बाँधे रखता है।

इसके बाद मुझे 'ए रे मेरे, मरण आया द्वार...' अच्छा लगा। लोगों को यह क्यों बुरा लगा है, यह मेरी समझ में नहीं आया, मुझे तो इसमें सहानुभूति की कमी भी नहीं लगी, रही रांगेय राघव के अहं और मनोविज्ञान की बात तो उनकी पुस्तकों को देखता हूँ तो तुम्हारा विश्लेषण ठीक लगता है। कम-से-कम मैं उससे सहमत हूँ। केवल उसे लिखने में जो प्रयोग तुमने किया है उसने उस संस्मरण से कुछ लिया है, उसे दिया नहीं, पर उसकी बात मैं आगे करूँगा।

इस संस्मरण के बाद मुझे 'अमरकांत' और 'फ्रान्ज़ काफ़्का' के संस्मरण अच्छे लगे। दोनों में दृष्टि की एक-सी गहराई है और दोनों एक ही स्तर के संस्मरण हैं और मुझे बहुत अच्छे लगे हैं।

ओम प्रकाशजी वाला संस्मरण 'किराए पर रोने वालों की श्रद्धांजलियाँ' के लगभग निकट जा पड़ा है। वह तटस्थता, वह दयानतदारी, किरदार को खोल देने वाली वह बारीकबीनी, वह दबंगई और वह बेबाकी जो उपर्युक्त संस्मरणों में परिलक्षित है, इसमें यक्सर नापेद है। मैं ओम प्रकाश को तुमसे कहीं ज्यादा निकट से जानता हूँ। और यह भी जानता हूँ कि इस संस्मरण में तुमने बददयानती से काम लिया है। इसके अलावा हस्बमा-मूल ओमप्रकाश को 'उखड़े हुए लोग' छापने के लिए मजबूर करने और पेशगी देने की तुम्हारी माँग को स्वीकार कराने में मेरी भूमिका को तुम बिल्कुल नज़रअन्दाज कर गए हो। तुम्हारी याददाश्त इतनी कमजोर है कि दिल्ली में राकेश के घर के बरांडे में होने वाली सारी बातचीत, उस संदर्भ में मेरे प्रयास को और सफलता पर राकेश के रिमार्क को तुम भूल गए हो, ऐसा मैं नहीं मानता। मैं इसे सिर्फ़ बददयानती कहता हूँ। जब तुमने कहा था कि तुम उपन्यास 'राजकमल' से छपवाना चाहते हो, राकेश तुम्हारा काम करा दे सकता है, लेकिन मित्र होते हुए भी नहीं कराता और मैंने राकेश को डाँटा था और उसने कहा था कि तुम बुरा न मानो तो मैं उन्हें तैयार कर देता हूँ और राकेश ने हामी भर दी थी। तब मैंने ओमप्रकाश को कैसे तैयार कर दिया था, यह तुम यक्सर भूल गए हो, यह मैं कैसे मान लूँ। जबकि राकेश बहुत खिन्न हुआ था और उसने कहा था कि "भापा जी, यू हैव ऐडिड ऐन अदर फैदर टु योर कैप" लेकिन ज़ाहिर है अश्क को किसी तरह का श्रेय देना तुम्हारे अहं को स्वीकार नहीं हुआ।

फिर इस तथ्य से तुम अनभिज्ञ हो कि कमलेश्वर के कांट्रैक्ट की समाप्ति पर उसका नवीनीकरण न किया जाए और संपादक बदला जाए, उससे पहले ओमप्रकाश, फिर राकेश और फिर कमलेश्वर मेरे यहाँ इलाहाबाद आए थे। और मैंने कमलेश्वर को खबरदार कर दिया था। (बावजूद तमाम शत्रुताई के, चूंकि वह मेरे घर आया था और उसने मुझसे सही सूचना और परामर्श चाहा था तो अपने स्वभाव के मुताबिक मैंने उसे संकेत में सही सूचना और परामर्श दे दिया था) यही वजह है कि राकेश केवल सौजन्य संपादक रहा, जबकि वह चाहता था कमलेश्वर अपने-आप छोड़ दे और उसे फुल-फलैज्ड संपादक बनने दे। राकेश ने कमलेश्वर को यह भी कहा था कि (मैं जानता हूँ) कि अश्क स्वयं संपादक होना चाहते थे, इसलिए मैंने उनसे अपनी बात कही थी। लेकिन राकेश यह नहीं जानता कि भैरव के बाद ओमप्रकाश ने मुझ पर बहुत जोर दिया था कि 'नयी कहानियाँ' पर संपादक के नाते अपना नाम दूँ, लेकिन मैंने उसे कहा था कि तुम्हारा मित्र 'सारिका' से आ रहा है। तुम उसी को यह काम सौंपो। मैं नहीं करूँगा, चूंकि भैरव के मामले में उसने मेरी तमाम शर्तें मान ली थीं, इसलिए उसे डिच करना मुझे स्वीकार नहीं हुआ। और मैंने 6 महीने बिना नाम दिए उसका संपादन कर दिया। मैं संपादक होना चाहता तो तभी हो जाता। और पटने-पटाने के गुर राकेश को ही नहीं आते थे, मुझे भी आते हैं, लेकिन पत्रकारिता को मैं बहुत पहले छोड़ आया था और सृजनात्मकता के मुकाबले में यह मुझे हमेशा द्वितीय कोटि का काम लगा है। वह 'अज्ञेय' को मुबारक हो, मुझे वह कभी प्रिय नहीं रहा। बहरहाल, उस सिलसिले में भी तुम मेरा नाम यक्सर गोल कर गए हो। इस बददयानती के अलावा चूंकि यह संस्मरण प्रकटतः राकेश को घटिया दिखाने और ओमप्रकाश के सुपुत्र को प्रसन्न करने की दृष्टि से लिखा गया लगता है, इसलिए इसमें भयंकर कमज़ोरियाँ आ गयी हैं। (राकेश घटिया था, इसमें कोई शक नहीं, पर ओमप्रकाश पर लिखते हुए वह प्रसंग फिर संस्मरण से कुछ ले लेता है, उसे देता नहीं।)

इस संस्मरण के लिखने में तुम्हें अपनी स्व-घोषित ऊँचाइयों से नीचे उतरते देखकर अच्छा भी लगा है और बुरा भी। लेकिन इसी को मैं ज़िंदगी का साथ निबाहना कहता हूँ।

तुम्हारे बारे में मन्नू का संस्मरण मुझे तिश्ना लगा, तिश्ना और टालूपन से भरा, यद्यपि तुम्हारे बारे में मन्नू की बहुत-सी बातों से मैं सहमत हूँ। लेकिन कभी-कभी मुझे बहुत अफसोस होता है कि इतनी अच्छी लेखिका होने और इतनी बारीक़बीनी नज़र रखने के बावजूद उसे वैवाहिक जिंदगी की कोई समझ नहीं है। प्रेम और घृणा की बात मैं मानता हूँ। यह भी कि प्रेम का ही दूसरा रुख घृणा भी है। वक्ती नाराज़गी, जिसमें घृणा का अंश भी हो मेरी समझ में आती है, लेकिन स्थायी प्रेम और घृणा का भाव मेरी समझ से बाहर है। मुझे यदि यह मालूम हो जाए कि मेरी बीवी मुझसे

घृणा करती है तो मैं बिना एक लफ्ज कहे उसे छोड़कर चला जाऊँ अथवा मैं ही यदि अपनी पत्नी से घृणा करता होऊँ तो मैं एक मिनट सोचे बिना उसे छोड़ दूँ। राकेश हो, भारती हो, गोरखा हो, कृश्न चंदर हो—इन सब ने तीव्र घृणा के बावजूद वर्षों अनचाहा साथ निभाया है। मुझे सिर्फ डेढ़ महीना लगा, नवपरिणीता को छोड़ने में। लेकिन यह भी ठीक है कि वैवाहिक जीवन की सफलता पति-पत्नी में एक बहुत ही गहरी समझदारी की माँग करती है। मन्नू ने पुस्तक के 147वें पृष्ठ पर मेरे किसी कथन का उल्लेख किया है। मैंने उसे वह सब कहा नहीं था, पत्र में लिखा था। और तुम्हारा रिमार्क भी मुझे उसने पत्र में लिखा था। उसके बाद मैंने उसे एक बहुत लंबा पत्र लिखा था। मैं समझता हूँ कि उसे वह दोबारा पढ़ना चाहिए। एक तरफ वह तुम्हें घुन्ना भी कहती है और साथ में यह भी कहती है कि राजेन्द्र पत्र को पढ़ कर हँस दिए और उन्होंने ज़रा भी बुरा नहीं माना। दोनों स्थितियों में विरोधाभास है। घुन्ना आदमी कैसे कह देगा कि मैंने बुरा माना है और जो बात राकेश और अश्क को बुरी लग सकती है वह यादव को (शायद वह देवता ही होगा) बुरी नहीं लग सकती ? मैं अपने अनुभव से जानता हूँ कि तुम निहायत ही ब्ध्वी और पिनकी आदमी हो और अपनी आलोचना कतअन बरदाश्त नहीं करते। यह और बात है कि तुम व्यवहार की गरमजोशी बनाए रखते और हो...हो...करके हँसते रहते हो, लेकिन अंदर से निहायत कुण्ठित हो जाते हो।

अश्क राजेन्द्र यादव से कम बैठकबाज़ या गप्पबाज नहीं है और न अश्क ने राजेन्द्र यादव से कम लोगों की मदद ही की है अथवा साथ दिया है। लेकिन सुबह बीवी कॉलेज चली जाय और मियाँ के लिखने का वक़्त हो और पत्ता भी खड़के तो उसकी एकाग्रता भंग हो जाए। शाम को मियाँ अक्सर द्वितीय तृतीय कोटि के लेखकों की संगति में शामें बरबाद करता रहे, समय से घर न आए और वर्षों से सार्थक न लिख पाए—न कोई कहानी, न उपन्यास—इसे मन्नू अथवा यादव दो साथी लेखकों का समानांतर सफल और सुखद वैवाहिक जीवन समझते हों, मैं नहीं समझता। तुम दोनों ही कहीं गलत हो। लेकिन उस सिलसिले में मन्नू ज्यादा गलत है, यह मैं जानता हूँ और उसे विस्तार से लिख भी चुका हूँ। मैंने अपने पिता के संदर्भ में जब इस सत्य को जाना था कि मेरे पिता की तमाम बेराहरवी बाहर खाने-पीने और मौज़ उड़ाने का कारण अपने सारे पति-व्रत धर्म के बावजूद मेरी कमजोर, दुर्बल बज़ाहिर पति की सताई हुई माँ थी तो मैं अंतर तक काँप गया था और जब मैंने माँ से कहा था कि माँ तुमने हमारे पिता के साथ बहुत ज्यादती की है। तुमने उन्हें 'छेक दिया' है याने अलग कर दिया है (वे बाहर ही ख़ाते-पीते और उड़ाते हैं) तो माँ ने पूछा था, 'कैसे बेटा ?' जब मैंने उसे समझाया था तो माँ रोने लगी थी। मैं सफल वैवाहिक ज़िंदगी को स्वर्ग मानता हूँ। यदि दोनों पति-पत्नी लेखक हैं तो अगर वे इकट्ठे साथ रहने के बाद एक-दूसरे की प्रतिभा को जिला नहीं सकते, चमका नहीं

सकते, बेहतर से बेहतर लिखवा नहीं सकते, तो कहीं नितांत असफल है। यदि तुम समझते हो कि मेरे जैसा यारबाश आदमी सारी दुनिया से कटकर, अगर 12 घंटे लिख सकता है तो इसमें कौशल्या ही नहीं, मेरे सारे घर की सुख-शांति का कोई हाथ नहीं है तो तुम गलत समझते हो। तुम दोनों के संस्मरणों को पढ़कर लगता है कि तोप लेखक होने के बावजूद जिंदगी के संदर्भ में तुम दोनों बच्चे हो, एक-दूसरे को पूर्णतः जीत नहीं सके और अपनी असफलता को सफलता मानकर उसकी दाद चाहते हो। कम-से-कम इन संस्मरणों से मुझे यही लगा। उसे यदि आता और वह तुम्हें सिद्ध कर लेती अथवा तुम को यदि आता और तुम मन्नू को सिद्ध कर लेते तो दोनों सूरतों में तुम कम वक्त बर्बाद करते और बहुत अच्छा लिखते—लेकिन तुम अंतर में नितांत भारतीय निम्नमध्यवर्गीय होते हुए, सार्त्र बनना चाहते हो और अपनी संगिनी को मादाम बबुआ के रूप में देखना चाहते हो। तुम कैसे वह सब कर पाते ? कर पाते तो इतने वर्ष बेकार के चूतियापे में कीमती वक्त बर्बाद नहीं करते। जब वह मानती है कि तुम समर्पित लेखक हो तो फिर यह कैसा समर्पण है कि बरस-दो बरस तुम कुछ सार्थक नहीं लिख पाए और निहायत कुंठित रहे। और मन्नू भी जितना उसने लिखा है निश्चय ही उससे अच्छा लिख सकती थी। ऐसा मैं मानता हूँ। बहरहाल, हम लोग अपने संस्कारों, माहौल और नियति से अंधे होते हैं और शायद तुम लोग भी अंधे और यूँ मुझे तुम्हारी जिंदगी में दखल अंदाजी का कोई अधिकार नहीं। यह किताब पढ़ते हुए मेरे मन में जो आया मैंने लिख दिया। तुम्हारे प्रति और तुम्हारे प्रतिभा के प्रति आस्था ही के कारण ! तुम बुरा नहीं मानोगे। मन्नू ने मेरे वे रिमार्क उद्धरित न किए होते तो मैं यह सब नहीं लिखता। मेरे वाले संस्मरण में तुमने वे पंक्तियाँ वैसे ही रहने दी हैं, जिनके बारे में शौनक ने प्रश्न किया था और मैंने तुम्हें पत्र लिखकर पूछा था कि उदाहरण देकर बताओ कहाँ मेरी रचनाओं में सिनिसिज्म झलकता है, और किन रचनाओं में 'जो प्रिय है, उसे ही खुरचने की' प्रवृत्ति है। तुमने तब मेरे प्रश्न के उत्तर को टाल दिया था। तुम्हें पुस्तक में पुनः वह संस्मरण सम्मिलित करते समय उन पंक्तियों को काट देना चाहिए था अथवा उदाहरण देकर एलेबोरेट करना चाहिए था। शौनक के उस प्रश्न के बाद उन पंक्तियों को उसी तरह छापना थोड़ी ज्यादती करने के बराबर है।

15 वर्षों की मैत्री के बावजूद चूंकि तुम सोबती को नहीं जानते, इसलिए उस संस्मरण में सिर्फ वे ही बातें लिख पाए हो, जो ऊपर से दिखती हैं। रही उनकी रचनाओं के विश्लेषण की बात तो 'मित्रो मरजानी' (अन्त को छोड़ कर) और 'यारों के यार' (संपूर्ण) सफल लघु उपन्यास है। कहानियों में 'सिक्का बदल गया', 'दादी अम्मा', 'कुछ नहीं कहीं नहीं', 'बादलों के घेरे', 'गुलाब जल गंडेरिया' बहुत अच्छी हैं, लेकिन 'डार से बिछुड़ी' सिर्फ आधा (पल्ला आधा) अच्छा है। दुख इसलिए भी है कि मैं सोबती की प्रतिभा का बहुत कायल हूँ, लेकिन गलत कदम या गलत सोच

बड़े-बड़े प्रतिभाशालियों का पटड़ा कर देती है और शीला जी हों या ओमप्रकाश प्रकाशक का प्रचार कई बड़े-बड़े सिद्ध लोगों को मुगालते में डाल देता है। आदमी असलियत नहीं जाना पाता और गलती सुधार नहीं पाता। प्रकाशक को सिर्फ किताब बेचनी होती है, लेकिन लेखक को उत्तरोत्तर अच्छा लिखना होता है। अच्छे-बुरे की तमीज स्वयं होनी चाहिए, लेकिन उसके लिए स्वयं अपने आपको ट्रेन करने की जरूरत होती है और वह बड़े-बड़े सिद्ध नहीं कर पाते।

कमलेश्वर के बारे में तुम्हारा संस्मरण सबसे कमजोर है। वह उस व्यक्ति का 'सच' कुछ भी नहीं बताता। शायद तुम जानते भी नहीं। जानते हो तो लिखने का साहस नहीं रखते। कमलेश्वर 1956 के बाद मेरे यहाँ कभी नहीं आया और तुमने उसे उमेश की शादी में दिखा दिया है। उसकी नितांत असफल कहानियों से अभिभूत हो गए हो। उसकी हर कहानी में कुछ न कुछ आकर्षक तुम्हें लगा है। मैं उसके संग्रह 'बयान' पढ़ गया। इतनी बोगस कहानियाँ शायद ही उसके किसी समकालीन ने लिखी हों। यारी निभाने की हद होती है और तुमने इस संस्मरण में वह हद पार कर दी है।

प्रेमचंद वाले संस्मरण पर मैं सार्वजनिक रूप से अपनी बात कहूँगा, इसलिए इस व्यक्तिगत पत्र में उस पर कुछ नहीं कहता।

मन्नू की इस स्थापना से मैं शत-प्रतिशत सहमत हूँ कि तुम प्रयोग के पीछे—कुछ नया, कुछ अनोखा करने के पीछे पागल रहते हो जब कि वे सब प्रयोग बचकाने लगते हैं।

पत्र बहुत लम्बा हो गया है, वरना 'कुलटा', 'अनदेखे अनजान पुल' (नाम शायद भूल रहा हूँ), 'उखड़े हुए लोग', तुम्हारी कहानियों और लेखों से उद्धरण देकर बताता कि किस प्रकार की अपनी इस कमजोरी के कारण तुमने रचनाएँ बिगाड़ दी हैं।

रांगेय राघव वाले प्रसंग में तिथि और ब्रेकेट में दिए गए मैटर की क्या जरूरत है ? फिर उस सब संस्मरण का महज कार की यात्रा में बयान करने की क्या सार्थकता है। कहानी उस तरह लिखते तो ठीक होता। लेकिन संस्मरण अफसाना नहीं होता। इस प्रयोग ने उस निहायत अच्छे संस्मरण को कमजोर कर दिया है। अपनी रचनाओं में जहाँ-तहाँ तुमने ये प्रयोग किए हैं, वे ध्यान भटकाते हैं। लेकिन इस रोग की दवा तो लुकमान के पास नहीं, मन्नू या मेरे पास कहाँ होगी।

चूंकि लेखक को उसकी बेहतरीन रचनाओं से ही परखना चाहिए, इसलिए इस किताब को पढ़कर एक बात मुझे शिद्दत से महसूस हुई है कि संस्मरण तुम कहानियों से भी बेहतर लिख सकते हो। बहुत अच्छी कहानियाँ और उपन्यास लिखो तो क्या कहने, पर न लिख सको तो संस्मरण लिखो। या फिर तुमने इतना पढ़ा है, तुमने जैसे काफ़्का और अमरकांत की रचनाओं को व्याख्यायित किया है, वैसे

ही दूसरे पश्चिमी लेखकों की रचनाओं को व्याख्यायित कर सको तो मैं समझता हूँ, असफल उपन्यास या कहानियाँ लिखने से तुम कहीं ज्यादा महत्त्वपूर्ण काम कर जाओगे और हिंदी पाठक तुम्हारे सदैव कृतज्ञ रहेंगे।

दोनों लेख मुझे बहुत अच्छे लगे। चूंकि मेरे हाथ अब ज्यादा काम नहीं करते। हाथ से लिखने में कंधे के पिछली ओर दर्द होने लगता है, इसलिए पिछले पत्र की तरह यह भी मैंने लिखवाया है। भाषा और वाक्य-विन्यास की चिंता न करना। मतलब की बात ले लेना। इस पत्र को नितांत व्यक्तिगत ही मानना और मेरी सद्भावना पर संदेह न करना। जिन्हें मैं कहीं बहुत चाहता हूँ, उन्हें ही ऐसे पत्र लिखता हूँ, वरना बीसों लेखक लिखते हैं, मैं पढ़ता भी हूँ, लेकिन कभी किसी को ऐसे पत्र नहीं लिखता।

मन्नू और बच्चों को स्नेह देना।

सस्नेह
उपेन्द्रनाथ अश्क

'अश्क' के नाम

नयी दिल्ली : 7.5.81

भाई श्री अश्क जी,

आपका पत्र मिला। लगता है 'चेहरे अनेक' पर मेरी प्रतिक्रिया से आप इतने ज्यादा आहत हैं कि हर पंक्ति में मेरी समझ, नीयत, मंतव्य और लेखन पर लगातार निशाना साधे चले जा रहे हैं। आप पूरी तरह विश्वास रखिए, अगर आपके पत्र की कोई भी बात मुझे बुरी लगी होती तो शायद मैं उत्तर न देता, दूसरे का प्रयोजन अगर साफ हो तो मैं भाषा की बहुत चिंता नहीं करता हूँ।

सबसे पहले तो मैं यह बता दूँ कि आपने जिस तरह के बेबाक संस्मरणों की बात कही है, मैं इन्हें उनसे थोड़ा अलग रखना चाहूँगा। मेरा लक्ष्य, कृतित्व से व्यक्तित्व के आपसी संबंधों को समझना है, कुछ जगह सफल हुआ हूँ, कुछ जगह असफल। जैसे अमरकांत या काफ़्का के व्यक्तित्वों के माध्यम से उनके साहित्य को समझना शायद कुछ ठीक हुआ है इसीलिए वे आपको भी पसंद आए हैं। हो सकता है औरों के साथ ऐसा न हो पाया हो। व्यक्तित्व और साहित्य का संबंध, प्रायः जटिल, संश्लिष्ट और उलझा हुआ होता है। कभी सूत्र सीधा मिल जाता है और कभी बहुत गुंजलक के साथ, कभी हम साहित्य में अपने व्यक्तित्वों से भागते हैं और कहीं उसे पकड़ते हैं। यह भागना और पकड़ना एक साथ भी चल सकता है, थोड़ी-सी भी बारीक़बीनी हो तो साहित्य के सारे ताम-झाम के बावजूद असली व्यक्तित्व को पाया

जा सकता है। कमलेश्वर में एक खास तरह की भावुकता और कुंठा है, जो उसके साहित्य को एक रूमानी रूप देती है। रांगेय राघव का साहित्य उनके व्यक्तित्व को इंटीग्रेटिड बनाता है। 'मंटो मेरा दुश्मन', दोज़खी, देवेंद्र सत्यार्थी या इस तरह के संस्मरणों के संदर्भ में मैंने अपने संश्लेषणों को जानबूझकर नहीं रखा क्योंकि ये शुद्ध व्यक्ति और उनसे अपने संबंधों के संस्मरण हैं। मेरे संश्लेषण इन संबंधों के माध्यम से साहित्य और व्यक्ति को समझने की कोशिश में लिखे गए हैं। मुझे अच्छा लगता यदि 'चेहरे अनेक' में दिए गए किसी व्यक्ति के बारे में आपके निष्कर्ष उन लोगों की रचनाओं में भी खोजे जाते। बहुत साफ है कि रांगेय राघव ने मेरा अपमान किया था और उनके बारे में मैंने बहुत मधुर भाव नहीं पाले, मगर इस पूर्वाग्रह ने कहीं भी उनके व्यक्तित्व और साहित्य के उत्कृष्ट पक्ष को देखने से मुझे नहीं रोका। इस चीज़ का अभाव अगर मुझे 'चेहरे अनेक' में लगा तो क्या बहुत बुराई है ?

ओम प्रकाशजी वाले संस्मरण पर आपकी प्रतिक्रिया मुझे चकित करती है। हो सकता है समय का उतना अंतराल इसमें न रहा हो, मगर मैंने उनके बेटे को प्रसन्न करने के लिए लिखा है, यह सोचना ज्यादती है। मुझे उनके बेटे से कुछ नहीं लेना–शायद कोई पुस्तक भी नहीं छपवानी। उनके प्रति मेरे मन में यही भाव रहा है, उसे भारती को लिखे गए पत्र से भी देखा जा सकता है। और उनकी मृत्यु के दूसरे दिन श्रद्धांजलि में भी इसी लेख की रूपरेखा थी। क्या सचमुच, सब कुछ किसी को नाराज या प्रसन्न करने के केलकुलेशन के तहत ही लिखा या बोला जाता है ? राकेश या किसी को भी पकड़ने की बजाय मैंने उस माहौल को पकड़ने की कोशिश की है जिससे ओम प्रकाश का व्यक्तित्व निर्मित हुआ था। आप उन्हें निश्चय ही ज्यादा निकट और लंबे समय से जानते थे। हो सकता है आप मुझसे ज्यादा गहरी अंतर्दृष्टि से उन पर लिखें। 'नयी कहानी एपीसोड' के बारे में मेरी जो भी जानकारी है उसी को मैंने आधार बनाया है। वह अधूरी हो सकती है। हाँ, राकेश के बरांडे में ओम प्रकाशजी के साथ जिस एडवांस की बात आपने लिखी है वह 'उखड़े हुए लोग' के लिए नहीं, 'सारा आकाश' और 'जहाँ लक्ष्मी कैद है' कहानी संग्रहों के लिए थी। मुझे अच्छी तरह याद है 'उखड़े हुए लोग' की बातचीत तो नेशनल लायब्रेरी, कलकत्ता में हुई थी, वह कलकत्ता में ही छपा भी और उसकी लागत का चेक मुझे बंबई से मिला था–सात हजार रुपए का।

मैं मानता हूँ और हसद करता हूँ कि मेरी याददाश्त उतनी तेज नहीं है, जितनी आपकी। मगर जो कुछ याद रह जाता है वह शायद उतना गलत नहीं होता। दूसरे लोग सिर्फ उस बात का एक और पहलू उजागर करते हैं या उसकी व्याख्या देते हैं। यह बिल्कुल भी जरूरी नहीं है कि दूसरी व्याख्याओं को भी मैं 'अपना सत्य' मानकर ही स्वीकार कर लूँ। मेरा आपसे यही मतभेद है। बहुत-सी बातों के बारे में आप अपने इंप्रेशंस को चाहते हैं कि मैं या कोई भी उन्हें अपने उपलब्ध किए

हुए सत्य की तरह स्वीकार करें।

आप बिल्कुल निश्चिंत रहें, आपके टाइप किए हुए पत्र को भी उतनी ही गंभीरता से लेता हूँ जितने हाथ के। सब कुछ आभारी हूँ कि इतने ध्यान और श्रम से आपने मेरी पुस्तक पर लिखा है। सिद्धांततः मैं यह भी मानता हूँ कि हर बार अपनी रचना को रिवाइज नहीं करना चाहिए, जो कच्चापन पहले रचना में रहा है उसके विकास-चिह्न भी देखने जरूरी होते हैं। यह एक दूसरा झूठ है कि हमारी सारी रचनाएँ एक विशेष परिपक्व स्थिति में एक ही बैठक में लिखी हुई जान पड़ें। क्या 'सितारों के खेल' की सारी रूमानियत को आप आज बदलकर 'बाँधो न नाव इस ठाँव' की परिपक्वता में बदलना चाहेंगे ? ये सारे संस्मरण जिस भी उम्र और समय के धरातल पर लिखे गए थे, मैंने कोशिश की है कि वह उन्हीं स्थितियों को बनाए रखें। गलत न समझें, तो कहूँ विकास की क्रमशः बदलती स्थितियों को बर्दाश्त कर सकें। आज के हिसाब से हो सकता है कि आपके संस्मरण को अब बिल्कुल ही दूसरी तरह लिखना चाहूँ। लेकिन मैं फिर नया ही लिखूँगा, पुराने को तोड़ने-मरोड़ने का मुझे कोई हक नहीं है। मेरे और मन्नू के संदर्भ में बोउवा और सार्त्र वाली बात आपने कहाँ से पकड़ ली है, मैं नहीं जानता। पिछले दसियों वर्षों से मैं यह मानता हूँ कि पति-पत्नी के बीच कोई भी पूर्व निर्धारित संबंध नहीं होता। जो कुछ हमें मिलता है वह एक सामाजिक परंपरा और सिचुएशन होती है। इसमें आपसी संबंध के ये लोग खुद कार्व-आउट करते हैं। यहाँ उन्हें कतई बाहरी मदद नहीं मिलती—उदाहरणों से तो बिल्कुल भी नहीं। यह सभी मित्रों और आदमी-औरत के संबंधों के बारे में सही है। मैंने और मन्नू ने अनजाने ही जो संबंध कार्व-आउट किया है वह एक-दूसरे को बढ़ावा देने का नहीं, बल्कि एक-दूसरे के विकास में अवरोध न होने का है। आपके-मेरे संस्कारों के बीच एक-डेढ़ पीढ़ी का अंतराल है, इसलिए हो सकता है आप इस भाषा में सोचते हैं कि पति-पत्नी आपस में एक-दूसरे को बढ़ावा देते हैं या ज्यादा सही कहूँ तो पत्नी पति की प्रतिभा के विकास में सहायक और सहयोगिनी होती है। हम सभी के अनुभवों में ऐसे ही लोग हैं जहाँ एक की कीमत पर सिर्फ दूसरा विकसित हुआ है। आपको लेकर कभी मैंने 'ययाति' वाली बात कही थी। इस संबंध के संदर्भ में भी वही याद आती है—एक का यौवन लेकर अपने को युवा बनाए रखना। वैसे सही बात यह है कि हम अपने आस-पास ऐसे ही लोगों को देखने के अभ्यस्त रहे हैं, जहाँ एक अपने सारे समर्पण और सहयोग से दूसरे को, यानी पति को बनाने में ही अपनी सार्थकता समझता है। मैं यह बिल्कुल भी नहीं कहता कि मेरे और मन्नू के बीच कहीं कुछ गलत नहीं है, मगर शायद आप अपने अनुभवों की रोशनी में उसे पकड़ नहीं पा रहे हैं।

बहरहाल, यह लंबी बातचीत है और फिर कभी करेंगे। आशा है आप स्वस्थ और सानंद हैं। क्या यह लिखने की जरूरत है कि अगर इस पत्र में आपको कुछ

बुरा लगा हो तो माफ करेंगे।

कौशल्या जी को प्रणाम दें।

आपका

राजेंद्र यादव

('पुस्तक परिचय' संपादक : सुरेन्द्र मलिक, पद्मधर त्रिपाठी, मई 1981 से साभार)

दस्तावेज, 'हंस', जुलाई 98

स्मृति-दंश

अभी कवि मान बहादुर की नृशंस हत्या से हम उबरे भी नहीं थे कि सांघातिक बीमारी ने सव्यसाची को भी हमसे छीन लिया। सव्यसाची सामाजिक बदलाव के लिए प्रतिबद्ध उन जुनूनियों में थे वो अब निरंतर समाप्त हो रहे हैं। हिंदी की साहित्यिक पत्रकारिता को नई धार और तेवर देने वाली पत्रिका 'उत्तरार्ध' ही अब उनकी विरासत है, जिसे हमें बनाए रखना है। वह लघुपत्रिका के विद्रोही स्वर और यथास्थिति को बदलने के संकल्प की घोषणा-पत्र है। सव्यसाची के 'होने' मात्र से हमारी आस्था को आधार मिलता था। वे जनवादी लेखक-संघ के संस्थापकों में एक थे। उनकी स्मृति को नमन ...शिवराम कारंत कन्नड़ साहित्य के वैसे ही शिखर-पुरुष थे जैसे बंगला के लिए रवींद्रनाथ। नाटक, लोककला, उपन्यास-कहानियाँ, बाल-साहित्य, शिक्षा और अनेक सामाजिक आंदोलनों के जनक कारंत, भारतीय-मनीषा के उज्ज्वलतम प्रतीक हैं। वे कन्नड़ के सांस्कृतिक अवतार थे और शताब्दी के प्रारंभ से ही हमारे साथ थे। इस विराट व्यक्तित्व के लिए ज्ञानपीठ अनुल्लेखनीय सम्मान है।

लगता है नया साल सिर्फ़ तारीख़ बदलना है, तवारीख बदलना नहीं।

कम्युनिस्ट आंदोलन के आधार पुरुष एम.एस. नंबूदरीपाद का नवासी वर्ष की उम्र में अभी 19 मार्च को निधन हो गया। वे प्रतिबद्ध वामपंथी, लेखक-विचारक और संगठनकर्त्ता थे। भारतीय बुद्धिजीवियों, सामाजिक कार्यकर्ताओं और किसान मजदूरों के सबसे प्रिय नेता ही नहीं थे, इन्होंने नए केरल का निर्माण भी किया था। यह सिर्फ संयोग ही है कि जब वे अंतिम-साँस ले रहे थे, ठीक उसी समय दिल्ली में, बी.जे.पी. नेता अटलबिहारी वाजपेयी की प्रधानमंत्री के रूप में ताजपोशी हो रही थी।

चित्रकार, कवि-लेखक हरिप्रकाश त्यागी 22 अप्रैल को साढ़े तीन बजे हमसे बिछुड़

गए। त्यागी 'हंस' के पहले अंक से ही साथ थे और हर अंक को अपने कला प्रयोगों से सजाते रहे। न जाने कितने कलाकारों और कला-आंदोलनों से उन्होंने हिंदी-पाठकों को परिचित कराया—वे अनजाने ही कला के अंतःसंबंधों के सूत्र तलाश कर रहे थे। व्यक्तिगत रूप से सन् 67-68 से मेरा त्यागी से लंबा परिचय था—मैंने उन्हें कलाकार और व्यक्ति दोनों के रूपों में बनते-बढ़ते देखा है। यह साथ एक अलग संस्मरण के द्वारा ही समझा जा सकता है। कितनी कम होती है सिर्फ 48 वर्षों की उम्र...

5 नवंबर 1998 को लंबी बीमारी के साथ 87 वर्षीय 'यात्री' अपनी अनंत यात्रा पर निकल गया। नागार्जुन अपनी मातृ-भाषा मैथिली में 'यात्री' नाम से लिखते थे। पैरों में चक्कर था और देश का शायद ही कोई कोना हो जहाँ की यात्राएँ उन्होंने न की हों। पर्यटक की तरह नहीं, तीर्थ-यात्री की तरह। वे जिंदगी भर यात्राएँ करते रहे...तय करना मुश्किल है कि उनकी ये यात्राएँ भौगोलिक अधिक थीं या मानसिक और रचनात्मक...इन यात्राओं से जो स्मृति-चिह्न (सोवेनियर) वे लाए, वह आज हमारे साहित्य की अमूल्य धरोहर हैं। केदारनाथ अग्रवाल, त्रिलोचन और नागार्जुन—हिंदी कविता की प्रगतिशील त्रयी के नाम से जानी जाती थी। छायावाद के बाद दूसरी 'वृहत्रयी'।

उनकी यात्राओं की दिशा राहुल जी की तरह शिखरों से धरती की तलहटियों और निचली गहराइयों की ओर है...वे वैद्यनाथ मिश्र औपनिषदिक ऊँचाइयों के कर्मकांड से उतरकर मैथिली के 'यात्री' बने और फिर भिक्खु नागार्जुन से सिर्फ नागार्जुन...

पिछले दसियों सालों से तो वे 'बाबा' थे...'जगत् बाबा' यानी घर-परिवार, समाज-साहित्य के सहज आत्मीय बुजुर्ग...देव वाणी का आभिजात्य त्यागकर जन-जन की भावनाओं और भाषा के जागरूक वैतालिक...वे कबीर और निराला की तरह वेदांत और उपनिषदों के भव्य, क्लासिकी सुरक्षित राजमहलों से भागकर जनता के खुले बोधिवृक्ष की छाया में आए थे—पहले समाज को बदलने वाले दर्शनों—बौद्ध धर्म और वामपंथी आंदोलनों के कर्मठ कार्यकर्त्ता बने फिर कवि-कथाकार...

नागार्जुन हिन्दी के उन विरले कवियों में थे जो किंवदंती की तरह जनमानस का हिस्सा बन गए थे। उनकी कविताएँ दैनिक जीवन के मुहावरों का रूप लेने लगी थीं। अखबारी और अंतर्विरोधी होने का खतरा उठाकर भी उन्होंने जन-मानस की भावनाओं को वाणी दी...

उनके विराट काव्य-व्यक्तित्व के पीछे उपन्यासकार और गद्य लेखक नागार्जुन प्रायः छिप-सा गया था। मगर 'रतिनाथ की चाची', 'बलचनमा', 'गंगा मैया', 'वरुण

के बेटे' में उन्होंने जिन हाशिए के शोषित-वंचित लोगों को प्रामाणिक रूप से चित्रित किया है; वे रेणु को बनने-समझने की पूर्व-पीठिका प्रदान करते हैं। वे स्वतंत्र भारत के पहले महत्त्वपूर्ण आंचलिक उपन्यासकार हैं। घुमक्कड़, सामाजिक कार्यकर्त्ता, अनुवादक, कवि, कथाकार, विचारक और फक्कड़ खानाबदोश अपनी रचनाओं के रूप में हमारे बीच हैं।

□□□